# FATWA CONTRE L'OCCIDENT

DU MÊME AUTEUR

*C... comme Combines,* Alain Moreau, 1975.
*E... comme Espionnage,* Alain Moreau, 1978.
*L'Internationale terroriste,* Alain Lefeuvre, Nice.
*Les Dossiers secrets du terrorisme,* Albin Michel, 1985.
*La Guerre du mensonge : histoire secrète de la désinformation,* Plon, 1986.
*Le Marché noir de la bombe A,* Carrère-Vertiges, 1986.
*La Longue Traque d'Action Directe* (en collaboration avec Dominique Nasplèzes), Albin Michel, 1987.
*Les Cartes secrètes de la guerre du Golfe,* Editions n° 1 - Gérard de Villiers, 1991.
*La Fin de l'Empire rouge,* Robert Laffont, 1992.
*L'Affaire Péchiney : la contre-enquête* (en collaboration avec Dominique Nasplèzes), Jean Picollec, 1993.
*Carlos, le dossier secret* (en collaboration avec Dominique Nasplèzes), Jean Picollec, 1997.
*De Washington à Clinton,* Jean Picollec, 1998.

Roland Jacquard
avec la collaboration de
Dominique Nasplèzes

# FATWA CONTRE L'OCCIDENT

Albin Michel

22, rue Huyghens, 75014 Paris
ISBN 2-226-10570-0

# I

## Un missile sur Marseille

Pendant plusieurs décennies, l'Union soviétique a mobilisé les efforts des experts militaires et des espions du monde occidental. De la guerre froide jusqu'à l'effondrement du mur de Berlin et de l'empire rouge, les services de renseignements européens ou américains, quelquefois ensemble avec l'OTAN, ont concocté des scénarios-catastrophes sur le thème : « Et si Moscou envoyait ses chars sur l'Europe occidentale. » Ou encore, dans une variante guère plus réjouissante : « Et si Moscou tirait un missile sur Washington. »

Depuis 1992, les experts polissent une autre projection menaçante intitulée : « Et si, dans le cadre d'une arrivée au pouvoir du FIS ou du GIA en Algérie, des islamistes envoyaient un missile sur la France. » La simulation, remise à jour en permanence sur la base des informations fournies par les services de renseignements, occupe des institutions aussi sérieuses que la DGA (Direction générale de l'armement) ou le SGDN (Secrétariat général de la défense nationale) dans le cadre du « plan permanent de renseignement » (PPR). Un de ces scénarios, que nous révélons ici en exclusivité sous une forme légèrement adaptée, pourrait enflammer le bassin méditerranéen en quelques heures.

Marseille, dans un futur proche...

Le sergent-chef Pietri du 1er régiment étranger de parachutistes en permission à Marseille où il est venu voir sa mère remonte au pas de charge une rue populeuse et animée des quartiers nord, un léger sac de marin sur le dos ; dans quelques jours son unité doit regagner un pays du golfe Arabique où elle va assurer la sécurité des champs pétrolifères d'un pays producteur. Ange Pietri ne sait rien de plus que ce que lui a dit son capitaine lors d'un briefing confidentiel réservé aux sous-officiers : la France s'est liée à ce pays du monde arabe par un traité international et lui doit maintenant assistance. Ange Pietri a cru comprendre que cette menace militaire pourrait bien devenir le troisième épisode de la guerre du Golfe. Le jeune légionnaire suit les nouvelles d'un œil lointain, sauf celles qui peuvent motiver un départ de la Légion. Et les journalistes parlent depuis quelques semaines de tensions graves et de bruits de bottes dans la péninsule Arabique. Ajouté à la tension qui règne en Algérie depuis que les islamistes du FIS, le Front islamique du salut, ont installé un gouvernement entièrement islamiste, le bassin méditerranéen a des allures de poudrière chaque soir au journal de 20 heures. Les envoyés spéciaux des chaînes de télévision montrent presque chaque jour le nouveau visage d'une Algérie sous l'emprise des « barbus fondamentalistes ». Hier soir, un document abominable de la télévision algérienne, repris par toutes les télévisions du monde, montrait une exécution publique et des amputations « médicales » de voleurs. Depuis l'arrivée du FIS au pouvoir, la loi islamique règne en Algérie. Ange en a quelquefois discuté dans son quartier lors de ses permissions ; même les Algériens de Marseille sont perplexes devant la radicalisation imposée par les imams au pouvoir.

Peu importent les causes et les raisons de l'agitation, Ange Pietri est légionnaire depuis sept ans et il répondra présent au petit matin du départ avant d'embarquer dans un Transall, quelle que soit la destination, comme il l'a fait auparavant lors de plusieurs missions dont certaines sont même restées inconnues du public. En attendant, il va dire au revoir à sa mère, comme avant chaque voyage vers l'inconnu.

Ange Pietri n'aime pas traverser ce quartier du boulevard Oddo ; gamin déjà, il y faisait presque toujours de mauvaises rencontres quand il revenait sur sa bicyclette de chez ce vieil oncle, ancien de la Colo, qui vivait tout seul à la cité des Flamants-Roses. Aujourd'hui, Ange a presque trente ans, et rien n'a changé, il répugne toujours autant à prendre le bus pour circuler en ville, encore plus un taxi. Sans doute par habitude des marches commando, Ange Pietri marche ; il a sillonné la cité phocéenne à pied dans tous les sens depuis qu'il est en âge de sortir seul, se contentant de hâter le pas dans les quartiers qu'il n'aime pas. En remontant le boulevard Oddo, Ange est précisément dans ce qu'il appelle l'« œil du cyclone »... Depuis quelques mois, aidés de ces téléphones cellulaires qui leur permettent de faire leur business en toute discrétion, au croisement de la rue de Lyon et du boulevard, les dealers de crack et de hasch tiennent la dragée haute à la police. De nombreux adolescents, et même des enfants des écoles primaires, sont dépendants de ces minables trafiquants de drogue à qui beaucoup de vieux Marseillais reprochent d'un ton dégoûté d'avoir transformé leur ville en casbah. Mais Ange Pietri, qui a été à l'école avec certains d'entre eux, sait que la plupart de ces délinquants ne sont même pas maghrébins ; ils sont français, comme lui. Des beurs, mais de vrais Français. Depuis qu'il a seize ans, Ange Pietri s'est juré que s'il prenait un jour un de ces « dealers » sur le fait, il l'étranglerait luimême. Il l'a souvent dit à sa mère : « Il n'y a pas de place à Marseille pour cette racaille, je ne veux pas que mon frère finisse par devenir leur client... Si j'en chope un, je le bute. »

En passant devant l'école primaire Oddo où il a usé ses fonds de culotte il y a si peu de temps, il se souvient de ses années de jeunesse. Déjà, cette pègre qu'il déteste avait entrepris de racketter les mômes les plus faibles et de vendre aux plus marioles des pilules d'Imménoctal, un narcotique, volées dans des pharmacies... Non, décidément ; s'il croise le chemin d'un de ces « pourris de dealers », Ange lui fera passer l'envie de s'en prendre à des gosses.

Au moment de s'engager dans la rue du Chemin-de-la-Madrague où les habitants sont en majorité maghrébins, Ange Pietri hâte encore un peu le pas. Il est sur le qui-vive. Il se défendrait sans doute d'être raciste — on lui a bien martelé sous son képi que la Légion accueille toutes les races et qu'elles se valent toutes — mais il n'aime pas cette faune, désœuvrée et agressive à ses yeux. Il sait aussi que dans ce quartier on n'aime pas les bidasses, encore moins les légionnaires, d'autant qu'il ne se cache pas et arbore son uniforme de sortie avec fierté. Comme pour beaucoup de ses frères d'armes, la Légion est sa seconde famille et chez les Pietri, on n'a pas honte de sa famille.

Ce jeudi, en quelques minutes, l'enchaînement irréversible de faits qui mêlent le racisme ordinaire, la délinquance de la rue et la géopolitique va faire basculer le destin d'Ange Pietri, de Larbi Dahmani et de deux cents autres Marseillais dans l'horreur et l'injustice. Un peu avant 17 heures, Ange vient de tourner dans la rue du Chemin-de-la-Madrague. Devant lui deux gosses, cartables sur le dos, sont en conciliabule avec un grand ado dégingandé vêtu d'un survêtement aux couleurs de l'OM. Les gestes du plus vieux sont secs et ses regards furtifs. Ange Pietri est convaincu d'assister à une vente de drogue à la sauvette. En une fraction de seconde, il imagine que l'un des gamins qui n'ont pas plus de quinze ans pourrait être son petit frère Pascal encore au lycée... Il fond sur le trio en trois pas, jette son sac de marin à la tête du dealer présumé et s'interpose violemment :

— C'est quoi ces magouilles ?

— Tu es qui toi ? Casse-toi ! lui réplique le plus âgé.

Le ton monte très vite. Autour d'eux, les passants se détournent et déjà, les petits clients sont partis en courant, laissant tomber sur le sol un petit sac en plastique bourré de cristaux bruns. Ange l'écrase du talon et agrippe le dealer en survêt au collet. Avant que l'autre n'ait pu placer un mot, il lui écrase le nez et les arcades sourcilières d'un magistral « coup de boule ». Ange entend à peine un craquement. Le dealer, sonné, tombe comme un pantin à ses pieds. Autour d'eux, les passants européens feignent de ne rien voir. Plus loin, au sein d'un groupe de complices du dealer, c'est la débandade. La scène ne dure pas plus de vingt secondes. Ange a perdu toute mesure ; il veut donner une correction inoubliable au petit trafiquant et il lui piétine le visage et la poitrine jusqu'à ce que le sang coule... Alors seulement, il prend la fuite sous les regards effrayés des rares badauds qui se sont attardés à distance.

L'autopsie révélera que le jeune homme est mort au premier coup de pied dans la tête, vertèbres cervicales fracassées. Dans les poches de son survêtement, la police découvrira douze sachets de crack, deux doses d'héroïne, trois mille francs en espèces, un téléphone cellulaire et une carte d'identité algérienne au nom de Larbi Dahmani. Une heure après le meurtre du jeune Algérien dans les quartiers nord, Ange Pietri se présentera, hébété, au bureau de son capitaine de compagnie pour rapporter les faits et pour que son unité le livre à la police.

En quelques heures, cette rixe meurtrière, pourtant d'une triste banalité dans ces quartiers ravagés par la violence, va devenir une affaire d'État que des journalistes vont lier au crime raciste commis par d'autres légionnaires, quelques années plus tôt, dans un train. Le lendemain, le quotidien *Libération* titre sa une sur un « Crime raciste dans le ghetto » ; Radio Gazelle, la radio de la communauté musulmane de Marseille, enchaîne débats en direct et tables rondes sur la montée de la violence raciste dans la capitale phocéenne. La veillée funèbre du jeune Dahmani, dans un taudis de la rue des Convalescents, exploitée par les partis politiques, attire l'intelligentsia française et quelques acteurs en prime, Guy Bedos en tête... Les pétitions se suivent et se ressemblent ; on titille un peu le Front national qui n'y est pourtant pour rien et le MRAP organise une marche. C'est le cirque habituel des éternels protestataires : exploitation indigne et malsaine d'un drame de la violence par des politiciens ou des intellectuels en mal d'idéologie. De son côté, le gouvernement français se tient coi ; la Légion et la Grande Muette dans son ensemble s'abstiennent de tout commentaire et Ange Pietri, qui a reconnu les faits, tout en regrettant son geste, est incarcéré.

Le soir même, jour de prière, les imams des mosquées de Marseille se lancent dans des prêches enflammés contre l'Occident et l'armée française. À la « Mosquée des Puces », dans ces fameux quartiers nord, plus nord-africains qu'européens, on parle même de djihad[1], la guerre sainte contre les non-croyants, et des rumeurs de fatwas[2] commencent à enfler.

Le samedi, les représentants du FIS en France organisent une manifestation qui sera interdite devant la préfecture des Bouches-du-Rhône, place Félix-Barret, à Marseille. Un cortège d'islamistes silencieux, aux visages barbus et impénétrables représentant la communauté

1. Guerre sainte.
2. Une instruction religieuse qui s'impose à tous les musulmans ; celle-ci peut être une condamnation, comme dans l'affaire Salman Rushdie.

musulmane de France, ou prétendant la représenter, demande justice. Les plus extrémistes des intégristes demandent sur des pancartes et des calicots l'application immédiate de la charia[1] contre Ange Pietri. Les plus terroristes des intégristes brandissent de grands couteaux de cuisine. Le préfet ordonne la dispersion à coups de grenades lacrymogènes, bien que la manifestation soit pacifique.

Le même jour, dans les quartiers nord, la tension monte d'heure en heure. Dans une interview accordée au journal régional sur France 3, le préfet a balayé d'un geste de la main « les exigences ridicules des islamistes qui demandent l'application de la loi islamique. Le légionnaire sera jugé après une enquête et la France appliquera la justice de la République ». En quelques heures, le jeune Larbi Dahmani devient une victime expiatoire. Comme à Téhéran ou dans les camps de la Bekaa, la photo du jeune homme présenté comme un martyr est fichée au bout d'un bâton et exhibée par des manifestants muets devant tous les commissariats et antennes de police des XIVe et XVe arrondissements de Marseille. La campagne politico-médiatique devient nationale. Des manifestations sont organisées devant le ministère de l'Intérieur, place Beauvau à Paris, ainsi qu'une marche sur l'Élysée.

Trois jours après l'incident de la rue du Chemin-de-la-Madrague, un article de l'hebdomadaire d'investigation *Marianne* qui a pu se procurer le rapport de l'institut médico-légal révèle que le jeune Algérien est mort au premier coup de brodequin du légionnaire. L'image embrase les esprits. Très vite l'affaire s'envenime dans les médias au point qu'un juge d'instruction de Marseille s'indigne à la télévision du « ramadan fait autour de la mort d'un dealer dans une rixe... ». Cette déclaration on ne peut plus maladroite, ou sinistrement calcu-

1. Loi islamique.

lée, met le feu aux poudres. L'ambassadeur d'Algérie demande une audience au ministre de l'Intérieur et exige des excuses au nom de la communauté algérienne en France. Le ministre fait la sourde oreille. Le recteur de la grande mosquée de Paris s'efforce de calmer le jeu, en vain.

À Marseille, au soir du troisième jour, les quartiers nord sont en état d'urgence. Partout des cordons de police filtrent l'entrée et la sortie des résidents. En quelques heures, la police découvre des dizaines d'armes de guerre dans des caches des HLM de la cité des Castors et les voitures pies de la police sont bombardées de pierres pendant les rondes. Le climat est pré-insurrectionnel mais, après l'épisode malheureux des grenades lacrymogènes à la préfecture, la police hésite encore à riposter.

Le lendemain matin, l'ambassadeur d'Algérie est appelé à Alger pour une consultation avec le gouvernement islamiste composé d'anciens militants du FIS et du GIA au pouvoir depuis neuf mois. À la suite de son rapport, réunis en conclave secret, les durs du GIA prennent une décision inimaginable...

À 21 h 40, quelques minutes avant la fermeture de l'hypermarché Grand V du quartier de la Valentine à Marseille, Mourad Hocine qui est en train de rassembler les caddies dispersés sur le parking pour les enchaîner comme chaque soir dans une réserve, entend un long sifflement au-dessus de sa tête, comme un avion à réaction... Quelques secondes plus tard, une gigantesque boule de feu embrase la toiture du Grand V. Le centre commercial n'est plus qu'une torche vrombissante d'où monte une clameur inhumaine. Et le silence s'installe pour quelques secondes, déchiré à nouveau par des lamentations et très vite par les sirènes des pompiers.

Les « faucons » du GIA ont donné, moins de deux heures avant, l'ordre à l'armée algérienne de tirer un missile Scud sur Marseille. Le premier bilan fera état de deux cents morts et de plus de neuf cents blessés. Dans les heures qui suivent, la France, optant pour la stratégie de la réponse du « fort au faible », choisira justement de ne pas riposter plutôt que d'anéantir l'Algérie avec une bombe nucléaire, comme l'exigerait en principe cette déclaration de guerre sans préavis.

Dans les jours qui suivent, craignant une suite des représailles, la France va s'équiper de matériels sophistiqués de poursuite radar sur tout son front méditerranéen. Ces équipements, similaires à ceux dont le gouvernement américain avait décidé de doter l'ensemble de son territoire au lendemain de la guerre du Golfe, permettent de détecter un missile ennemi entre une et dix minutes après son lancement et de le détruire moins de cinq minutes plus tard à une altitude de cent kilomètres.

Plusieurs de ces scénarios développés aux ministères de la Défense, des Affaires étrangères et de l'Intérieur l'ont été en collaboration avec la Direction générale de l'armement. Une étude a même été commandée à la firme Thomson ; il s'agissait de préparer un parapluie de missiles antimissiles pour protéger les côtes françaises face à une éventuelle agression balistique algérienne. Ce programme qui nécessite un financement coûteux fait l'objet de mises à jour lors des réunions du Comité permanent du renseignement à Paris. Aux États-Unis, des scénarios du même type existent, c'est ce que les stratèges du Pentagone définissent comme la menace des *rogue States,* les États hors la loi, parmi lesquels la Corée du Nord, l'Irak, l'Iran, la Libye et... une Algérie islamiste. C'est dans ce contexte que la France, la Grande-Bretagne et l'Allemagne ont également testé un nouveau missile de croisière français air-sol, dont la construction commune sera l'une des grandes entreprises européennes d'électronique de défense des années à venir. Ce missile d'une portée de deux cent cinquante kilomètres intégrera la riposte à toutes les menaces terroristes, notamment celles d'une Algérie islamiste, et particulièrement dans le choix des cibles qu'il sera capable de frapper. Cette arme balistique, autoprogrammée, épousera le relief et sera guidée par un satellite de télécommunication. Avec une charge conventionnelle, elle sera capable de détruire les silos d'envoi des missiles qui pourraient menacer l'Europe et la France en particulier. Sa précision est de l'ordre du mètre... Le missile peut donc atteindre les occupants d'un bunker, y compris ceux de l'état-major d'une organisation terroriste protégée par un État. Fabriqué par Matra sous le nom de code de SCALP, il représentera un marché de plus de vingt milliards de francs sur dix ans. Il pourrait équiper dès 2001 les avions de combat européens.

Ce scénario catastrophe est donc techniquement plausible dans le cas où un gouvernement islamiste aux commandes de l'État algérien envisagerait un bras de fer avec une puissance occidentale. La menace n'est pas fictive, l'armée algérienne est considérée comme la deuxième dans la région après celle de la Libye. Même si une grande partie des matériels sont obsolètes, l'Algérie dispose de missiles tactiques avec dix-huit installations de lancement de Frog-7 et Frog-4. Et l'acquisition de Scud ou de fusées du même type ne poserait pas de problème majeur. Sur le plan aérien, l'armée de l'air possède dix bombardiers d'attaque Su-24 ravitaillables en vol, ce qui leur confère une capacité d'attaque à longue distance. Le reste de la flotte est composé d'appareils dépassés comme des Mig-25 Foxbat A et des Mig-23 MF Flogger G ; les armes air-sol les plus perfectionnées sont des AS-10 Karen et des AS-14 Kedge. En résumé, l'armée algérienne n'est pas composée d'amateurs ; aux mains des islamistes, elle pourrait devenir l'instrument d'un terrorisme d'État.

Dès 1992, la France a pris sérieusement en compte ce risque de dérive. D'autres scénarios, encore plus pessimistes, évaluent aujourd'hui une autre menace : le risque d'attaque nucléaire dans le cas où un régime islamiste dur s'installerait à Alger. Sans être une puissance militaire nucléaire, l'Algérie dispose d'un potentiel réel, notamment avec le réacteur expérimental d'un mégawatt installé à Ouera en 1989 avec l'aide de l'Argentine. L'Algérie dispose aussi d'un autre générateur plus puissant équipé d'un réacteur de dix à quinze mégawatts fourni par la Chine sur le site d'Aïn Oussera. Ce second réacteur, dont la construction aurait commencé en 1984, est resté secret jusqu'en 1991, et a suscité de nombreuse spéculations quant à sa finalité et à sa puissance, largement surestimée par les premiers rapports des services de renseignements occidentaux qui lui attribuaient alors une puissance de quarante mégawatts. Seule une visite d'inspection en 1992 a permis de connaître la puissance réelle du réacteur *Es Salaam* d'Aïn Oussera et d'en confirmer la vocation pacifique.

En 1992, sur proposition du président Chadli, l'Algérie a signé le traité d'interdiction partielle des essais mais n'a pas donné suite. Elle a finalement adhéré au traité de non-prolifération (TNA), au début de l'année 1995, et a rejoint l'Atomic International Energy Agency (AIEA), mais les accords de garantie prévus par cette dernière instance ne sont pas encore en vigueur. Rien ne prouve au demeurant qu'un gouvernement islamiste, s'il parvenait au pouvoir, par un moyen démocratique ou non, respecterait des engagements pris par le régime précédent.

La lecture des documents de propagande du FIS ne laisse aucun doute sur la volonté des islamistes de posséder leur propre arsenal nucléaire. Il suffit de se référer à une ouvrage considéré comme le précis de géopolitique des idéologues du FIS. Ce livre de deux cent soixante-huit pages intitulé *L'Islam face au nouvel ordre mondial*, publié à Alger par les éditions Salama et qui est en vente dans les librairies musulmanes de France, joue tout au long de ses pages avec l'idée de l'acquisition par le monde islamique de la puissance nucléaire. Alors que l'Occident analyse la politique mondiale en termes de nations, de civilisations ou d'économie, l'islam ramène tout à la religion. Dans ce livre, l'auteur, Mohamed Yacine Kassab, note comme une évidence : « Chacune des grandes religions possède un arsenal atomique : pour le christianisme, les USA, l'URSS, la Grande-Bretagne, la France et l'Afrique du Sud ; pour le judaïsme, Israël ; pour l'hindouisme, l'Inde ; pour le confucianisme, le taoïsme et le bouddhisme, la Chine et l'Inde. » L'auteur note également qu'au sein de l'Église chrétienne chaque groupe dispose d'une arme nucléaire, les protestants, les catholiques et les orthodoxes, tous membres du club des puissances nucléaires. L'auteur conclut : « Seul l'islam est démuni du plus petit armement atomique et reste à la merci de la moindre provocation. Ce n'est pas par hasard. »

Pour preuve de cette « injustice » à l'égard de l'islam, Mohamed Yacine Kassab explique que l'acharnement des pays occidentaux, détenteurs du pouvoir atomique, à contrôler voire à interdire le développement du savoir-faire nucléaire dans les pays du monde musulman est éloquent. « Évidence » renforcée, selon l'auteur, par le fait qu'aucun membre du monde musulman ne siège au Conseil de sécurité des Nations unies « alors que le monde musulman est fort d'un milliard de croyants ». Dans l'amalgame d'idées qui le constituent, ce livre accuse continuellement les chrétiens et les juifs d'avoir fait alliance depuis deux mille ans pour affaiblir le monde islamique. Pour justifier son discours naïf, Mohamed Yacine Kassab s'appuie sur les enseignements de la sourate V, verset 51 : « Ô vous qui croyez ! Ne vous alliez pas aux juifs et aux chrétiens : ils sont alliés les uns des autres. »

On l'a souvent dit, la réalisation d'une bombe atomique artisanale n'est pas insurmontable et les gouvernements occidentaux se sont souvent demandé si des terroristes pourraient techniquement fabriquer la première bombe islamique. À cette question, des experts du laboratoire national de Los Alamos, aux États-Unis, anciens concepteurs de bombes eux-mêmes, ont répondu sans ambiguïté : une équipe de trois ou quatre techniciens qualifiés possédant les connaissances requises en matière de fission mais ne disposant pas forcément du savoir-faire militaire en matière de bombe atomique pourraient sans difficulté majeure réaliser une bombe atomique islamique. Selon les experts de Los Alamos, ce type d'engin nucléaire artisanal à implosion devrait comprendre un matériau nucléaire à masse critique dans sa forme finale. Il pourrait être fabriqué à partir de plutonium métallique utilisé dans les réacteurs et isolé dans une usine de traitement à usage commercial ou à partir d'uranium métallique semblable à celui utilisé dans les réacteurs de recherche. Or l'Algérie dispose de deux réacteurs de recherche.

Le second réacteur algérien installé à Aïn Oussera [1], à cent vingt-cinq kilomètres au sud d'Alger, alimenté en uranium enrichi à vingt pour cent, et dont la fission est contrôlée par de l'eau lourde, peut en théorie produire au moins trois kilogrammes de plutonium par an dans des conditions d'exploitation normales. Il faudrait ou aurait fallu, à cette cadence, trois ans pour accumuler la quantité nécessaire à la fabrication d'une bombe nucléaire. Mais, l'Algérie n'a cependant pas, à cette date, la capacité de produire de l'uranium enrichi ni de l'eau lourde qui pourrait permettre la production de plutonium à usage militaire. Les experts américains sont toutefois préoccupés par la possibilité de prise du pouvoir par un régime islamique radical qui pourrait modifier sensiblement le programme nucléaire algérien. Ce qui serait technologiquement possible.

Cette capacité des islamistes radicaux à fabriquer une

1. Plus de 900 ingénieurs dans le domaine du nucléaire ont quitté l'Algérie depuis 1993. Parmi eux, de nombreux opposants islamistes comme Anouar Haddam, licencié en physique nucléaire.

bombe nucléaire, s'ils parvenaient au pouvoir, ne repose pas que sur l'existence de stocks de combustible ou sur le recrutement de techniciens qui sont à louer dans plusieurs anciennes républiques soviétiques, encore faudrait-il disposer de matériel informatique de haut niveau comme les super-calculateurs indispensables à la conception d'armes nucléaires ou encore à leur guidage vers la cible dans un deuxième temps. La pression actuelle de certains constructeurs américains comme DEC, Sun Microsystems ou Silicon Graphics Inc. pourrait conduire le département du Commerce américain à abandonner le contrôle exercé sur plusieurs pays, environ une vingtaine, qui n'ont aucune procédure de contrôle sur leurs exportations, les autorisant ainsi, de fait, à devenir des plaques tournantes de matériels de haute technologie sensible vers des pays figurant sur la fameuse « liste noire » américaine pour cause de terrorisme. La plupart des pays terroristes pourraient ainsi s'approvisionner légalement en matériel de conception assistée par ordinateur, ce qui leur permettrait d'augmenter leur capacité de production d'arme nucléaire et de raccourcir considérablement les délais de réalisation, ce qui serait certainement une des priorités de l'Algérie si elle tombait entre les mains d'un régime islamiste. Et alors que cette nouvelle guerre d'Algérie, pourtant déjà si meurtrière, n'a recours qu'à des armes conventionnelles ou au terrorisme, on ose à peine imaginer ce que deviendrait le bassin méditerranéen sous la menace d'une bombe atomique islamique.

Les événements du mois de juin 1997 au Pakistan démontrent à quel point cette menace, qui n'est pas illusoire dans certains points du globe, ne doit pas être considérée comme une simple hypothèse d'école. Daoud Mir, ex-chargé d'affaires d'Afghanistan en France et ambassadeur auprès de l'Unesco a confié à Patrick de Saint-Exupéry dans un entretien au *Figaro* le 17 avril 1998 que « malheureusement son pays est devenu une poudrière ».

À la question : certains pensent que dans leur course à l'armement nucléaire les Pakistanais ont bénéficié d'une aide chinoise qui aurait transité par l'Afghanistan, le diplomate répond : « C'est tout à fait crédible, les chefs de guerre afghans n'ont aucune culture politique, aucune idée du contexte international. Il suffit qu'un agent d'un service de renseignements se présente à un chef afghan pour que celui-ci prenne cela pour un message politique. J'ai vu en Afghanistan des dizaines de gens qui n'avaient rien à y voir, des Chinois, des Iraniens, des Pakistanais, des Soudanais, des Algériens, des Russes. Tous ces gens arrivent dans leurs avions privés et se posent, sans même prévenir, sur n'importe quel aéroport afghan. En fait chaque partie afghane a un contact privilégié avec un service secret étranger en échange d'une aide minime ; ces services imposent leur politique. »

Plus préoccupant encore et accréditant la thèse d'une escalade dans les moyens des terroristes, des responsables de la mafia de pays musulmans de l'ex-URSS ont même transité en Afghanistan pour essayer d'y vendre des secrets nucléaires, des combustibles ou des substances chimiques ou biologiques. Le 25 mai 1997, au cours d'une réunion à Kaboul, un responsable taliban a montré une bouteille métallique contenant une substance pulvérulente qu'il a présentée comme étant de l'uranium. Concernant l'origine de cette bouteille, le mystère a été en partie levé ; sa présence remonterait à la présence militaire russe dans le pays ; elle aurait été enterrée par l'Armée rouge avant que cette dernière n'évacue Kaboul. Une autre bouteille du même type aurait déjà été trouvée par les Talibans. Le lendemain, cette réunion supposée secrète fera l'objet d'une note de l'ambassade de France au Pakistan (numéro 97-245), adressée au ministère des Affaires étrangères, de la Défense et de l'Intérieur à Paris.

En juin 1998, l'un des idéologues du GIA installé à Londres, Abou Hamza, diffusera dans la revue *Les Parti-*

*sans de la charia* — un périodique qui a remplacé *Al Ansar*, l'organe du GIA — un article sur la « première épée nucléaire islamique ». Faisant allusion à la toute récente bombe pakistanaise, l'auteur conclut : « Si la guerre nucléaire est le seul moyen de défendre les musulmans, alors il faut la faire. L'islam justifie une telle action comme il permet de manger de la viande de cochon en état de famine. »

Faisant toujours allusion à la bombe pakistanaise, un autre militant islamiste fondamentaliste d'origine saoudienne considéré comme un des cerveaux de la nébuleuse islamiste et réfugié en Afghanistan, Usama Ben Laden, va déclarer, le 1er juin 1998, que « les essais nucléaires d'Islamabad ont changé l'équilibre des forces, alors que les pays impies ont cherché à écarter les musulmans de la possession de l'arme atomique ». Le milliardaire saoudien en exil affirme dans son communiqué que l'Inde n'est en réalité qu'un ennemi régional du Pakistan alors que les vrais ennemis de l'islam sont les États-Unis qui occupent les Lieux saints du Hedjaz et Israël qui occupe la mosquée d'Al-Aqsa à Jérusalem. En conclusion, Usama Ben Laden exhorte dans ce texte virulent les autres musulmans à se doter d'armes nucléaires, biologiques et chimiques à l'instar d'Islamabad. L'annonce de la bombe pakistanaise a été le catalyseur de toute une série d'initiatives.

Toujours en juin 1998, alors que les experts militaires et stratégiques du monde entier planchent sur les simulations d'un éventuel conflit atomique régional entre l'Inde et le Pakistan, les services de renseignements et de lutte antiterroriste occidentaux reçoivent une information inquiétante : des groupes d'islamistes dans des camps du Pakistan financés par le milliardaire Ben Laden chercheraient à entrer en contact avec des jeunes chercheurs dans les centres nucléaires pakistanais pour les recruter alors que, à la même période, dans le monde islamique, des dizaines d'étudiants se voient proposer des bourses d'étude pour devenir ingénieur nucléaire, entièrement financées par Ben Laden, le nouveau « patron » des réseaux internationalistes islamiques. Objectif : préparer l'embryon d'une arme nucléaire miniaturisée. Au cours de l'été 1998, ce risque a fait l'objet d'une concertation entre l'ensemble des services de lutte antiterroriste et les mises en garde sont allées jusqu'au Conseil de sécurité des Nations unies d'autant que, plusieurs semaines après les essais pakistanais, commençaient à circuler sur Internet des informations sur une « bombe islamique » et son utilisation future contre Israël et les Occidentaux accusés de ne pas mettre sur un pied d'égalité, en matière de prolifération nucléaire, l'État hébreu et les pays arabes.

Ainsi, au milieu de l'année 1998, poussé à son paroxysme par l'annonce pakistanaise, le péril nucléaire islamique était-il pris très au sérieux sans pour autant exclure les risques plus conventionnels. Encore d'actualité, le dernier scénario, peut-être le plus plausible à court terme, est celui de l'exode. Les autorités françaises, italiennes et espagnoles savent qu'en cas de victoire des islamistes, l'Algérie souffrira en quelques jours du syndrome des *marielitos*[1] cubains. Par milliers, des bateaux quitteront l'Algérie pour accoster n'importe où de l'autre côté de la Méditerranée. Un scénario d'exode massif que l'écrivain Jean Raspail avait déjà évoqué il y a presque vingt ans dans son livre *Le Camp des saints*, avec toutefois des raisons différentes, plus économiques que politiques. La vague d'immigration qui déferlerait alors sur l'Europe du Sud aurait des conséquences imprévisibles d'autant qu'elle s'accompagnerait inévitablement d'une infiltration massive d'extrémistes et de terroristes.

---

1. En quittant massivement le port de Mariel à Cuba pour fuir la dictature castriste dans des navires de fortune — quelquefois de simples pneus de camions transformés en radeaux —, les candidats à l'exode vers les côtes de Floride ont gagné le surnom de *marielitos*.

# II

# Du FIS au GIA

« De Dunkerque à Tamanrasset... », la formule gaullienne, a sans doute fait oublier à de nombreux hommes politiques français ou algériens que l'Algérie n'est pas la France, et vice versa, et que les événements actuels ne peuvent se comprendre qu'à travers un regard libéré de tous les carcans intellectuels, progressistes, religieux, laïques ou occidentaux traditionnels. Cette perception faussée de l'identité de l'Algérie a suscité un courant général d'incompréhension devant les soubresauts historiques d'un pays paradoxal qui a, en même temps, un pied dans le tiers monde et un autre dans le monde moderne à cause de ses liens privilégiés avec la France. Certains analystes, parmi les plus pessimistes, diraient sans doute qu'il a aussi un pied dans la tombe.

Il reste que la compréhension n'excuse pas tout, que la notion de terrorisme, ou de violence politique, est devenue universelle et qu'il n'existe pas de pays où elle suscite la moindre sympathie. Confrontée à un épisode de son histoire qui risque de transformer le bassin méditerranéen en poudrière, l'Algérie est devenue le premier point chaud du monde musulman.

Cet immense pays, le second en Afrique par la surface, est resté sous la domination de la France de 1857 à 1962 et la métropole s'y est à ce point sentie chez elle qu'elle n'y voyait plus une colonie mais de simples départements. Le 5 juillet 1962, l'Algérie, qui vient de déclarer son indépendance après plusieurs années d'une guerre douloureuse, a incontestablement des atouts sur le plan économique ; la France a laissé des infrastructures agricoles, routières et administratives que lui envient d'autres pays du continent, mais le départ forcé des huit cent mille Français d'Algérie va également hypothéquer l'avenir du pays à court terme.

Le premier président de la République algérienne, Ahmed Ben Bella, qui accède au pouvoir le 19 septembre 1962, ne réussit pas à faire décoller l'économie. L'Algérie reste sous le choc d'une guerre qui a causé le déplacement de plus de deux millions de personnes sur onze millions d'habitants et le seul dénominateur commun des forces en présence est le désir d'indépendance. En 1965, le général Boumediene prend le pouvoir et poursuit une politique socialiste de décentralisation, de réforme agraire et de nationalisation qui ne réussit pas vraiment mieux que celle de son prédécesseur. Comme d'autres nations récemment libérées du joug colonial, l'Algérie s'inspire d'un modèle socialiste dont les diplomates soviétiques se font les propagandistes zélés. On connaît la fin du conte de fées... Entre tiers-mondisme et socialisme, l'Algérie de Boumediene joue la carte du non-alignement. C'est d'ailleurs à Alger que se tient en 1973 la conférence des non-alignés, mais ces subtilités géopolitiques ne changent pas grand-chose au fait que l'Algérie a du mal à sortir la tête de l'eau.

Peu après la mort de Boumediene qui survient le 27 décembre 1978, Chadli Bendjedid est porté à la présidence le 7 février 1979 par l'ALN, l'Armée de libération nationale qui choisit le militaire le plus ancien et le plus gradé. Un nouveau gouvernement est constitué et les priorités portent sur l'adaptation du pays à l'économie de marché. En 1981, les dirigeants algériens commencent à prendre conscience de l'impasse où les a conduits leur politique et tente d'améliorer les performances de leur économie planifiée. Les sociétés nationales éclatent et la réforme vise avant tout l'État dans l'État que constitue la Sonatrach qui gère la production et la vente des hydrocarbures. Le gouvernement s'attelle en même temps à une réforme agraire et à un développement de l'initiative privée. Une loi de 1982 ouvre même la participation de capitaux étrangers à des sociétés mixtes ; cette tentative ne fera pas vraiment recette, les investisseurs n'ont pas confiance. Avec le choc pétrolier de 1986 et l'effondrement du cours du pétrole et du gaz dont l'Algérie tire quatre-vingt-dix-huit pour cent de ses ressources en devises, les dirigeants algériens prennent la pleine mesure de leur échec politique et économique face aux besoins d'une population en pleine explosion démographique.

Le 12 janvier 1984, Chadli Bendjedid est néanmoins élu pour cinq ans. En 1986, l'Algérie se dote d'une nouvelle charte nationale qui confère une plus grande place à l'islam tout en fondant l'économie du pays sur le libéralisme.

En octobre 1988, les premières vagues islamistes commencent à enfler au point que le 10 octobre le président Chadli accepte de recevoir une délégation de trois dirigeants fondamentalistes : le cheikh Ahmed Sahnoun, un prédicateur modéré qui a appelé la population au calme, Ali Benadj, le lieutenant de Abassi Madani, représentant les forces radicales, et Mahfoud Nanhah, un imam modéré soutenu par les commerçants et la bourgeoisie. Depuis la fin des années soixante-dix, un climat de piété et de ferveur religieuse s'est emparé de l'Algérie, les mosquées sauvages sont de plus en plus fréquentées, et le pouvoir n'a rien vu de nature à troubler l'ordre public.

En 1989, l'Algérie adopte une nouvelle Constitution qui entérine le multipartisme, crée un État démocratique de telle sorte que les premières élections municipales sont remportées par le FIS, le Front islamique du salut. Le FIS emporte la victoire dans huit cent cinquante-trois communes sur mille cinq cent cinquante et une et ses résultats sont largement majoritaires dans les grandes villes ; à Alger, le FIS fait soixante-quatre pour cent et soixante-dix pour cent à Oran. Dans les communes où il a été élu, le FIS tente presque immédiatement d'imposer la loi islamique et se sent en situation de force pour affronter le premier tour des élections législatives prévu pour le 27 juin. Les réactions de la population sont mitigées. De nombreux témoignages recueillis à chaud révèlent plus d'inquiétude que de satisfaction, notamment chez les jeunes, les jeunes femmes et la bourgeoisie algérienne. Dans les premiers jours, des jugements sévères frappent les islamistes : « L'intégrisme, c'est le sida des sociétés islamiques, nous ne connaissons pas d'antidote. » Dans les rues, les « frères » relèvent la tête et dans les universités, les étudiantes commencent à craindre qu'on ne les renvoie à la maison, même celles qui portent docilement le voile. On raconte dans les rues d'Alger que le scrutin s'est déroulé dans des conditions peu encourageantes pour la démocratie ; des hommes venaient voter à la place de leurs femmes, présentant des procurations douteuses, et celles qui venaient elles-mêmes déposer leur bulletin refusaient de soulever leur voilette pour permettre aux assesseurs de vérifier leur identité. Très vite, ces commentaires seront ravalés par crainte, déjà, de représailles. Effrayée par cette poussée islamiste dont l'ampleur est relativement inattendue, l'armée reprend le pouvoir, proclame l'état de siège pour quatre mois le 5 juin et reporte les élections *sine die.* Cette reprise en main par l'armée est suivie d'une vague d'arrestations et les leaders du FIS, Abassi Madani et Ali Benadj, sont incarcérés ainsi que de nombreux islamistes ; ils deviendront des symboles pour les islamistes tant en Algérie qu'à l'étranger.

Abassi Madani est né en 1931 à Sidi Okba dans le Sud-Est algérien. Il n'a qu'une formation rudimentaire en français et c'est dans une école coranique de Biskra qu'il acquiert quelques notions religieuses. Il rejoint vite les premiers groupes armés du FLN. Arrêté en 1955, il ne sortira de prison qu'en 1962. En sa qualité d'ancien moudjahid, il étudie la philosophie et va s'installer à Londres où il soutient une thèse sur l'éducation. Le point intéressant de ce parcours est que Abassi Madani peut prétendre au statut de « combattant de la liberté » aux yeux du pouvoir algérien. Le chemin parcouru par Ali Benadj est sensiblement différent, moins brillant sur le plan personnel et plus extrémiste sur le plan politique ; on lui attribue une formule lapidaire : « La terre entière est une mosquée. » Et les nombreux textes que Benadj arrive à faire sortir de sa cellule numéro 9 de la prison militaire de Blida confirment cette volonté d'islamiser l'Algérie sans compromis. Dans un ouvrage intitulé *Plaidoyer contre l'injustice des dirigeants* et rédigé en prison, Ali Benadj écrit que l'islam est un régime global et total, couvrant l'ensemble des domaines de la vie humaine. La différence, selon lui, avec les autres systèmes de gouvernement est que, dans l'islam, « la politique est transparence et droiture, alors qu'elle est mensonge et tromperie ailleurs ». Le leitmotiv entonné par la plupart des islamistes extrémistes revient aussi chez Benadj : il est urgent d'instaurer une politique islamique parce que le Coran et le pouvoir sont inséparables. Et ce raisonnement entraîne la justification de la charia. Sur plusieurs points fondamentaux, Benadj, fin politique, désamorce par avance une éventuelle légitimation du chef, quel qu'il soit, par la volonté de Dieu. En ce sens, Ali Benadj entend démarquer l'islamisme algérien du chi'isme qui se refuse à critiquer ses dirigeants considérés comme des représentants de Dieu. La précaution du dirigeant algérien vise indirectement le roi du Maroc, présenté comme le Commandeur des croyants. Dans ces conditions, le théoricien Ali Benadj ne reconnaît que l'élection, celle-là précisément dont les islamistes viennent d'être privés. L'État est donc illégitime et si seule une politique « de fer et de sang » lui permet d'asseoir son autorité, les islamistes lui répondront avec le même langage. Ali Benadj souligne que l'islam c'est le Coran et l'épée, une religion pacifique mais qui prône la « paix des forts ».

Le 26 décembre 1991, le premier tour des élections législatives crédite le FIS de trois millions deux cent soixante mille deux cent vingt-deux voix, soit quarante-sept pour cent des suffrages exprimés, mais seulement vingt-deux pour cent des inscrits. Le FIS est en tête mais a perdu un million de voix par rapport au scrutin municipal. Il emporte tout de même dès le premier tour cent quatre-vingt-huit sièges à l'Assemblée nationale et, compte tenu du nombre de circonscriptions en ballottage favorable, le FIS pourrait atteindre la majorité des deux tiers.

Le deuxième tour est alors annulé. Un Haut Comité de l'État (HCE) est alors instauré et le FIS est dissous en mars 1992. Ali Kafi est nommé président du HCE. Commence alors, avec la poussée islamique, la deuxième période la plus troublée de l'histoire algérienne, depuis la guerre d'indépendance. On parle quelquefois de « seconde guerre d'Algérie ».

1992, l'année de la confrontation

L'année 1992 a donc été marquée par l'arrêt brutal du processus démocratique lancé en 1989, dont les élections législatives de décembre 1991 et janvier 1992 devaient consacrer la pérennité. La victoire du FIS au premier tour de scrutin a conduit les autorités à refermer la parenthèse démocratique au nom de la défense de l'Algérie républicaine et de la lutte contre l'intégrisme. Proclamé le 14 janvier 1992, le HCE mène sous la houlette et la pression de l'armée une politique active de répression et d'éradication du FIS, à laquelle la frange extrémiste de la mouvance islamique algérienne répond par la violence et le terrorisme. L'assassinat, le 29 juin 1992, du nouveau président du HCE, Mohamed Boudiaf, porte la crise à son paroxysme, marquant la fin de la politique de rénovation institutionnelle et économique qu'il avait engagée à son arrivée au pouvoir. En outre, l'attentat de l'aéroport Houari-Boumediene, le 26 août 1992, fait planer la crainte d'une dérive du FIS vers le terrorisme aveugle. Le bilan de l'année 1992 est dramatiquement lourd avec la perte de deux cent quatorze membres des forces de l'ordre. En dépit du couvre-feu instauré dans le pays et de nombreuse autres mesures de répression, rien ne laisse penser à l'aube de 1993 que la violence politique est éradiquée d'autant que, sur le plan politique, le dialogue est figé entre le gouvernement algérien et Rabah Kébir, le porte-parole du FIS. Simultanément, on assiste à un morcellement progressif du courant islamique algérien avec l'émergence d'une multitude d'émirs qui aboutit à l'isolement d'Abassi Madani, le chef du FIS alors en exil en Allemagne. Confronté à l'interdiction et au bannissement de ses leaders, le FIS décide de s'implanter en France, que ses dirigeants considèrent comme une base arrière naturelle. En novembre 1991, une association portant le nom de Fraternité algérienne en France est déclarée à la préfecture de police de Paris sous le numéro 98253. Cette association à but non lucratif est perçue par les autorités de Paris comme la façade du FIS en France. À deux reprises, les 1er et 15 février 1992, la FAF tente d'organiser des manifestations dans la capitale française pour protester contre la répression en Algérie, mais elles sont interdites. Dans les mois qui suivent, la FAF est présente sur de nombreux fronts, organisant des forums ou distribuant des pamphlets à la sortie des mosquées, particulièrement son bulletin d'information, *Le Critère*[1]. Parallèlement, alors qu'elle ne compte guère

1. Publication interdite par arrêté ministériel du 27 mai 1993.

plus de trois ou quatre cents membres en région parisienne, elle s'efforce de développer des réseaux en province. La Fraternité accueille plusieurs leaders du FIS comme Anouar Haddam ou Kamar Eddine Kherbane qui viennent s'exprimer en France à son invitation, jusqu'à ce que le territoire national leur soit interdit et qu'ils soient reconduits à la frontière. C'est à la même époque que de nombreux militants du FIS tentent de s'établir en France, quelquefois illégalement.

Il est vrai qu'en Algérie la situation s'est radicalisée des deux côtés. Le FIS est entré dans la clandestinité et a commencé à avoir recours à la « lutte armée », en réalité une suite d'attentats terroristes, et la France est perçue à cette époque comme l'alliée du pouvoir répressif, impression confirmée, pour les « fissistes », par la visite à Alger du ministre français des Affaires étrangères, Roland Dumas. Au même moment, les premières conclusions de l'enquête confirment que l'attentat du 26 août 1992 contre l'agence d'Air France à Alger a bien été commis par des groupes islamistes.

1993 est l'année de l'escalade de la violence politique en Algérie mais aussi celle du morcellement du mouvement « fissiste » à l'étranger. Les autorités algériennes déplorent plus de six cents morts en treize mois de guerre civile larvée, dont deux cent quatre-vingts soldats, gendarmes et policiers. Le 13 février, un attentat à la voiture piégée manque de peu le général Khaled Nazzar, ministre de la Défense, considéré comme l'homme fort du régime parce qu'il est précisément le patron de cette armée qui s'est opposée à la prise du pouvoir par les islamistes. L'attentat est un échec, mais visiblement les terroristes sont bien renseignés ; ils savent qu'entre le domicile du ministre et son bureau, sur un parcours d'un peu moins de sept kilomètres, il n'y a que trois itinéraires possibles dont un carrément suicidaire à la sortie d'Hydra. Par mesure de sécurité, et de façon aléatoire, les services de sécurité empruntent l'une ou l'autre des deux options, ne respectant jamais le même horaire tout en changeant le plus souvent possible de véhicule, utilisant soit une Mercedes, une Lancia blindée ou une Range Rover. Quelquefois, c'est même dans un des véhicules banalisés de son escorte que le général Nazzar se rend à son bureau. Mais les deux itinéraires considérés comme les plus sûrs ont un tronçon commun et les terroristes le savent. Le 13 février, peu avant 10 heures, le ministre quitte son domicile à bord de sa Lancia. Quelques minutes plus tard, au passage du cortège de trois voitures, une bombe télécommandée dissimulée dans un fourgon J5 stationné sur la chaussée dans la portion du parcours commun au deux itinéraires, est déclenchée. Il n'y aura pas de victimes bien qu'une école soit proche du lieu de l'attentat, mais l'avertissement est sérieux. Pour les enquêteurs, l'attentat est signé par le FIS ; la charge était suffisante pour éliminer Nazzar dans sa voiture sans risquer de raser le quartier. C'est parce que l'explosion a lieu une fraction de seconde trop tard que la déflagration ne pulvérise pas la voiture du ministre éloignée de quelques mètres. À cette époque, le FIS a encore le souci de ne pas se couper de sa base populaire. Un massacre dans le quartier aurait été mal venu. L'échec des terroristes est cuisant ; Nazzar était une cible prioritaire pour les islamistes en raison de ses relations avec les services français. Les instances du FIS n'ignoraient pas que le ministre de la Défense du gouvernement algérien était venu secrètement en France le 24 novembre 1992. Il avait atterri au Bourget à bord d'un Falcon 900 du GLAM algérien en provenance de Boufarik. Porteur du passeport diplomatique numéro 01284914, le général était accompagné de six membres des services spéciaux algériens et les islamistes avaient cru deviner dans ce voyage l'ébauche d'une stratégie concertée franco-algérienne de répression musclée des noyaux islamistes extrémistes.

En juin 1993, le gouvernement algérien tente une

négociation avec le leader du FIS Abassi Madani qui se serait vu offrir quelques concessions contre l'arrêt du terrorisme. Ce dernier a objecté n'avoir aucune influence sur la stratégie des groupes armés. Quels que soient les véritables motifs de son refus, Abassi Madani était proche de la réalité.

En effet, depuis le début de l'année, le combat islamiste en Algérie est incarné par des chefs de guerre terrés dans les montagnes alors que les « idéologues » comme Abassi Madani, Rabah Kébir ou Anouar Haddam, sont en exil. Fondant leur activité sur le mythe des maquis bouyalistes des années quatre-vingt, ces tenants de l'action radicale sont devenus incontrôlables et même si les leaders en exil cautionnent leurs actions ou maintiennent des relations plus ou moins régulières avec eux, ils sont incapables de leur donner la moindre directive. Pourtant, ces émirs deviendront les porte-drapeau du combat islamiste en Algérie.

L'annonce, le dimanche 24 octobre, que trois Français, membres du consulat de France à Alger, ont été enlevés et les suites de cet épisode illustrent la fracture entre les activistes du terrain algérien et les intellectuels du FIS en France qui ont décidé d'adopter un profil bas. Quelques jours après, l'enlèvement est revendiqué depuis Londres par la Jama'a Islamiya qui réfute l'autorité du FIS à l'étranger. Ce mouvement, également connu comme le GIA, Groupe islamique armé, a été lancé en septembre 1992 par Abdellahk Layada et Mansouri Miliani sur les bases d'un groupuscule créé quelques mois plus tôt par Mohamed Allal, connu sous le nom de guerre de Moh Leveilley à cause du nom d'un quartier d'Alger où il s'était illustré. La scission est patente entre radicaux et modérés. L'imam Sahraoui de la mosquée de la rue Myrha, membre honoraire du FIS, lance même un appel pour la libération des trois Français « sans aucune condition » car « toute atteinte à la vie et aux biens des étrangers sur le sol musulman est contraire aux lois et aux traditions islamiques ».

Alors que les instances du FIS à l'étranger affichent une modération tactique, la stratégie des islamistes n'a pas vraiment changé. Une édition du 22 octobre d'*Al Forquane*, une revue imprimée en Suède par le Comité de soutien au djihad en Algérie, et distribuée devant les mosquées parisiennes, ne laisse planer aucune ambiguïté sur les objectifs réels des islamistes. Dans un éditorial intitulé « Ni dialogue, ni réconciliation », un « journaliste » anonyme écrit : « Il ne peut y avoir de réconciliation sans l'avis favorable des centaines de milliers d'exilés, de militants islamistes et des millions de citoyens victimes d'une répression barbare sans précédent. Aucune réconciliation n'est possible sans l'assentiment des moudjahidin, lesquels ont fait l'honneur de ce peuple qui trouve l'apaisement de ses souffrances dans la lutte contre l'injustice et la tyrannie. Et les milliers de détenus qui croupissent dans les geôles de la junte, dans les camps de concentration en plein désert... L'unique position susceptible de rendre hommage à leur mémoire est la continuation du djihad jusqu'à la victoire. »

L'auteur conclut qu'il n'y a pas de négociations envisageables et qu'il n'est plus possible de faire machine arrière. À la même date, le communiqué numéro 9 du FIS-Instance exécutive à l'étranger réagit à la détention d'Abassi Madani. Un tract daté du 20 octobre affirme que « tout malheur arrivé au cheikh sera considéré de notre part et de la part et du peuple algérien comme un acte prémédité et délibéré par la junte qui en subira toutes les conséquences ».

Effectivement la tension ne cesse de monter. En octobre 1993, un document du groupe Minorités[1] fait le

1. Intergroupe ministériel d'analyse du terrorisme placé sous l'autorité du Secrétariat général de la défense nationale.

point. Quatre mille personnes ont été arrêtées depuis l'arrêt du processus démocratique. Deux cent soixante-dix-huit peines capitales ont été prononcées depuis 1992 et leur mise en application a entraîné une radicalisation du FIS. Limitée dans un premier temps à l'élimination des membres des forces de l'ordre et des représentants du pouvoir pour se poursuivre par le terrorisme aveugle et l'atteinte aux dignitaires du régime, l'action du FIS vise deux nouveaux objectifs : l'atteinte aux élites francophones et la déstabilisation du potentiel économique du pays en s'attaquant à des infrastructures industrielles ou à des travailleurs expatriés. La même note de synthèse relève que, en Algérie, le FIS est désormais dominé par sa frange radicale, elle-même divisée et incapable de se structurer. L'initiative d'Abdelkader Chebouti, un proche de Moustapha Bouyali, de fédérer le FIS en Algérie s'est soldée par un échec et son MEI (Mouvement de l'État islamique) partage une partie du terrain avec le GIA et d'autres groupuscules. À l'extérieur, le FIS est confronté à une double difficulté : limiter ses dissensions afin d'offrir à ses militants potentiels et aux médias un vrai front uni et tenter de reprendre le contrôle des groupes armés qui luttent sur le terrain. Un rapport confidentiel des services français, daté du 26 novembre 1993, évalue le nombre de ces groupes à soixante-dix.

Le plus actif est sans doute celui de Moh Leveilley, repris en main par Abdellahk Layada à la mort de son fondateur à l'hiver 1992. Ce groupe étend ses activités de commando dans tout l'Algérois. C'est à l'occasion d'une incursion au Maroc que Layada est arrêté avant d'être extradé en Algérie. Son groupe armée passe ensuite sous les ordres de Jaffar « Al Afghani », un ancien « Afghan » comme son nom l'indique et enfin sous le contrôle de Chérif Gousmi, un ancien des camps iraniens converti au chi'isme dans les années quatre-vingt. La rivalité entre le FIS et le GIA, en partie sous l'influence d'éléments extrémistes, atteint son paroxysme vers la fin de l'année 1993.

En novembre 1993, plusieurs actions policières contre la FAF et ses représentants Moussa Kraouche et Jaffar el Houari provoquent un grand désordre dans les rangs des islamistes algériens en France. Le 9 novembre, une action contre le FIS est menée dans vingt-quatre départements français et quatre-vingt-huit personnes sont mises en garde à vue. La FAF est devenue le relais de la propagande du FIS sur le territoire français, et sa littérature prône le djihad à mots couverts pour ne pas tomber sous le coup de la loi. C'est le cas d'un petit ouvrage publié en novembre 1994, intitulé *Halte au génocide du peuple algérien.* Moussa Kraouche y signe une préface qui fait le compte des violations des droits de l'homme infligées aux islamistes en Algérie, notamment aux militants détenus au camp de Aïn M'Guel en plein désert. Le représentant de la FAF conclut par un hadith[1] : « Celui qui équipe un combattant qui lutte dans la voie d'Allah est considéré comme étant lui-même un combattant et celui qui remplace ce combattant c'est comme s'il avait pris part au combat. » D'autres publications de la FAF seront interdites par la suite, telle *Résistance.* Le démantèlement et la mise sous surveillance serrée de la FAF sont un avertissement aux islamistes algériens et vont encore couper les politiques en exil du terrain algérien et accentuer le morcellement du mouvement « fissiste ».

Les perquisitions de novembre 1993 qui vont suivre les opérations policières contre la FAF vont gravement préoccuper les services de lutte antiterroriste. Particulièrement à cause des énormes sommes d'argent découvertes dans les différentes planques. Ainsi, à Orléans, chez

1. Conclusion d'une prédication religieuse, fondée sur un récit traditionnel rapportant un acte ou une parole du Prophète. Les hadiths font autorité après le Coran en matière de foi islamique.

un militant nommé Ali Amar, les policiers découvrent des grilles de codage permettant de retrouver des numéros de comptes bancaires à l'étranger, des livres sterling et des cartes de crédit de la Westminster Bank à Londres. Chez d'autres militants du GIA à Lyon, les enquêteurs trouvent des relevés de comptes et une liste de numéros de comptes en Suisse. Toujours à Lyon, dans l'appartement d'un activiste affirmant se nommer Larbi, la police découvre trois cent mille dollars en liquide ! Chez un autre à Lille, cinquante-quatre mille dollars. La liste de ces saisies d'espèces serait longue. À Antony, chez un certain Djafar, c'est l'équivalent de trois cent mille francs français en dollars, francs belges et deutsche-marks qui sont découverts. Lors d'une autre perquisition chez un islamiste tunisien, les services français trouvent trois cent mille dollars en grosses coupures et plusieurs chèques pour un montant de deux millions sept cent mille francs ! S'il n'a pas été possible d'identifier avec précision l'origine de ces fonds, surtout pour les sommes en espèces, les enquêteurs ont fini par établir qu'une grande partie provenait de réseaux financiers du golfe Persique par l'intermédiaire d'associations islamiques d'entraide. Déjà en 1990, la police avait été intriguée par un chèque de un million de francs de la Bankers Trust Company tiré à l'ordre d'un Saoudien, mais endossé au bénéfice d'une association islamique de Saint-Ouen. Or, le président de cette association était un des avocats d'Abassi Madani, le leader du FIS emprisonné en Algérie. Il est vrai que les différentes études réalisées en Europe sur les réseaux de financement des islamistes révèlent que ces derniers ont une imagination débordante pour « faire de l'argent ». Ainsi, en 1993, une note du ministère de l'Intérieur français s'inquiétait d'un trafic de devises portant sur la monnaie algérienne : « Selon les révélations d'un chef d'entreprise français en relations d'affaires avec l'Algérie, un vaste trafic de devises s'effectue à plusieurs niveaux pour obtenir, au marché noir, des dinars à un prix beaucoup plus avantageux que le cours légal imposé par ce pays. À l'origine, des travailleurs immigrés de nationalité algérienne et islamistes, résidant en France, remettent des fonds à des collecteurs qui, en bout de chaîne, les déposent sur un compte bancaire ouvert au nom d'un commerçant algérien négociant avec la France, ou les versent directement en paiement de marchandises importées. En effet, chaque mouvement de fonds s'appuie sur des échanges commerciaux entre la France et l'Algérie, concernant plus particulièrement certains types de produits qui répondent à une pénurie, notamment les pièces détachées pour voitures. »

Selon l'enquête qui va suivre, la vente de ces pièces au marché noir permettait de dégager d'importantes sommes en dinars dont les bénéfices étaient mis en réserve pour pratiquer une activité occulte de change. Selon une autre « source industrielle » française qui l'a révélé aux services, le bénéfice de près de soixante-dix pour cent de ces échanges était repayé par le « circuit collecteur » lui-même et le solde l'était par des transactions bancaires classiques. Lorsque l'opération était réalisée, l'information était transmise en Algérie pour que les ayants droit algériens des « déposants » puissent bénéficier de ces versements en dinars et à un taux de change clandestin, en général un franc pour dix dinars et demi au lieu de un franc pour sept dinars au change officiel. Ce rapport du ministère de l'Intérieur conclut que « ces opérations qui procurent certainement de confortables commissions aux intermédiaires installés en France, pourraient servir les intérêts de mouvements politiques comme le FIS, les sommes ainsi dégagées étant susceptibles d'être utilisées par des organisations qui doivent agir dans un pays où la monnaie est difficilement convertible en dehors de ses frontières ».

En 1994, alors que, de son côté, Ali Benadj, emprisonné à Blida, vient d'envoyer une lettre au président de la République algérienne le sommant de donner une tribune à la radio et à la télévision au FIS pour répondre aux accusations du régime, l'existence d'une nouvelle force, l'AIS (Armée islamiste du salut), jusqu'alors annoncée et démentie est enfin confirmée. Il est vrai que depuis 1992, l'héritier des maquis bouyalistes, Abdelkader Chebouti, s'acharne à fédérer les différents groupuscules sous une seule bannière. Mais les chefs du guerre du GIA, Mansouri Miliani, Abdellahk Layada, Moura Si Ahmed et Chérif Gousmi, s'y sont toujours opposés par intérêt personnel. Devant les succès remportés par les forces de sécurité algériennes, les protagonistes décident d'un semblant d'unification. Le 13 mai 1994, un communiqué du GIA consacre la fusion des groupes armés. Le document est signé par Abderrazak Redjem pour la direction clandestine du FIS, Saïd Mekhloufi et Chérif Gousmi pour le GIA. Dès sa naissance, cette organisation-parapluie entre en conflit avec l'AIS dont la création avait été annoncée par Kamar Eddine Kherbane à Khartoum, quelques mois plus tôt, en décembre 1993. À la même époque, le cheikh Ali Benadj, leader du FIS, se félicite, depuis sa prison militaire de Blida, de la création de l'AIS. La guerre d'influence n'est pas terminée.

Le GIA contre-attaque par un entretien de l'émir Chérif Gousmi publié dans un bulletin en arabe de deux pages *Al Mourabitum* qui circule clandestinement en France. L'émir se félicite à son tour de l'unification des Groupes islamiques armés et dément toute rumeur de négociation avec le pouvoir algérien. Pour conclure, il déclare que les moudjahidin se battent sans le soutien de personne, « car le GIA n'obéit ni à l'Orient, ni à l'Occident, ni à l'Iran, ni au Soudan ». Ahmed Abou Abdallah, *alias* Chérif Gousmi, invite les imams à prononcer des fatwas pour « déclarer et appuyer le djihad en Algérie et ailleurs » parce que « le peuple algérien doit combattre la tyrannie : en islam, la tyrannie c'est être gouverné par une loi non islamique ».

L'émir Gousmi, qui s'était jusqu'alors « limité » à des actions de type terroriste, va franchir une autre étape dans cette guerre d'influence avec le FIS en annonçant, en juillet 1994, un véritable programme politique visant à l'instauration du califat en Algérie. Il annonce même la création d'un gouvernement dans lequel il inclut des membres influents du FIS. Certains protestent, d'autres acceptent comme Abderrazak Redjem, Ahmed Zaoui et Mohamed Saïd qui sont exclus du FIS en août 1994. De son côté Anouar Haddam, un brillant docteur en physique nucléaire réfugié à Washington, se défend d'être un membre du GIA, contrairement aux déclarations de l'émir Gousmi... mais accepte cependant d'en être le porte-parole aux États-Unis, ce qui lui donne un statut de négociateur et d'intermédiaire potentiel auprès des Américains. Dans ce magma d'alliances, de dénonciations et de double jeu, c'est finalement la débandade qui l'emporte et surtout la marginalisation du FIS et de ses leaders. Les petits émirs des différents groupuscules qui terrorisent les civils algériens y trouvent leur compte. L'action des terroristes s'intensifie en ville et dans les campagnes algériennes. Le 3 août, cinq Français sont assassinés à Alger. Ils appartenaient au personnel de la mission diplomatique française.

Le 31 août, la France expulse vers Ouagadougou, au Burkina Faso, un groupe de vingt islamistes dans le cadre d'une action de police surnommée « Opération Folembray », du nom de la caserne où les activistes seront regroupés et détenus pendant une vingtaine de jours avant d'être expulsés. L'affaire de Folembray, qui va susciter un grand tapage médiatique, est une réponse à l'attentat qui avait causé la mort des cinq Français à Alger le 3 août et c'est un nouvel avertissement non codé aux islamistes. Selon les déclarations controversées du ministère de l'Intérieur, les expulsés étaient tous militants islamistes, plus ou moins activistes, mais proches du FIS.

La guerre civile en Algérie, mais aussi contre la France, atteint son point culminant le 24 décembre 1994 avec le détournement d'un Airbus d'Air France par le GIA et l'enlèvement de quatre pères blancs le 27 décembre à Tizi-Ouzou. À cette date et depuis septembre 1993, cinquante-sept étrangers ont été tués en Algérie dont plusieurs Français[1].

Janvier 1995 verra s'amorcer un nouveau virage avec une escalade sans précédent de la violence en Algérie. Les islamistes depuis le début de l'année ont mené une série d'attaques contre des patrouilles, tuant et blessant plusieurs dizaines de militaires. Ils ont attaqué un train tuant une quarantaine d'appelés. Enfin, un vingt-cinquième journaliste a été assassiné. Ces attentats ne se passent pas sans pertes du côté des extrémistes ; en janvier 1995, les forces de sécurité annoncent qu'elles ont abattu vingt-trois islamistes combattants. En riposte, le GIA, dès le début de l'année, exige l'élimination des impies et des étrangers. De son côté le FIS en exil condamne clairement, le 5 janvier, ces menaces. La succession de communiqués contradictoires démontre une fois de plus que les islamistes extrémistes n'ont pas de commandement central et que le FIS a perdu le contrôle du terrain, même si les services occidentaux

1. 21 septembre 1993, deux géomètres français sont retrouvés assassinés près de Sidi-bel-Abbès.

15 janvier 1994, une employée française du consulat général de France à Alger est tuée par balles en plein centre d'Alger.

1er février 1994, un journaliste français est tué dans le quartier de la Casbah, à Alger.

21 février, un Français est tué dans sa librairie au centre d'Alger.

22 février, deux Français, un père et son fils, sont assassinés à l'arme blanche à Birkhadem, dans la banlieue d'Alger.

8 mars, deux religieux français, une sœur de l'Assomption et un frère mariste, sont tués dans la Casbah d'Alger.

l'ont un temps soupçonné de simuler pour ne pas avoir à entraver les attentats de son aile dure. De son côté, le FLN gagne du terrain et prépare activement une tentative de réconciliation nationale sans pour autant en préciser la date.

En France, la neutralisation des pirates de l'Airbus d'Air France par le GIGN[1] est à l'origine d'un fort ressentiment et d'un désir de vengeance dans la communauté extrémiste proche du GIA. Les réseaux clandestins islamistes en France, sous étroite surveillance des services de sécurité, reçoivent en permanence des militants venus des maquis, soit pour préparer des attentats soit pour se procurer du matériel militaire. Dans ce contexte de violence en Algérie et de menaces contre la France, le FIS en exil continue à adopter un profil bas, soit par crainte d'une intensification des représailles policières, soit parce que ses dirigeants veulent se dégager de toute responsabilité dans les attentats pour éviter de discréditer le FIS sur le plan international.

En juin 1995, les autorités algériennes commencent à se concentrer sur la préparation de l'élection présidentielle mais les accrochages entre les forces de sécurité et les islamistes se poursuivent. On parle de deux cents morts par semaine. Les réservistes de l'armée ont été rappelés et le GIA, à cause des nombreuse pertes qu'il a subies, change de stratégie et adopte la méthode de la voiture piégée. L'échéance présidentielle est plus qu'un enjeu politique, elle devient le prétexte à de « grandes manœuvres » du côté du GIA qui tient à démontrer ses capacités.

En France, les réseaux de soutien du GIA sont tou-

1. Le GIGN, Groupe d'intervention de la gendarmerie nationale, a été créé en 1974. Depuis sa création, il est intervenu plus de sept cents fois et a sauvé la vie de plus de six cents otages.

jours actifs et utilisent quelquefois des filières surréalistes. Une société de pompes funèbres installée près du cimetière de Thiais fait l'objet d'une enquête approfondie. Cette entreprise qui s'était spécialisée dans le rapatriement des corps en Algérie, servait de « convoyeur » aux maquisards qui se faisaient ainsi livrer, en petites quantités mais régulièrement, des armes dissimulées dans les doubles fonds des cercueils !

L'absence de coordination en Algérie des différentes mouvances islamistes favorables à un éventuel dialogue a finalement pavé la voie aux extrémistes minoritaires. Selon un rapport confidentiel adressé au Centre d'analyse et de prévision du Quai d'Orsay (CAP), le 23 mars 1995, c'est à cause même de son histoire que le mouvement islamiste que l'on pourrait qualifier de légaliste s'est désagrégé. Le FLN et les islamistes modérés sont issus du même tissu social et la distinction entre « salafistes », prônant un islam révolutionnaire de type iranien, et « jzazairistes », tenants d'un islam nationaliste, est purement virtuelle. Les leaders originaux du FIS comme Abassi Madani ont souvent fait partie, dans les années cinquante, du mouvement des oulémas algériens qui a toujours laissé l'initiative au FLN pendant la guerre d'indépendance. À l'époque de Boumediene, ces mêmes oulémas qui étaient devenus la caution religieuse du régime avaient été encouragés à développer leurs activités aux côtés des Frères musulmans persécutés en Égypte et qui avaient été accueillis à bras ouverts en Algérie dans les années soixante-dix.

L'initiative politique du président Chadli en 1989 de favoriser l'émergence et même la participation au jeu démocratique d'une formation islamiste présentable pour couper l'herbe sous les pieds des extrémistes a échoué parce que le FIS n'a pas su se constituer en parti, limitant sa participation à la constitution d'un front hétéroclite qui n'avait pour dénominateur commun que l'islam. Très rapidement écartelé, le FIS a présenté trois tendances, celle d'Abassi Madani prônant un islam à l'algérienne, radical mais plutôt favorable à une cohabitation avec le régime ; la tendance plus populaire de Benadj ; et enfin la mouvance bouyaliste. L'annulation des élections législatives et l'exil de la plupart des « fissistes » affaiblissent les forces à l'étranger et renforcent les maquis. Ainsi, la transformation d'une opposition islamiste passant progressivement de l'influence du FIS à celle du GIA a vu l'Algérie plonger dans une crise intérieure qui a causé, en cinq ans, la mort d'au moins soixante mille personnes, selon le dernier rapport du Département d'État américain, bilan non contesté par le gouvernement algérien.

# III

# La guerre contre la France

Dans la liste interminable des attentats causés des deux côtés de la Méditerranée par cette seconde guerre d'Algérie, ceux qui visent directement la France et des Français vont susciter dans l'opinion un courant d'incompréhension et d'indignation. Sans trouver de justification à la violence politique qui ravage l'Algérie, les Français se demandent pourquoi cette guerre civile est exportée chez eux. Chantage, pression, vengeance, tout a été dit et écrit, et tout est un peu vrai... Selon le directeur de la DGSE en 1991, le préfet Claude Silberzahn, « l'Algérie était déjà devenue le sujet de préoccupation majeur du service ». L'ancien patron des services français explique également, dans son livre *Au cœur du secret*, que l'Algérie a été placée sous haute surveillance mais que, à cause de l'opposition d'associations écologiques, la DGSE n'a pas pu installer de station d'écoute en Camargue. Ces « grandes oreilles » destinées au Maghreb auraient pu fournir des renseignements précieux ; c'est donc sur un navire que s'est rabattue la DGSE en envoyant une « station d'urgence » croiser en Méditerranée. À partir de 1991, le *Berry* va donc espionner le trafic radio du territoire algérien depuis les eaux internationales.

Les analyses sont cependant, à cette date, partagées. Pour certains, il est peu probable que le GIA ait le projet de s'attaquer à la France et à l'Europe, parce qu'il perdrait une base arrière naturelle pour des raisons linguistiques, culturelles et juridiques. Le dénouement de l'affaire de l'Airbus d'Air France est sans doute la cause principale d'un changement de stratégie. De sanctuaire, la France devient cible.

La veille de Noël 1994, Abdallah Yahiya, officiellement marchand de légumes mais connu dans la clandestinité sous le nom de « Émir des Eucalyptus », un quartier d'Alger, et son groupe de terroristes déguisés avec des combinaisons de personnels de piste portant des badges d'Air Algérie se précipitent sur le tarmack de l'aéroport d'Alger, au volant d'un break Peugeot. Quelques secondes plus tard, ils gravissent l'échelle de la porte avant gauche de l'appareil et, se présentant comme des policiers, demandent à vérifier une dernière fois les passeports des deux cents passagers. Le personnel de bord ne voit dans cette intrusion qu'un contretemps de dernière minute, dans un contexte où les forces de l'ordre sont constamment sur le qui-vive.

Quelques minutes plus tard, après avoir collecté les passeports, le commando s'empare de pistolets et de pistolets-mitrailleurs Kalachnikov. Les passagers du vol AF 8969 viennent d'être pris en otages et pour ne laisser aucun doute sur le sérieux de la situation, les pirates conduisent un des passagers à la passerelle et l'assassinent d'une balle dans la tête. Ce passager était un policier algérien. Selon un témoin, il se serait présenté à ses faux collègues pour se plaindre de la procédure et leur reprocher de s'en prendre toujours aux petites gens. Son aveu lui a coûté la vie. Après un premier marchandage avec le ministre de l'Intérieur algérien, Abderrahmane Meziane Chérif, les pirates libèrent soixante passagers, des femmes, des personnes âgées et des enfants qui doivent enjamber un cadavre pour quitter l'avion.

Pour les cent soixante passagers et les douze membres d'équipage restants, le drame va durer cinquante-quatre heures. La revendication est simple : les pirates exigent la libération de deux leaders du FIS emprisonnés, Abassi Madani et Ali Benadj. Les « ninjas » de la sécurité algérienne sont sur la piste et les négociations se poursuivent avec les terroristes par radio ; le chef du groupe a été identifié peu avant grâce à des jumelles à amplification de lumière. La police algérienne fait venir la mère d'Abou Abdallah Yahiya pour tenter de le raisonner. Il lui répond que cette journée est « le grand jour d'Allah » et qu'il sera heureux de mourir au djihad et de la retrouver au paradis, tout en ponctuant sa profession de foi d'une rafale. Les autorités algériennes, par décision du président Zeroual mais sur pression de Paris qui souhaite régler le problème en France, laissent l'avion décoller à 2 h 12, en pleine nuit, après avoir tenté une ultime manœuvre par le biais de Abdellahk Layada, un des émirs du GIA, qui va contacter les pirates par radio ; mais ces derniers ne croient pas être en relation avec le vrai Layada. Les otages sont à bout de nerfs après l'assassinat de trois d'entre eux. Il y a à bord deux employés de l'ambassade de France, un cuisinier et une secrétaire ainsi que vingt-quatre passagers qui ont la double nationalité. Certains avoueront par la suite avoir mangé des feuillets de leur passeport pour ne pas être repérés.

Le lundi 26 décembre à 3 h 33, l'Airbus se pose à l'aéroport de Marseille-Marignane. Quelques minutes plus tard, un autre Airbus, en provenance de Palma de Majorque où il avait été stationné pour intervenir à Alger si nécessaire, se pose non loin de l'avion des terroristes. À son bord, un commando du GIGN. Les pirates n'entendent pas débarquer à Marseille, ils exigent le plein de carburant soit vingt-deux tonnes, pour décoller à destination de Paris. Beaucoup plus qu'il n'en faudrait pour atteindre la capitale française. Les terroristes du GIA envisagent en réalité une autre destination, à moins qu'ils n'aient le projet de faire exploser l'appareil au-dessus de Paris. Cette dernière possibilité est prise très au sérieux, d'autant que les Algériens du commando sont peu coopératifs. Ils communiquent avec la tour de contrôle par l'intermédiaire du commandant de bord, mais les négociateurs du GIGN finissent pas les faire venir jusqu'à la radio à plusieurs reprises. La détermination des pirates n'est pas encourageante, le dialogue est menaçant :

— Tu m'entends bien, monsieur le préfet, je connais pas bien le français, nous avons demandé du carburant, puis nous partirons à Paris. C'est là-bas qu'on va discuter, pas ici.

Le commandant intervient :

— Il y a même une passagère qui veut vous parler...

— Je pense qu'on n'a pas le choix, il faut leur faire confiance. On doit poursuivre sur Paris, dit-elle.

Le préfet répond :

— Madame, nous comprenons que votre situation est difficile, mais nous avons besoin de garanties du chef du commando.

Ce dernier conclut :

— Tu m'entends, à mon avis, toi tu veux qu'on va exploser tous ici ! Vous avez une heure et demie pour qu'on décolle pour Paris. Jusqu'à 9 h 40.

Afin de gagner du temps, les négociateurs accordent aux pirates presque tout ce qu'ils exigent : de l'eau, la vidange des toilettes, des aspirateurs, de la nourriture... Sauf du carburant. Le GIGN prétend que les conducteurs des camions pompes ont peur de s'approcher de l'appareil. En fin de matinée, les terroristes libèrent deux personnes âgées mais en début d'après-midi, ils perdent leur calme et s'affolent en exigeant du carburant immédiatement. À 15 h 46, alors que les pirates ont coupé les communications radio, l'Airbus se déplace sur le parking. Les témoignages des deux passagères libérées apprennent aux négociateurs que l'ambiance à bord est tendue à l'extrême : les pirates diffusent des extraits du Coran grâce au système de sonorisation de l'appareil. Après avoir fait immobiliser l'appareil devant l'aérogare, les terroristes ouvrent furtivement les portes et observent les mouvements au sol. Quelques minutes plus tard, ils fixent leur dernier ultimatum à 17 heures. Peu après 17 heures, alors que les autorités françaises n'ont toujours pas fourni de kérosène, les terroristes perdent le contrôle d'eux-mêmes et tirent sur la tour de contrôle par une fenêtre du cockpit avant de tirer sur le GIGN par la porte arrière de l'avion.

À 17 h 16, l'assaut est donné par un commando du GIGN qui s'avance vers l'avion sur des passerelles roulantes qui progressent dans l'angle mort de vision des pirates. En un peu plus d'une minute, le GIGN a atteint la porte avant. Au moment où celle-ci coulisse, le commandant Denis Favier et ses hommes se retrouvent face à une « muraille de feu » mais l'avantage est aux forces de l'ordre. Les pirates, réfugiés dans le cockpit avec une partie de l'équipage tirent à travers la cloison et lancent des grenades sur les assaillants. En quelques minutes, les terroristes sont éliminés pendant qu'à l'arrière d'autres hommes du GIGN évacuent les passagers sur des toboggans en les fouillant pour s'assurer qu'aucun pirate ne s'est infiltré parmi eux. À 17 h 35, le détournement n'est plus qu'un mauvais souvenir. Les quatre pirates sont morts, le copilote s'est gravement blessé en sautant par la fenêtre du cockpit lors de l'assaut, quatre gendarmes ont été blessés au début de l'intervention dont un qui a deux doigts arrachés par une balle ayant glissé sur le canon de son arme. Trois passagers ont également perdu la vie à Alger au début du détournement, dont un Français, cuisinier à l'ambassade de France, que les terroristes ont assassiné aussi froidement que les deux autres otages d'une balle dans la tête sur la passerelle après que ce dernier a supplié par radio qu'on laisse partir l'avion dans un appel désespéré : « Ils vont me tuer ! »

Le 4 janvier 1995, un document secret sur les suites de l'enquête, auquel nous avons eu accès, révèle que le véritable chef du commando n'a pas été éliminé lors du raid du GIGN. La liste des passagers, soigneusement exploitée par les services français, fait apparaître que le chef du groupe s'est dissimulé parmi les passagers au moment de l'évacuation. Son nom, que nous ne pouvons révéler, est connu des experts de l'UCLAT. Le suspect, né en octobre 1954 en Algérie dans la région de Blida, est membre d'un réseau de l'AIS implanté à La Courneuve, en Seine-Saint-Denis. Titulaire d'une carte de résident établie par la préfecture de Saint-Denis, il voyageait fréquemment en Algérie où il s'est marié en janvier 1988 et où il rendait des comptes à son supérieur, Abdallah Kronfel. Après avoir vécu chez la compagne d'un de ses amis algériens à Saint-Ouen, le suspect s'est installé à La Courneuve chez un autre Algérien, avenue du Général-Leclerc. Officiellement enregistré au registre de commerce et des sociétés comme commerçant ambulant, cette personne n'était pas connue auparavant pour des délits, bien qu'elle ait convoyé en juillet 1993 un camion de dix tonnes et une AX Citroën vers l'Algérie. Le contenu de ces véhicules n'avait pas été vérifié. Les proches du suspect qui ont été entendus ont reconnu que leur ami s'était déclaré prêt à commanditer ou à commettre des assassinats sur les généraux algériens réfugiés en France ou sur l'ancien Premier ministre algérien, Redah Malek. À ce jour, ce tueur sans frontière est toujours en liberté.

La deuxième affaire qui va susciter l'indignation de l'opinion française est celle des moines de Notre-Dame de l'Atlas, enlevés à Tibéhirine le 27 mars 1996 et assassinés deux mois plus tard. Cette opération va diviser le mouvement islamiste extrémiste. De nombreux leaders condamnent ouvertement l'assassinat d'autres religieux, acte incompatible avec l'islam. D'autres intégristes ne s'engagent pas publiquement mais cessent d'apporter leur soutien financier ou matériel au GIA. L'émir Djamel Zitouni, un des chefs de guerre les plus sanguinaires et les plus controversés du terrorisme algérien et considéré comme le chef du GIA, qui a revendiqué l'assassinat des sept moines trappistes, se retrouve isolé.

L'assassinat des religieux français est inexplicable. Installés depuis longtemps à Medea, les religieux n'avaient jamais eu aucun problème avec les islamistes. Ils étaient même connus pour leurs bienfaits humanitaires. Ainsi, l'émir Sayah Attiah, chef des réseaux islamistes de Medea et vétéran de l'Afghanistan, pourtant réputé pour avoir ensanglanté la région, avait sonné à la porte du monastère plusieurs mois auparavant pour demander des médicaments et de l'argent. Il avait assuré les moines que, en tant qu'hommes de Dieu, jamais ils ne seraient inquiétés. Même si cette version a été controversée, en tout cas il ne les a pas tués et n'est pas revenu le faire... À la fin de l'année 1993, d'autres islamistes étaient venus emprunter le téléphone portable d'un des moines, le père Christian. Les religieux étaient solidement implantés, socialement mais aussi moralement. À plusieurs reprises, ils avaient voté à bulletin secret pour décider soit de maintenir le monastère à Tibéhirine, soit de se replier au Maroc. Ils étaient restés.

Au lendemain de l'enlèvement, le 27 mars, ni le gardien ni les deux autres moines de Notre-Dame de l'Atlas, dont les ravisseurs ignoraient la présence, ne pourront donner d'informations précises sur les circonstances de l'opération. Selon la version la plus plausible, les moines, sollicités en pleine nuit par un groupe d'hommes qui auraient forcé les portes du monastère, auraient pu suivre contre leur gré des moudjahidin, peut-être pour panser des blessés. L'un d'entre eux, le frère Luc Dochier, continuait, à quatre-vingt-deux ans, de prendre soin de la population après avoir soigné les maquisards du FLN pendant la guerre d'indépendance. Le transport des moines et de leurs ravisseurs se serait fait à l'aide de taxis « réquisitionnés » en ville.

Une des raisons de cet enlèvement, suivi d'un massacre, est sans doute liée au fait que Djamel Zitouni voulait se servir des montagnes et des grottes inaccessibles entourant le monastère comme base de repli pour se cacher lors des interventions de l'armée algérienne. Cette zone, qui a été bombardée au napalm et au lance-flammes, n'a jamais été complètement investie. La mort des moines français est vraisemblablement liée au contrôle de ce « bunker islamique ».

L'élimination des religieux n'était peut-être pas prévue. Il est possible que seul un enlèvement ait été planifié par les islamistes. Mais les affrontements des différents groupes qui ont pris part à l'opération ont conduit Djamel Zitouni à reprendre l'opération en main en pratiquant la surenchère. L'enlèvement a été initialement réalisé par l'AIS dirigée par l'émir Farid Achir, par le GIA de Djamel Zitouni et par un nouveau groupe surnommé « Escadron de Medea », apparu en 1996, avec à sa tête Ali Benhatjar, l'ancien maire FIS de Medea. Les moines sont devenus dès lors l'enjeu d'une lutte intestine dans les maquis algériens. De son côté la France a évidemment tout mis en œuvre pour sauver les sept trappistes, mais Zitouni a tendu un piège redoutable à Paris en exigeant en préalable la libération de Layada, détenu en Algérie. Zitouni savait que jamais le gouvernement algérien ne céderait, provoquant ainsi de graves dissensions entre Paris et Alger. Le 18 avril, l'émir de Medea publie un communiqué portant le numéro 43 dans lequel il affirme que les moines sont toujours vivants et qu'ils ne seront rendus qu'après la libération de Layada et d'autres prisonniers dont la liste suivra. En conclusion, Zitouni croit utile de rappeler que le GIA n'a qu'une parole : « Enfin, vous savez bien que le GIA tient ses promesses et les exécute, tel est le cas de la libération de l'ambassadeur du Yémen et de son homologue d'Oman par feu cheikh Abou Abdallah Ahmed, et le cas contraire est illustré par les otages de l'Airbus d'Air France, où, devant l'entêtement de Mitterrand et de Balladur et leur refus de satisfaire nos revendications, nos frères ont égorgé et tué un bon nombre de voyageurs. Nous suivons, avec l'aide de Dieu, la même voie et le même serment et le choix est entre vos mains : vous libéreriez, nous libérerons, vous refuseriez, nous égorgerons. »

Le 30 avril 1996, un émissaire du GIA vient délivrer un message et une cassette audio à l'ambassade de France à Alger. Le messager n'est pas un inconnu du personnel diplomatique de la représentation française. Il y avait travaillé avec son père comme jardinier, à la chancellerie. Déjà le 19 août 1995, après l'assassinat à Paris du cheikh Sahraoui et l'attentat contre le RER, c'est lui qui avait livré à l'ambassade le texte de la déclaration de guerre à la France, qui commençait par ces mots : « Jacques Chirac, soumets-toi. » Cet émissaire est le frère d'Abdallah Yahiya qui avait pris en otage les passagers de l'Airbus d'Air France. Il est tellement terrorisé lorsqu'on le laisse seul quelques instants dans un local de l'ambassade de France, qu'un membre du consulat l'aperçoit en train de faire ses prières et de baiser le sol.

L'estafette du GIA exige un reçu avec un tampon officiel qui précise : « Aujourd'hui le 30 avril 1996, à midi, nous avons reçu votre messager qui nous a remis votre lettre accompagnée d'une cassette. Nous souhaitons maintenir le contact avec vous. » Les fonctionnaires de l'ambassade confirment clairement dans cet accusé de réception qu'ils veulent continuer à être informés de la situation des moines en captivité, mais rien de plus. Il n'est pas question de négociations. Deux mois plus tard, le 21 juin, le GIA explique dans un communiqué détaillé de trois pages que son « important émissaire » a été longuement reçu à l'ambassade, plus d'une heure et demie, qu'il y a bénéficié de tous les égards dus à son rang, telle la mobilisation générale de l'ambassade et la mise à disposition de deux voitures blindées pour le raccompagner dans le centre d'Alger où il se serait fondu dans la foule. Le GIA a été agacé, ou humilié, que ce contact avec la France, qu'il considérait comme important, soit présenté comme une simple remise de pli. Au-delà de la susceptibilité protocolaire des terroristes, l'écoute de la cassette ne laisse subsister aucun doute ; une nouvelle étape est franchie. Les services français savent que l'émir du GIA ne reculera plus. Sur la bande, les sept moines commentent l'actualité du 20 avril, un par un, et l'un d'entre eux conclut : « Nos ravisseurs nous disent que si vous ne suivez pas leurs instructions, nous ne serons pas libérés. » L'analyse de la cassette dans un laboratoire spécialisé permet de détecter les bruits de fond : on entend un des ravisseurs dire à l'un des moines : « Et toi, n'oublie pas de dire ce qu'on t'a demandé ! » Les voix des religieux sont identifiées par leurs supérieurs ; la cassette est authentique. Mais il n'y aura plus aucune suite de la part des ravisseurs. Dans l'attente d'un contact, l'ambassade de France installe des répondeurs avec des messages en arabe. En vain, le GIA est injoignable en Algérie ou par le biais de ses réseaux connus en Europe que les services français ne cessent d'approcher. Ces derniers sont trop divisés et sans influence sur l'émir. Djamel Zitouni, qui ne cherche plus à négocier une libération, veut visiblement enfoncer la France dans le doute. Sa décision de tuer les moines est déjà prise. Il y gagnera le triste surnom de « Pol Pot algérien ». Le 23 mai dans un communiqué envoyé par fax à la radio marocaine de Tanger, Radio Méditerranée 1, le GIA affirme avoir égorgé les sept moines. Le texte mélange hadiths et menaces mais il est sans ambiguïté sur le sort réservé aux sept malheureux après cinquante-sept jours de calvaire : « ... le président français et son ministère des Affaires étrangères ont déclaré qu'ils ne négocieraient ni ne dialogueraient avec le Groupe islamique armé. Ils ont interrompu ce qu'ils avaient commencé et nous avons tranché la gorge des sept moines, fidèles à notre engagement... Louanges à Dieu... Et ce fut exécuté ce matin. » (Le communiqué est daté du 21 mai.)

Une version fantaisiste de l'épisode de la remise de la missive à l'ambassade a laissé entendre que l'émissaire du GIA aurait été suivi par les autorités algériennes et que cela aurait été considéré par le GIA comme une trahison. En fait, comprenant qu'il n'y avait plus de contacts à attendre du GIA, les responsables des services spéciaux français avaient approché les milieux islamistes à l'étranger, notamment au Danemark et en Grande-Bretagne ; certains furent même menacés de mort par les agents français. Les spécialistes français se sont alors aperçus que ceux qui soutenaient Zitouni étaient très divisés sur la question et qu'il n'y avait pas d'information à tirer d'eux. Le sort des moines était dès lors scellé car les intellectuels qui soutenaient le GIA ne semblaient plus être en mesure de faire pression sur Djamel Zitouni. C'est sans doute la raison pour laquelle le journal du GIA, *Al Ansar*, publié à Londres et qui avait promis des révélations sur les négociations entre la France et le GIA, ne les a jamais publiées. Les éditeurs du périodique islamiste étaient en réalité coupés de Zitouni depuis plusieurs semaines. En fait, tous les moyens imaginables ont été mis en œuvre pour sauver les religieux, mais Zitouni avait bel et bien tendu un piège à la France en exigeant en préalable la libération d'un des fondateurs du GIA emprisonné en Algérie, Layada. Il savait très bien que cette condition était inacceptable par les autorités algériennes et qu'elle serait la cause de tensions entre Paris et Alger, bloquant les négociations. En outre, en laissant entendre qu'il communiquerait plus tard la liste de prisonniers musulmans du GIA en France — liste qui n'est jamais parvenue —, Zitouni était conscient que Paris ne pouvait pas commencer à transiger sur ce dossier. Dès lors, Zitouni a monté une opération diabolique.

Les restes des moines, leurs têtes seulement, seront découverts le 30 mai au bord d'une route, derrière un garage, à quelques kilomètres de Medea. Ils avaient été enterrés, puis exhumés. Après la mort de quatre pères blancs, trois Français et un Belge assassinés le 27 décembre 1994 à Tizi-Ouzou, quelques jours seulement après le détournement de l'Airbus d'Air France, le GIA en est à dix-huit assassinats de religieux en deux ans [1]. Les moines de Tibéhirine se savaient menacés. Leur communauté avait envoyé à l'Union des supérieurs majeurs à Paris, en mars 1996, un texte prémonitoire :

« Assurer une présence, non pas missionnaire apostolique mais contemplative et priante en milieu musulman, grâce à une communauté stable, fraternelle, unie et laborieuse. Présence discrète, mystérieuse, séparée du monde et en commun avec les personnes, humblement attentive aux besoins matériels et spirituels de ceux qui nous entourent. Présence de la mort. Traditionnellement, c'est une compagne assidue du moine. Cette compagnie a pris une acuité plus concrète avec les menaces directes, les assassinats tout proches, certaines visites... Elle s'offre à nous comme un test de vérité utile et pas très commode. Après Noël 1993, tous nous avons rechoisi (re-choisi) de vivre ensemble. Ce choix avait été préparé par les renoncements antérieurs de chacun (à la famille, à la communauté d'origine, au pays...) et la

1. Les sept moines de Tibéhirine : père Bruno Lemarchand, frère Michel Fleury, père Célestin Ringeard, dom Christian de Chergé, frère Paul Favre-Miville, père Christophe Lebreton, frère Luc Dochier. Quatre d'entre eux avaient connu le pays pendant la guerre d'Algérie et y étaient volontairement revenus.

mort brutale — de l'un de nous, de tous à la fois — ne serait qu'une conséquence de ce choix de vie à la suite du Christ (même si ce n'est pas directement prévu comme tel dans nos constitutions). »

Le 30 mai, après l'annonce par le GIA de l'assassinat des moines, le cabinet du ministre des Affaires étrangères, Hervé de Charette, adresse un télégramme diplomatique confidentiel à l'ensemble des postes à l'étranger indiquant : « Tout au long de cette affaire, l'attitude de la France a été sans ambiguïté, n'ayant eu d'autre priorité que de préserver la vie de nos ressortissants et d'obtenir leur libération sains et saufs. Elle l'a fait dans un esprit de transparence totale vis-à-vis des autorités algériennes avec lesquelles un contact étroit et constant a été maintenu et qui ont été informées à de multiples reprises des préoccupations et des attentes françaises. »

Peu après le dénouement tragique, une polémique s'est instaurée autour du rôle de la Sécurité militaire algérienne. *Le Monde* s'en fera l'écho, avec de nouvelles précisions, dans son édition datée 7 et 8 juin 1998. Dans un livre de témoignages de plusieurs dirigeants du FIS paru aux éditions L'Harmattan, un Algérien, Djafar El-Hourari précise : « Les services français étaient en contact avec les ravisseurs de moines ; ils voulaient faire durer les tractations car, ayant localisé le lieu de détention des religieux, ils préparaient une opération commando pour les libérer. Informées, les autorités algériennes ont très mal pris la chose. » Cette version des faits est aujourd'hui démentie fermement tant au ministère de l'Intérieur qu'au ministère de la Défense, où l'on nous a indiqué que les autorités algériennes ont toujours été tenues au courant de l'ensemble des tractations ; un général français s'est même rendu à Alger pour y rencontrer des responsables politiques et militaires du gouvernement algérien. Autre sujet de polémique, dans la revue *Confluence Méditerranée* de mars 1998, un certain capitaine Arroun, se disant officier de la

Sécurité militaire algérienne, affirme que le principal lieutenant de Zitouni était membre des services de sécurité et que la mort des moines ne serait que la conséquence d'un conflit entre les services français et algérien.

Les versions les plus rocambolesques du drame de Tibéhirine ont été évoquées. On a un temps parlé d'émetteurs miniatures reliés à des balises de repérage satellite qui auraient été transmis aux moines durant les négociations, et c'est la découverte de ces éléments de localisation qui aurait coûté la vie des religieux. Version fantaisiste, selon le cabinet du ministre de la Défense que nous avons interrogé le 10 juin 1998. Toutes les informations en possession des autorités françaises aujourd'hui ne laissent pour l'instant aucun doute, ce sont bien les islamistes du GIA qui ont enlevé et assassiné les sept moines français. On peut révéler que la division antiterroriste allemande a intercepté en juillet 1996 un document de onze pages rédigé en langue arabe et parvenu par télécopie sur l'appareil d'un responsable du GIA installé à Offenbach en Allemagne. Ce document avait été envoyé d'Algérie ; un premier examen opéré par les enquêteurs allemands établissait qu'il s'agissait de documents relatifs à l'enlèvement des religieux, on y trouvait la lettre du GIA à l'ambassade de France à Alger, la liste des sept moines avec leurs signatures à la date du 18 avril 1996, la réponse de l'ambassade de France au GIA, datée du 30 avril 1996, la page de garde d'un journal du GIA commentant l'attitude du gouvernement français lors de l'enlèvement, les numéros de téléphone communiqués par les autorités françaises lors des tractations avec le GIA, des détails relatifs à l'envoi d'émissaires du GIA à l'ambassade de France à Alger et enfin la copie d'un journal du GIA intitulé *Le Combat*, communiqué numéro 3 du 18 juin 1996. Or ce réseau du GIA était en relation avec celui d'Ali Touchent, dit Tarek en France, l'un des principaux coordinateurs des attentats de Paris en 1995. La direction centrale de la police judiciaire attire l'attention du ministre de l'Intérieur dans une note : « Il serait opportun qu'il soit procédé à une enquête distincte aux fins d'entamer, dans un cadre juridique spécifique, les investigations relatives à la mort des sept moines français en Algérie, et aux fins d'obtenir des autorités allemandes copies de premiers éléments d'investigation relatifs aux réseaux constitués sur leur territoire. »

Un des mystères qui reste à élucider est sans doute le jeu trouble de Djamel Zitouni qui, pour certains membres des services de renseignements français, aurait été un agent double contrôlé et manipulé par certains agents de la Sécurité en Algérie, qui obtenaient ainsi des informations sur l'ensemble des cellules du GIA. Lorsque le FIS a été interdit en Algérie en avril 1992, Zitouni est arrêté et interné dans un camp de la Sécurité algérienne. Libéré assez rapidement début 1993, il reprend en main le magasin de son père, un marchand de poulets. Il est à nouveau interpellé et torturé par les « ninjas ». Était-il, pendant cette période, un agent double ? Les groupes islamistes ont tous plus ou moins été infiltrés, approchés et même retournés par les services secrets algériens. Ce qui n'a rien d'anormal, puisque ce sont les consignes données à tous les services antiterroristes du monde ; leur première mission est effectivement d'infiltrer les réseaux dans la mesure du possible. Ayant réussi par miracle à échapper deux fois aux camps d'internement algériens, Zitouni est le seul chef du GIA à être resté si longtemps en place, d'où les soupçons qui pèsent sur lui.

Djamel Zitouni, *alias* Abou Abderrahmane Amine, est né le 5 avril 1964 à Alger. Il a été l'adjoint de Chérif Gousmi, chef du GIA jusqu'à sa mort le 25 septembre 1994 survenue dans une embuscade tendue par la gendarmerie algérienne. Les deux hommes auraient été entraînés en Iran. Le 3 août 1994, Djamel Zitouni aurait également été impliqué dans l'attentat de la cité Aïn Allah qui avait causé la mort de cinq Français. C'est dans le communiqué numéro 68, daté du 27 octobre 1994, que Djamel Zitouni est officiellement présenté comme l'émir du GIA. En octobre 1994, Zitouni est devenu l'ennemi public numéro 1 en Algérie ; sa tête est mise à prix quatre cent mille francs. Le plus sanguinaire des émirs est aussi incroyablement primaire dans son approche politique ; le 19 août 1995, Zitouni fait parvenir une lettre à Jacques Chirac lui demandant de se convertir à l'islam dans un délai de trois semaines... La missive appelant à la conversion du président français était accompagnée d'une menace à peine voilée : « Cela ne signifie pas que nous voulions gagner votre sympathie, ni que nous voulions votre aide, ou que nous craignions une intervention militaire... Il est avéré que celui qui a été choisi par les Français comme président est, comme ses prédécesseurs, indifférent au sang de ses compatriotes. Il est entièrement disposé à sacrifier encore plus de Français et à faire couler leur sang pour couvrir sa haine de croisé et ses carences politiques... C'est ce qui explique son soutien aux tyrans apostats. »

Sur le terrain où il règne en maître par ses méthodes brutales, Zitouni contrôle les maquis de l'Algérois, de Sidi-bel-Abbès et de la corniche kabyle entre Bejaïa et Jijel. Les hommes de l'émir Zitouni — près de quatre mille à l'origine, moins de six cents après les opérations de l'armée algérienne — sont issus du mouvement Al Takfir Wal Hijra, Exil et Rédemption, essentiellement des anciens « Afghans » et des extrémistes formés à Qom en Iran ou dans les camps du Hezbollah au Liban. Djamel Zitouni est un maquisard professionnel au point qu'il s'est arrangé pour que son visage soit inconnu pendant plusieurs mois en se « cachant » derrière des photos de son frère. Il inflige à ses hommes un traitement de fer : discipline spartiate et châtiments corporels. Ils doivent rompre toute attache familiale et renoncer à toutes les coutumes et habitudes occidentales qu'ils ont pu contracter. Seul objectif pour les moudjahidin de Zitouni, l'instauration du califat en Algérie par le djihad. Sous son influence, ce djihad revêt des aspects abominables : jeunes filles égorgées à la sortie du lycée, enlèvement et viol au nom du « mariage temporaire de complaisance », mères et grand-mères de policiers éventrées, enfants mutilés pour les punir d'avoir un frère dans l'armée... Djamel Zitouni dirige entre autres les Phalanges de la mort, groupe auquel appartenaient les quatre fanatiques morts dans le détournement de l'Airbus d'Air France. À la mort de Mohamed Saïd, qu'il a fait assassiner, Djamel Zitouni devient le leader intégriste le plus puissant d'Algérie. Sa doctrine est simple, voire simpliste ; il l'expose dans un petit livre de soixante pages publié fin 1995 : *Lumière du Créateur du monde dans l'élucidation des origines des Salafistes et ce que le serment implique pour les Moudjahidin.* Un titre hermétique et à rallonge pour un discours bref qui pourrait se résumer ainsi : obéissance totale à l'émir Zitouni, non à toute forme d'alliance avec des mouvements jugés pacifistes et nécessité du djihad qui va durer jusqu'à la fin du monde. Pourtant l'élimination de Mohamed Saïd, un ancien du FIS connu comme le chef spirituel du GIA, est perçue comme une erreur par de nombreux militants. Saïd avait une véritable stratégie politique qui séduisait l'ensemble des intellectuels islamistes. Il était le seul à représenter l'espoir d'une unification de tous les mouvements. Pour les intellectuels proches du GIA, cet épisode de la guerre interne est loin d'être limpide : soit Zitouni a tué Saïd pour se débarrasser d'un chef plus influent que lui, soit les services algériens le lui ont demandé. Quoi qu'il en soit, Djamel Zitouni y a une fois de plus mérité son titre de « Pol Pot islamiste », passant plus de temps à tuer des islamistes du FIS et du GIA qu'à combattre sur le terrain. Dans ce climat de purge, Zitouni échappant à tout contrôle, présidait des tribunaux islamistes et condamnait à l'exécution certains de ses amis d'enfance comme Mafhoud Tajine qu'il a accusé de trahison. Plusieurs centaines de militants du GIA ont ainsi été jugés et condamnés à mort. La Sécurité militaire algérienne ne s'en est pas plainte.

Le 16 juillet 1996, la presse algérienne a fait état d'un communiqué du GIA annonçant la mort de Djamel Zitouni au cours d'une embuscade dans son fief de la région de Medea.

# IV

# Le démantèlement du réseau Chalabi

Au début de l'année 1994, les services de lutte antiterroriste français pensent qu'une grave menace islamiste plane sur la France, mais sa forme est confuse et l'adversaire à la fois partout et nulle part. La convergence des renseignements européens et américains laisse penser qu'à défaut d'opérations de grande envergure les islamistes fondamentalistes consacrent beaucoup de temps et d'argent à s'organiser. Certaines de leurs rencontres internationales, comme la conférence populaire arabo-islamique de Khartoum, au Soudan, ne donnent toutefois pas les résultats attendus par les plus virulents des militants. Obsédés par l'idée de damer le pion au monde occidental, les extrémistes musulmans s'attachent à construire des réseaux en Europe et au Moyen-Orient en posant les bases du panislamisme. Démanteler cette toile d'araignée tissée et retissée en permanence devient l'objectif prioritaire des services de police.

Au mois de mai, des inspecteurs des Renseignements généraux et de la préfecture de police qui planquent depuis quelques semaines devant l'Association éducative des musulmans de France à Choisy-le-Roi et devant un modeste pavillon de Villeneuve-Saint-Georges ont la conviction qu'un réseau clandestin s'est installé dans l'hexagone avec pour mission de faciliter l'entrée en France, ainsi que l'exfiltration, de militants islamistes d'origine algérienne et de leur fournir un logement pendant leur séjour. Seul le sommet de cet iceberg est visible mais les enquêtes préliminaires des RG démontrent que l'Île-de-France et particulièrement le Val-de-Marne servent de bases arrière à ces clandestins, pour la plupart en relation étroite avec le Front islamique du salut et les Groupes islamiques armés.

Après cinq mois d'une surveillance opiniâtre, une spectaculaire opération de police permet de dénouer l'écheveau le 8 novembre 1994. Quatre-vingt-quinze suspects passent leur première nuit en garde à vue à la suite de quarante-cinq perquisitions menées quasi simultanément. Parmi les militants islamistes interpellés : Mohamed Chalabi, chef présumé d'un réseau qui porte désormais son nom.

L'enquête a commencé en France et s'est poursuivie dans d'autres pays européens. Elle a permis de lever le voile sur les organisations islamiques intégristes qui avaient fini par mailler le territoire français en faisant simplement usage du droit d'association. Ce gigantesque coup de filet, qui va devenir l'affaire du réseau Chalabi, a révélé que les terroristes islamistes et leurs apprentis poseurs de bombes avaient été assez habiles pour faire reposer en partie leur logistique sur quelques convertis français — à Paris tout autant qu'en province — et sur des repris de justice connus des services de police pour des délits de droit commun.

Le démantèlement du réseau Chalabi a réellement commencé le 17 octobre 1994 avec une commission rogatoire délivrée par le juge Jean-Louis Bruguière à la brigade criminelle et à la 6e division de la direction centrale de la police judiciaire. Dès lors, les enquêteurs vont patiemment tirer sur le fil de la pelote et, d'interpellations en perquisitions, découvrir le plus gros réseau que des islamistes fondamentalistes algériens aient jamais implanté en Europe. Ce démantèlement constitue une victoire incontestable dans la lutte antiterroriste parce qu'elle a mis en évidence les méthodes de recrutement des islamistes algériens ainsi que leurs excroissances internationales. Le 8 novembre 1994, la police croit pouvoir annoncer que le GIA en France est décapité.

Peu après la conclusion de l'enquête, les premières analyses démontrent que l'action du GIA en France reposait sur au moins trois structures occultes qui avaient chacune un rôle bien défini : l'hébergement et l'exfiltration de « combattants » ; la fourniture de moyens militaires et paramilitaires aux maquisards du GIA en Algérie et enfin l'organisation et la gestion de caches de matériels et d'explosifs sur le territoire français avant leur acheminement vers l'Afrique du Nord. En outre, les documents saisis pendant les perquisitions mettent en évidence le lien de subordination existant entre le GIA et le réseau Chalabi. C'est une lettre datée du 8 septembre 1994, signée par le chef du GIA en Algérie à cette époque, découverte dans un des appartements refuges du Val-de-Marne, qui a permis de lever toute ambiguïté sur la mission secrète de Mohamed Chalabi.

Les interrogatoires des suspects révèlent vite que le réseau a de nombreux correspondants à l'étranger. Les faits sont corroborés par les quantités de devises européennes ou américaines saisies dans les appartements perquisitionnés : l'équivalent de plus de cent dix mille francs en marks, en lires, en francs belges et suisses. Le réseau Chalabi avait de toute évidence des ramifications jusque dans les pays de l'Est et les nombreux carnets d'adresses ou agendas électroniques prudemment codés découverts dans les caches font état de points de chute en Pologne où certains militants ont transité sous couvert de visas officiels obtenus en Algérie. Enfin, les interpellations ont fait apparaître qu'un tiers des membres du réseau Chalabi résidaient en France sous une fausse identité ; ce qui leur était d'autant plus facile que le réseau gérait ses propres stocks de faux papiers ; les perquisitions dans le Val-de-Marne conduisent à la saisie de huit cent quatre-vingt-douze cartes nationales d'identité algériennes vierges !

L'appartement de Mourad Tacine, l'autre chef présumé du réseau, au 63 de la rue Bichat à Paris est une véritable officine de faussaire qui alimente en documents administratifs les clandestins algériens ou français en mission pour le compte du GIA. La police y découvre dix passeports algériens ainsi que des timbres secs et des tampons encreurs algériens. Les terroristes sont même en possession de cartes d'identité françaises falsifiées et de nombreux autres documents officiels vierges. Les artisans des ateliers de faux papiers du GIA sont, à tout moment, en mesure de délivrer de fausses attestations d'assurance pour les voitures volées ou des bulletins de salaire bidon pour assurer une couverture aux clandestins en mission. Les presses, les étaux et les massicots saisis dans le repaire de Mourad Tacine sont identiques à ceux utilisés dans les services d'état civil des mairies françaises. Les faussaires du GIA à Paris savent comment « blanchir » une photo d'identité collée dans un passeport ou une carte d'identité à l'aide d'un petit rouleau de mousse imbibé d'hyposulfite avant d'en réimprégner la gélatine, avec un autre petit rouleau trempé dans une solution chimique différente, cette fois photosensible. Rien de plus simple ensuite que d'exposer, sous un agrandisseur, le passeport entier avec le petit rectangle de papier photographique redevenu vierge sur lequel le faussaire insole un nouveau visage : celui d'un des membres du réseau. Les faussaires réussissent ainsi le tour de force de remplacer et de développer des photos d'identité sans même enlever les rivets de fixation dans les documents administratifs, sans même altérer les pages !

Mais au-delà de cet atelier clandestin de faux papiers, c'est l'arsenal du réseau Chalabi qui fait rétrospectivement froid dans le dos. Dans les planques du GIA et notamment au 10 de la rue Marguerite à Villeneuve-Saint-Georges, les policiers retrouvent plus de vingt kilos d'explosif avec leurs mèches et leurs cordons détonants, des grenades, de la poudre noire et des produits chimiques utilisables pour des bombes artisanales, avec leurs détonateurs et leurs commandes à distance. Rien ne prouve de façon certaine que ces explosifs étaient destinés à quitter le territoire français. Du côté des armes légères, les terroristes du GIA auraient pu soutenir un siège avec treize fusils d'assaut AK 47, l'arme mythique des révolutionnaires du monde entier. Les enquêteurs découvrent aussi deux pistolets-mitrailleurs Sten, neuf fusils à pompe, quatre fusils de chasse, une carabine Remington, quatre pistolets automatiques et même des revolvers 357 Magnum Manhurin volés à des gardiens de la paix français. L'armurerie du réseau Chalabi dispose de presses à munitions pour sertir les balles et d'armes silencieuses comme des arbalètes ou des couteaux de lancer, sans parler des lunettes de visée nocturne, de cagoules, de gilet pare-balles et de scanners radio pour déjouer les filatures ou les poursuites en auto...

Le réseau ne néglige pas la formation technique et idéologique de ses militants. Une documentation très complète sur les armes de type Uzi, Galil, P 38, 11,43 et AK 47 était disponible dans la bibliothèque d'une des planques du Val-de-Marne. La propagande idéologique était dispensée par des cassettes vidéo consacrées au djihad. Certaines de ces bandes vidéo sont de véritables guides techniques consacrés à la fabrication d'engins explosifs artisanaux ou à l'entraînement de commandos. Plusieurs bulletins ou tracts émanant de la FAF, la Fraternité algérienne en France, du FIS ou du GIA servent de matériel de formation idéologique. Vraisemblablement distribués dans les mosquées les jours de prière, ces documents ont largement contribué à embrigader les jeunes beurs des banlieues, peu sensibilisés à la guerre sainte mais incontestablement désœuvrés et attirés par l'aventure.

Au lendemain du coup de filet du 8 novembre 1994, il semble difficile d'effectuer un recensement complet des innombrables branches de ce gigantesque réseau en étoile qui s'étend de la Pologne à l'Algérie en passant par l'Espagne et la Grande-Bretagne, mais la police judiciaire a une certitude : elle tient les deux têtes pensantes du réseau : Mohamed Chalabi et Mourad Tacine. Tous les deux sont des islamistes convaincus et militants, et — c'est le comble pour les enquêteurs — ils ne sont pas algériens, mais nés en France : à Orly et à Argenteuil...

Dans les semaines qui vont suivre la rafle, le travail des enquêteurs permet de poursuivre le démantèlement en profondeur de la filière Chalabi. Des dizaines d'écoutes téléphoniques et de « surveillances techniques » prescrites par le magistrat instructeur, Jean-Louis Bruguière, conduisent la police dans les Yvelines, dans le Val-d'Oise et le Pas-de-Calais. Le réseau est tentaculaire et la plupart des agents secrets du GIA sont en situation irrégulière, quelquefois même détenteurs de plusieurs identités. À chaque fois, les perquisitions apportent de nouvelles preuves de la collusion du réseau français avec les terroristes algériens : des agendas chiffrés, du matériel médical et chirurgical sophistiqué ou d'importantes sommes d'argent en liquide alors que leurs propriétaires n'ont pas d'emploi ou sont officiellement bénéficiaires du RMI... Les personnes interpellées tentent le plus souvent d'« embrouiller » les enquêteurs en prétendant être arrivées en France pour un simple voyage touristique. Comme par hasard, jamais les suspects ne peuvent justifier la présence de l'armement ou des tracts militants appelant au djihad saisis dans leur appartement. Et lorsque, enfin, ils acceptent de lâcher le nom d'un contact en France ou les bribes d'une information, il s'agit le plus souvent d'un prénom courant comme Khaled ou Mourad, sans nom de famille ni adresse évidemment. Les suspects prétendent pourtant n'avoir jamais rencontré leur contact et ils affirment ne connaître que son numéro de téléphone donné par un ami en Algérie, et seulement « pour le cas où il y aurait un problème à Paris ». Ainsi, de Sartrouville au X^e arrondissement de Paris, les inspecteurs passent des semaines harassantes à traquer de mystérieux « Djamel » ou des « Younes » qui sont finalement la plupart du temps de paisibles citoyens parfaitement en règle. Dans les rares cas où la piste est bonne, les mystérieux « contacts » se sont évanouis depuis longtemps dans la nature au moment où la police arrive à leur dernière adresse connue. L'enquête progresse néanmoins. Plusieurs appartements ou restaurants, déjà signalés par les RG comme des lieux de rencontre pour activistes islamistes, sont mis sous surveillance serrée.

Le réseau Chalabi apparaît au fil de l'enquête comme beaucoup plus complexe et hétéroclite qu'il n'a semblé aux enquêteurs dans un premier temps. Certains militants clandestins sont non seulement nés en France, mais ne sont même pas d'origine algérienne ni même maghrébine ! L'arrestation de Richard Kozlowski, place Hô-Chi-Minh à Persan-Beaumont dans le Val-d'Oise, est révélatrice. Ce jeune chômeur, né en 1964 et marié à une Algérienne, se fait appeler « Redouanne » par ses amis musulmans. Au moment où il accepte d'acheter des armes pour le compte de Mohamed Chalabi, il est converti à l'islam depuis quatre ans. Il reconnaît lors de son interrogatoire avoir fabriqué des munitions au siège de l'Association éducative des musulmans de France à Choisy-le-Roi ! Écroué le 12 novembre 1994, « Redouanne » se suicide par pendaison dans sa cellule de la Santé le 5 juin 1995, victime de sa naïveté ou de la duplicité du réseau qui l'a abusé en le poussant plus loin qu'il ne l'aurait voulu.

Vérifiant tous les numéros de téléphone et toutes les

adresses de restaurants ou de bistros retrouvés dans les documents saisis, la police finit par passer la France entière au peigne fin mais c'est le nord de l'hexagone — sans doute à cause de la proximité de la frontière avec la Belgique — qui apparaît comme le foyer islamiste intégriste le plus préoccupant. À Calais, les enquêteurs interpellent, sur une « information » locale, deux hommes connus pour leurs liens présumés avec des islamistes. Sur des photos découvertes pendant la perquisition à leur domicile, un des hommes pose avec un pistolet, entouré par deux inconnus, armés eux aussi. Curieusement, l'homme photographié en si bonne compagnie ne se souvient de rien, pas même du nom de ses amis armés jusqu'aux dents. À Pontoise, deux autres militants islamistes sont arrêtés en possession de cinq passeports algériens : ils ne savent évidemment pas comment ces documents sont arrivés chez eux. À Poissy, un autre groupe de terroristes ne parvient pas à justifier la présence de télécopies de propagande émanant de la Fraternité algérienne en France, ou de manuels techniques de fabrication d'explosifs artisanaux.

À ce point de l'enquête, les renseignements rassemblés par la police laissent penser que le réseau Chalabi a bel et bien explosé à la suite de l'arrestation de son chef et de ses principaux lieutenants. Mais très vite, la surveillance démontre qu'il n'en est rien. Une partie des clandestins a échappé à la première vague d'arrestations et un noyau d'activistes s'est reconstitué dans les semaines qui ont suivi, autour de trois militants algériens qui étaient jusqu'alors restés dans l'ombre : Mohamed Touam, El Habib Belhadj-Ziane et Sid Ahmed Toumache.

Le 20 juin 1995, une nouvelle opération de police judiciaire est lancée sur l'ensemble du territoire français. Bilan : cent treize personnes arrêtées en quelques heures. Et encore une fois, des saisies massives d'armes, de munitions et de matériel de propagande islamiste. Le réseau Chalabi n'était pas mort et continuait d'opérer clandestinement depuis de nouvelles bases dans le Val-de-Marne. Une perquisition à Vitry-sur-Seine démontre que les ponts ne sont pas coupés avec le GIA. Les livraisons de matériel de propagande ont même augmenté. De nombreuses cassettes audio saisies dans un appartement de la rue de l'Abbé-Derry sont une incitation pure et simple au djihad en Algérie. Les messages, enregistrés par des responsables des groupes armés, prônent froidement la violence contre le pouvoir algérien. L'interrogatoire d'un des occupants de ce nouveau quartier général du GIA en France est édifiant : Sid Ahmed Toumache admet s'être rendu à plusieurs reprises à Bruxelles et Londres depuis 1994 pour y transmettre des messages verbaux secrets à plusieurs représentants de mouvements islamiques fondamentalistes. Cependant Toumache, s'il reconnaît son implication personnelle comme agent de liaison ou trafiquant de faux papiers, reste vague quant à son commanditaire ou son chef direct, un certain Samir qui ne sera pas identifié. Toujours la vieille méthode du cloisonnement.

Parallèlement, les écoutes téléphoniques effectuées sur les lignes téléphoniques de plusieurs restaurants connus comme lieux de rendez-vous de militants du GIA, notamment le « Sona » à Barbès, commencent enfin à donner des résultats. Les services de police établissent qu'un appartement du 64 de la rue Oberkampf, dans le XI$^{e}$ arrondissement de Paris, sert de planque à un groupe d'Algériens militants du FIS. Tous les occupants sont en situation irrégulière. Certains possèdent des pièces d'identité algériennes déclarées volées à Alger quelques mois plus tôt à la suite d'un faux contrôle d'identité organisé par le GIA.

C'est encore la surveillance d'une ligne téléphonique qui permettra d'identifier un nouveau groupe de militants algériens installés 2, avenue Ambroise-Rendu à Paris dans le XIX$^{e}$. L'appartement est au nom d'une jeune femme, mais les enquêteurs y recherchent un certain Rachid. L'interception des communications laisse penser que Rachid voyage régulièrement en Belgique, aux Pays-Bas et en Allemagne et qu'il serait en possession de cassettes vidéo enregistrées par Mohamed, un des émirs du GIA. En réalité, Rachid semble plutôt être le « transitaire » du matériel militaire des groupes armés. La perquisition confirme les soupçons des enquêteurs. Ils arrêtent Rachid Merad dans l'appartement et saisissent un fusil d'assaut AK 47 et deux chargeurs approvisionnés, une copie de fusil M 16 et quatre cassettes vidéo détaillant l'entraînement des maquisards islamistes en Algérie. L'appartement regorge de documents imprimés dont plusieurs tracts du GIA et des exemplaires des journaux *Al Ansar* et *Jama'a* qui prônent sans ambages la lutte armée.

Le jeune homme interpellé ne fait pas de difficulté pour admettre son engagement politique. Il est né le 12 février 1966 à Alger et reconnaît avoir rejoint le djihad pour aider « ses frères algériens » après avoir lui-même été emprisonné à Serkadji, en Algérie. Rachid Merad devait se rendre en Espagne pour y livrer les armes qui lui avaient été confiées quinze jours auparavant par un militant simplement nommé Djamel. Les armes étaient destinées à un certain El Bahi, un chef de maquis qui, selon Rachid, contrôlerait près de cent cinquante combattants. Toujours selon Rachid Merad, El Bahi avait un temps travaillé au restaurant le « Sona », du boulevard de Rochechouart. Le monde du réseau Chalabi apparaît en fait tout petit. En échange de ce service, Rachid devait recevoir un faux passeport qui lui aurait permis de s'installer au Canada, chez son frère. En réalité, la police découvre que, victime lui-même du cloisonnement du réseau, Rachid en sait beaucoup plus long qu'il ne le croit lui-même. Ses révélations permettent aux enquêteurs de recouper de nombreuses informations au point que le propriétaire des armes saisies dans le refuge de la rue Ambroise-Rendu est finalement découvert ; il s'agit d'un jeune beur marseillais, surnommé Hillal, et qui vit chez ses parents à Carpentras. La filière permet enfin de remonter jusqu'à El Bahi Hadj, un autre Algérien dont le nom de guerre est « Spencer ». Là encore, les policiers passent ses relations aux rayons X, y compris sa famille, et finissent par perquisitionner dans des appartements de La Courneuve, en Seine-Saint-Denis, à Saint-Ouen et à Paris. À chaque interpellation, la deuxième branche du réseau Chalabi apparaît comme vivace et bien organisée : ses membres se consacrant discrètement au trafic de voitures, de devises ou au convoyage de détonateurs ou d'armement léger.

L'Île-de-France est de toute évidence essentielle dans le dispositif du GIA mais c'est à Marseille que le réseau met en place son dispositif final d'exfiltration de matériel et d'armement. Guidés par des écoutes téléphoniques, les enquêteurs finissent par identifier une société d'import-export qui semble jouer un rôle important dans le dispositif du GIA en France. La surveillance de la SARL Isag-Export, installée à Villejuif, révèle qu'elle est dirigée par un Algérien né en 1949, El Habib Belhadj-Ziane, dit Hadj. La perquisition à son domicile ne laisse aucun doute sur la nature de ses liens opérationnels avec les groupes armés d'Algérie. La police découvre un ordre de mission signé Abderrazak Redjem portant le cachet du Front islamique du salut et chargeant un certain Mohamed Naamoune de se procurer des armes et des munitions pour le FIS. L'interrogatoire de Hadj révèle qu'une société marseillaise, la SAE, Société auxiliaire d'exportation, était chargée d'assurer le transit des matériels militaires vers l'Algérie mais aussi de véhicules afin de les utiliser comme conteneur discrets au moment de l'embarquement sur les ferry-boats. Plusieurs témoignages recueillis à Marseille dans les milieux proches de la SAE attestent que de lourds sacs de voyage étaient régulièrement « dissimulés sous des cageots de légumes ». Certains témoins affirment même avoir vu des « objets en forme d'ogive » entreposés dans des véhicules chargés sur le cargo mixte *Djezaïr.*

Après ces deux vagues d'arrestations, ni les objectifs du réseau Chalabi ni ses méthodes opérationnelles ne sont restés mystérieux. Les interrogatoires et les saisies de documents ont permis de mettre à plat l'organigramme de l'organisation terroriste. En revanche, alors que la plupart des membres du réseau sont arrêtés, son mode de financement est encore relativement vague pour les services de police en dépit des grosses sommes d'argent saisies à plusieurs reprises lors des perquisitions. Les terroristes disposent d'argent, de beaucoup d'argent, mais le canal d'approvisionnement demeure flou. D'autant que la police n'a pas découvert de chéquiers ou de relevés de comptes faisant état de virements provenant de banques exotiques ou suspectes de sympathie avec les islamistes. Le réseau Chalabi ne fonctionne visiblement qu'avec du liquide.

Le 2 juillet 1996, la direction de la police judiciaire trouve une piste originale et imprévue qui éclaire les services de police sur les ressources financières du réseau. En arrêtant Samy Chalabi, le fils de Mohamed Chalabi, chez sa mère à Orly, la brigade criminelle découvre dans la cave onze machines à sous portant des étiquettes au nom de la société CEDJA (Comptoir d'exploitation de jeux et distributeurs automatiques). Sur la foi du témoignage d'un ancien membre du réseau arrêté peu avant, la police pensait que Samy Chalabi était en train d'organiser l'évasion de son père. La découverte de ces machines à sous, au détour d'une vérification de routine, a permis, de façon imprévisible, de comprendre comment les terroristes pouvaient disposer d'énormes sommes en liquide. La société CEDJA, établie à Boulogne-Billancourt, est immédiatement perquisitionnée par la brigade financière à la demande du juge Bruguière. Son dirigeant, Dominique Dupré, finit par admettre qu'il a mis à la disposition des frères Chalabi un grand nombre de machines à sous qui auraient généré un chiffre d'affaires annuel de quatre millions de francs. Sur ces sommes, en 1993 et 1994, Mohamed Chalabi et son frère Brahim auraient perçu en espèces trois millions de francs !

En quelques mois d'enquête, les services de police parviennent donc à la conclusion que le réseau Chalabi, en collusion avec certains idéalistes recrutés dans les banlieues, avec les milieux du jeu et bénéficiant du soutien de plusieurs anciens droit commun d'origine française, avait pour mission principale d'approvisionner en matériel de guerre, en équipement médical ou de transmission les maquis algériens du FIS ou du GIA. Ces matériels, achetés comptant dans les pays de l'Est ou en Belgique, transitaient, dans ce dernier pays, par une filière qui a été démontée en mars 1997 par la gendarmerie royale. Les enquêteurs belges procèdent à l'arrestation d'un armurier, Marc Muller. Des perquisitions dans plusieurs de ses entrepôts permettent de saisir mortiers, mitrailleuses lourdes, pistolets-mitrailleurs et munitions. Marc Muller reconnaît avoir vendu à des islamistes des pistolets-mitrailleurs Vzor — des armes dites « démilitarisées » — qui ont été retrouvés dans une Peugeot 505 immatriculée en Belgique découverte dans un garage d'Épinay-sur-Seine le 17 mars 1995. Les acheteurs ont été identifiés, arrêtés et emprisonnés en Belgique lors du démantèlement du réseau Ahmed Zaoui. Les armes vendues au GIA étaient certes démilitarisées mais le jour de la cession, l'armurier belge avait remis à ses clients un jeu de quinze canons et culasses supplémentaires afin de les remettre en service. L'implication de cet armurier a été confirmée lors de la découverte de factures de son entreprise, Bostock Orient Express, au siège de l'Association éducative des musulmans en France, à Choisy-le-Roi.

Les suites de l'enquête sur le réseau Chalabi démontrent que les armes et les munitions acquises à l'étranger étaient stockées plusieurs semaines en Île-de-France avant d'être convoyées, dans des voitures volées et maquillées, par de faux touristes munis de faux papiers regagnant l'Algérie en s'embarquant à Marseille.

Ce dossier a également mis en évidence une faiblesse des institutions françaises face à des individus qui, sous couvert d'activités religieuses, lancent de nombreuses associations qui ne sont, en réalité, que la façade légale d'une activité clandestine. Ce détournement du droit d'association, garanti par la loi du 1er juillet 1901, est particulièrement patent lorsque les associations sont intégralement contrôlées par des étrangers.

Après le démantèlement du réseau, un rapport des Renseignements généraux de la préfecture de police fait le point sur les nouvelles méthodes des terroristes islamistes. Il apparaît que les filières de faux papiers ayant pour origine des déclarations de perte de documents administratifs sont les plus utilisées. De même, les enquêtes démontrent que, grâce à de nouvelles méthodes de « travail », le stockage des armes est de courte durée et la rotation des stocks extrêmement rapide au sein de structures de plus en plus clandestines et cloisonnées, dissimulées derrière des sociétés écrans. Autre sujet de préoccupation, les nombreux certificats d'hébergement dont semblent disposer les militants pour s'établir en France et qui attestent de complicités ou tout au moins de solides sympathies dans les milieux musulmans français. C'est ainsi qu'en combinant les compétences des ateliers de faux papiers du réseau Chalabi avec ces certificats d'hébergement, des activistes comme Boualem Ben Saïd, un des responsables des attentats de Paris en juin 1995, ont pu demander au consulat de France à Alger de façon tout à fait officielle, des visas pour Paris en vue d'y poursuivre des études. Le rapport souligne également qu'à défaut de faux papiers fabriqués sur mesure les clandestins utilisent une méthode chère aux terroristes de l'ETA basque depuis une quinzaine d'années consistant à déclarer la perte de leurs papiers plusieurs fois. Un autre des opérateurs logistiques des attentats de Paris, Bourrada, a déclaré la perte de ses cartes d'identité et permis de conduire sept fois !

Les opérations du 8 novembre 1994 et du 20 juin 1995 ont porté un coup sévère aux terroristes algériens mais on ose à peine imaginer quel degré aurait pu atteindre l'horreur si le réseau Chalabi avait pu remplir sa mission. Une inquiétude confirmée par le témoignage d'un ingénieur d'origine maghrébine qui avait pris contact avec les services de renseignements français pour leur raconter les « missions » dont il avait été chargé par des islamistes proches du GIA. Ses interlocuteurs lui auraient demandé de transporter des « cocktails chimiques » destinés à empoisonner les nappes phréatiques de la région parisienne ! Ce type d'information, de plus en plus courant, a fini par obliger les services de renseignements civils et militaires à contrôler la moindre piste.

# V

# Fatwa contre la France

Entre le 11 juillet et le 17 octobre 1995, la population de Paris est tétanisée par six attentats qui paraissent, à première vue, correspondre à des représailles à la suite d'une livraison de matériels militaires français à la Sécurité militaire algérienne (SMA). Selon les services de police, la décision de commettre ces attentats à Paris aurait été prise en février 1995 par le représentant du GIA à Londres, Abou Fares, *alias* Rachid Ramda. La décision aurait ensuite été entérinée par le commandement militaire du GIA à Batna, le 21 mars, lors d'une réunion dirigée par l'émir Djamel Zitouni.

Le GIA a fait circuler à l'été 1996 une cassette vidéo contenant « les aveux » d'un dirigeant nationaliste islamiste algérien. Il explique que son mouvement a été trahi de l'intérieur et justifie ainsi l'assassinat de plusieurs responsables islamistes par le groupe de Zitouni. Il explique également comment ce dernier a été tenu à l'écart des négociations secrètes qui se seraient déroulées en 1995 entre l'un de ses adjoints et un « général français » en vue de mettre fin aux attentats en France. En échange, toujours selon cette cassette, la France aurait accepté de cesser son soutien au régime algérien, de libérer les détenus musulmans et de stopper les opérations de police contre leurs sympathisants. « La France a accepté ces conditions, c'est pourquoi nos frères ont cessé de commettre leurs attentats en France, ajoute le mystérieux islamiste, mais ils vont reprendre, Inch Allah ! » Cette déclaration recoupait en fait un communiqué paru dans la revue *Al Ansar* publiée par le GIA le 5 janvier 1996 et qui indiquait que l'un des adjoints de Zitouni avait été exécuté en raison de ses contacts avec un général des services spéciaux français avec lequel il avait négocié l'arrêt des combats en France, mais sans l'ordre de l'émir du GIA.

Informé par une fuite, l'imam Sahraoui aurait fait savoir au commandement du GIA que cette vague d'attentats n'aurait pas d'autre effet que de durcir la position de la France et sans doute de provoquer une réaction brutale de Paris. En s'opposant à la décision des faucons du GIA, l'imam Sahraoui avait signé sa condamnation à mort. Quelques mois plus tard, le 11 juillet 1995, il est assassiné à Paris, dans une mosquée de la rue Myrha, par un commando de deux hommes, au moment de la prière de la fin d'après-midi.

Un an plus tard, l'enquête révèle que la balle qui a assassiné l'imam Sahraoui a été tirée par un fusil Winchester ayant appartenu au groupe de Khaled Kelkal. La découverte d'une arme présentant les mêmes caractéristiques balistiques dans le campement du jeune terroriste dans les monts du Lyonnais, le 27 septembre 1995, ne laisse aucun doute ; les onze douilles retrouvées sur les lieux de la fusillade qui a opposé Kelkal à la police le 15 juillet à Bron proviennent de la même arme et le meurtre de l'imam Sahraoui faisait bien partie d'un plan destiné à éliminer les « colombes » du mouvement islamiste algérien.

Né le 25 août 1910 à Constantine, Abdel Baki Sahraoui avait commencé sa carrière militante au début des années quatre-vingt, fondateur du FIS avec Abassi Madani et Ali Benadj, il était devenu en octobre 1991, l'imam de la mosquée du 28 de la rue Myrha à Paris, en plein quartier de la Goutte d'Or, à la suite d'une intervention de la Ligue islamiste mondiale et des Saoudiens. Dans ce centre islamique de prières, il animait l'association pour la culture et la paix dont il était le trésorier. Sa mosquée était considérée, en 1994, comme l'une des plaques tournantes du FIS à Paris mais le cheikh Sahraoui était néanmoins jugé modéré. Il avait noué des contacts, publics dans un premier temps, puis très discrets ensuite, avec les autorités françaises, avec lesquelles il s'entretenait surtout lorsque des crises mettaient en jeu la vie de ressortissants français en Algérie.

Ainsi, dans une lettre du 9 mai 1994, parlant de l'agression dont deux religieuses françaises avaient été victimes, il écrivait : « Cet acte est condamnable, d'autant que ses auteurs appartiennent sans doute aux tenants de l'éradication, hostiles à toute perspective de règlement pacifique du conflit dans lequel on cherche délibérément à entraîner la France, qui doit continuer à avoir cette attitude de neutralité qu'elle manifeste depuis plusieurs mois maintenant. » Déjà à l'été 1993, il avait demandé au recteur de la grande mosquée de Marseille, Mohand Alili, de participer à une discrète médiation entre la branche modérée du FIS et le pouvoir algérien.

Début août 1994, dès l'annonce de la création officielle de l'Armée islamiste du salut par Ali Benadj, depuis son lieu de détention à Oran, l'imam s'attache à apparaître comme le principal relais en Europe de cette nouvelle structure. De ses relations privilégiées avec des responsables importants de cette mouvance, tels que Khamer Eddine Kherbane alors vice-président de l'instance exécutive du FIS à l'étranger, mais aussi de son soutien à des membres de la frange radicale du FIS cherchant à trouver refuge en France, découle logiquement son ralliement à la stratégie de l'Armée islamiste du salut. Toutefois, un communiqué de l'une des composantes de l'AIS, en date du 5 août, menaçant de façon explicite la France en vue d'obtenir la levée de l'assignation des militants islamistes à Folembray, plonge dans un grand embarras l'imam modéré, ainsi que son proche entourage. En effet, tant que l'AIS se démarquait du GIA en refusant de mener des actions terroristes à l'encontre des ressortissants étrangers en Algérie, son rôle de représentant de cette organisation restait relativement facile à tenir en France. À l'inverse, un engagement de l'AIS sur la voie de la radicalisation — celle par exemple suivie par le GIA — ne peut qu'être difficilement compris en France. Soucieux de préserver sa situation, l'imam Sahraoui s'emploie donc à corriger le tir en signant un communiqué, le 9 août, insistant sur le refus de l'AIS d'étendre le conflit au territoire français et rappelant qu'il a condamné les assassinats d'étrangers en Algérie.

Se sentant dans une situation de plus en plus inconfortable, l'imam fondateur du FIS demande un visa pour la Suisse, sans doute pour prendre du recul face à des événements qui commencent à le dépasser. Déjà, lorsqu'il s'était rendu à Londres en novembre 1994, l'imam s'était fait bousculer par de jeunes islamistes algériens qui lui reprochaient son respect, excessif à leurs yeux, des lois françaises, rapporte Nicolas Beau dans son livre *Paris, capitale arabe*[1]. Deux événements ont probablement précipité son assassinat. En janvier 1995, il autorise son conseiller, Brahim Younessi, à donner des interviews à la presse, notamment au journal catholique *La Croix*, une semaine après le meurtre de quatre religieux catholiques à Tizi-Ouzou. C'est l'imam qui prépare lui-même le texte qu'il veut faire paraître par l'intermédiaire de plusieurs de ses collaborateurs. Il sou-

1. Éditions du Seuil, 1995.

haite faire passer le message suivant : « Le FIS n'a aucun intérêt à exporter son conflit, et il n'est pas en guerre contre la France. » Surtout, l'imam de la rue Myrha condamne à plusieurs reprises, lors d'un petit comité à la mosquée — où s'étaient sans doute introduits à son insu des agents islamistes extrémistes —, le détournement de l'Airbus d'Air France. « Les actes de piraterie aériens sont interdits par l'islam », dit-il à plusieurs de ces collaborateurs. Trois mois plus tard, en mars 1995, il refuse de rencontrer de mystérieux responsables du GIA venus spécialement le voir de Belgique à Paris. Parmi eux figurait peut-être Ali Touchent. Les islamistes algériens voulaient en fait récupérer une partie des fonds de la mosquée.

Le 9 mai 1995, dès l'élection de Jacques Chirac à la présidence de la République, l'imam de la rue Myrha adresse une correspondance au nouveau chef de l'État pour expliquer la situation en Algérie : « La France et l'Algérie ont vocation à coopérer et à faire du bassin méditerranéen un lac de paix, de concorde et de sécurité. La France gaullienne dont vous êtes le digne héritier est une voix que nous voulons entendre. » Une copie de cette lettre, qui n'a jamais été publiée, sera dérobée dans le bureau de l'imam quelques jours après avoir été envoyée à l'Élysée.

La mort programmée de l'imam constitue en réalité un message adressé par le GIA à ses réseaux à Paris : « Il faut anéantir la capitale des croisés ! » Le bulletin du GIA, *Al Ansar,* publie le 24 juin un dessin montrant une tour Eiffel éclatée. Encore un message codé.

En raison de ce climat, la tension monte dans les services français. L'inquiétude est confirmée par la découverte, le 6 mars, dans le cadre d'opérations antiterroristes en Belgique, d'un logo en cours de confection représentant un revolver pointé sur une carte de la France, surmonté des termes *Al Jihad*. Dans une note remise au ministre de l'Intérieur, les services indiquent : « Jusqu'à présent, les sympathisants des mouvements intégristes algériens se refusaient à toutes opérations terroristes en Europe pour se préserver une base arrière nécessaire à leurs activités d'aide logistique aux combattants des maquis en Algérie. » À l'évidence, un tournant stratégique s'annonce et l'unité de coordination de la lutte antiterroriste en conclut que l'affaire de l'Airbus semble avoir été l'un des facteurs déclenchant de cette radicalisation. Selon un rapport de la DGSE [1], « Abdallah Kronfel est susceptible de monter des opérations revanche sur le sol français ». Il est en effet le chef des quatre preneurs d'otages des passagers de l'Airbus.

L'ensemble des services français du ministère de l'Intérieur, de la Défense et de la préfecture de police ont alerté à plusieurs reprises François Mitterrand et Édouard Balladur sur les risques de représailles. Différents documents ayant circulé en Algérie sont également envoyés à plusieurs autorités françaises, indiquant que les attentats pourraient désormais être organisés contre des missions diplomatiques ou des intérêts français dans le monde. D'autres messages, confidentiels, sont transmis aux autorités françaises par l'imam Sahraoui ; il évoque le durcissement de certains milieux islamistes du GIA, « décidés à ne plus considérer la France comme un sanctuaire ».

Le 17 février 1995, cette menace devient tellement pressante que la France, qui préside l'Union européenne, convoque une réunion de l'ensemble des responsables de la politique antiterroriste. S'y retrouvent des représentants de plus de dix pays. En juin, les services de renseignements algériens transmettent à leurs

1. Direction générale de la sécurité extérieure.

homologues français de la DGSE et de la DST une brochure dans laquelle ils démontent les différents systèmes mis au point par le GIA pour commettre des attentats. Le bulletin décrit la manière dont les experts islamistes fabriquent leurs bombes : « Adoption d'un nouveau système de piégeage de bombes artisanales par les terroristes du GIA. La bombe, généralement composée d'une bouteille de gaz butane, est munie de deux systèmes de mise à feu. Le premier système... »

Pourquoi des bouteilles de gaz ? La logique des terroristes est vraisemblablement double : utiliser des ustensiles quotidiens pour commettre des attentats doit, selon eux, frapper encore plus l'opinion publique d'un pays comme la France ; ensuite, et sur un plan plus technique, des consignes ont été données depuis les maquis algériens pour qu'un maximum de bonbonnes soient récupérées en France. Elles sont destinées à la lutte en Algérie, où des stocks entiers avaient été saisis par les autorités militaires. Quand les intégristes décident de porter la guerre sur le sol français, ils utilisent donc les éléments déjà rassemblés sur place.

Le 17 août, c'est l'escalade et l'affrontement tant redouté. Un attentat avenue de Friedland, à Paris, fait dix-sept blessés. Une tentative est évitée, le 28 août, sur la voie du TGV Paris-Lyon. Les 3 et 4 septembre, d'autres attentats se produisent sur des marchés parisiens et, le 29 septembre 1995, les chaînes de télévision retransmettent, presque en direct, la mort de Khaled Kelkal, un jeune Algérien de vingt-quatre ans, soupçonné d'être le principal responsable de la campagne d'attentats qui a débuté en France au mois de juillet avec la bombe ayant causé la mort de huit personnes dans une rame du RER à la station Saint-Michel.

Les certitudes de la police quant aux responsabilités de Kelkal découlent d'une expertise scientifique. Le samedi 9 septembre, une empreinte digitale appartenant à un jeune délinquant algérien est relevée sur la bombe déposée sur la voie du TGV Paris-Lyon. Elle correspond à Khaled Kelkal, qui devient dès lors le terroriste le plus recherché de France. Traqué avec son complice dans la forêt de Malval près de Lyon, il est tué le 29 septembre par des gendarmes, ce qui provoque une polémique.

Le parcours de Khaled Kelkal est presque banal. Arrivé en France, à Vaulx-en-Velin, en 1971, il semble être en voie d'intégration. Apprécié de l'ensemble de ses professeurs, Khaled entre en 1988 au lycée La Martinière, un établissement réputé de Lyon. L'année suivante, il passe en première F6, option « chimie ». Entraîné par ses fréquentations dans des casses à la voiture bélier, il est arrêté à dix-neuf ans, en 1990, et condamné à quatre ans de prison ferme. Sa bonne conduite lui vaut d'être libéré en 1992. Après une formation à la bureautique, en 1993, il cherche à devenir conducteur d'appareils dans l'industrie chimique, se laisse pousser la barbe et commence à fréquenter la mosquée Bilal de Vaulx-en-Velin. Il y fait la connaissance d'un imam malien, proche du mouvement du Tabligh et de l'Union des jeunes musulmans, une organisation réputée radicale.

Khaled Kelkal participe à des stages dans le maquis algérien, lors de voyages à Mostaganem où il est pris en charge par un oncle intégriste. Khaled y rencontre vraisemblablement deux adjoints de Djamel Zitouni, qui souhaite toujours, à cette date, punir la France. Le jeune terroriste participe, le 11 juillet 1995, à l'assassinat de l'imam Sahraoui à Paris. Quatre jours plus tard, avec son ami Karim Koussa, Kelkal tire sur des policiers pour échapper à un barrage à Bron, dans la banlieue de Lyon. Dans la voiture abandonnée, les enquêteurs trouvent des douilles de calibre 12 qui proviennent d'un lot acheté à Soissons, où s'était rendu Koussa peu avant, et surtout identiques aux cartouches qui ont tué l'imam Sahraoui. Le 26 août, nouvelle preuve à charge, l'identité judiciaire retrouve les empreintes de Khaled Kelkal sur le ruban adhésif qui entoure la bombe qui a failli exploser dans le TGV Paris-Lyon. Pour le jeune homme, le compte à rebours a commencé. Les deux jeunes gens entrent dans la clandestinité. Ils n'en sortiront que... devant des caméras de télévision.

Le glas sonne le 27 septembre ; des ramasseurs de champignons signalent aux gendarmes deux campeurs sauvages dans la forêt de Malval. Après plus de trois quarts d'heure de fusillade, les gendarmes finissent par arrêter Karim Koussa, atteint de six balles. Le jeune homme, plutôt maître de lui, s'est fait lui-même un garrot à la jambe. Sa résistance permet à Khaled Kelkal de s'enfuir en profitant de cette zone boisée, à vingt-huit kilomètres de Lyon, mais il laisse derrière lui de précieux indices judiciaires : deux fusils de chasse à canons sciés, dont celui qui a servi à tuer l'imam de la rue Myrha, et les restes d'un extincteur qui a explosé. Ce dernier élément démontre que des bombes artisanales ont bel et bien été expérimentées dans cette région par les jeunes gens.

Repéré peu après à un arrêt de bus par une patrouille, Kelkal brandit son pistolet 7,65 MAB, une arme qui date de 1939 et s'enraye. Les gendarmes, s'estimant en danger, ripostent et tuent le jeune terroriste sur le coup. Dans les poches de son costume, on découvre deux couteaux, une boussole, une boîte de cartouches, un Coran et un carnet d'adresses qui permettra aux policiers de remonter l'ensemble du réseau.

Revenant plus tard sur la mort de Kelkal, la revue *Al Ansar* qualifie le jeune beur de *Chaïd*, martyr de la foi. « Il est tombé, écrit le journal intégriste, en martyr, pour que son sang soit une lumière. Pour tous ceux qui suivent le chemin du djihad, la mort de Kelkal est une étape dans le combat pour cette religion et sa victoire. »

Khaled Kelkal, à la limite du banditisme et du fanatisme intégriste, était bien le responsable de la vague d'attentats commis en France en 1996. En tout cas, il y a joué un rôle clé. On sait aujourd'hui, à propos de l'attentat du RER Saint-Michel, que Khaled Kelkal l'avait soigneusement préparé. Le téléphone portable que lui avait prêté un autre membre du groupe a « parlé ». En fouillant la mémoire de cet appareil, les spécialistes ont pu démontrer que Kelkal et un complice avaient réservé une chambre dans un hôtel de la rue Beaunier dans le XIVe arrondissement, à Paris, la veille de l'attentat. Les deux complices ont aussi acheté de la poudre noire dans une armurerie parisienne proche de la Bourse. Le chef du réseau, Boualem Ben Saïd, arrêté pour sa part en novembre 1995, avait un carnet sur lui. Il y tenait une véritable comptabilité de l'horreur, on peut notamment y lire ceci : « 22 juillet, achat de poudre : 868 francs ; 14 août, achat de poudre : 2 000 francs. » Les enquêtes révèlent aussi que Kelkal était à l'origine de l'explosion de la voiture piégée le 16 septembre, devant une école juive de Villeurbanne. Cet attentat n'a fait aucune victime parce que l'horloge de l'école retardait de quelques minutes. La bombe avait été programmée pour sauter à l'heure de sortie des élèves. Quelques jours avant cet attentat, Kelkal avait demandé à une amie de sa femme de lui prêter un petit studio avenue Saint-Exupéry, non loin de l'école. La jeune femme avait ensuite constaté la disparition de sa bouteille de gaz. C'est cette dernière qui a servi à confectionner l'engin explosif placé dans la voiture piégée.

Le président de la République comprend vite l'importance symbolique d'un tel réseau terroriste animé par un jeune beur. Il commente les événements sans complaisance : « Nous sommes en face de personnes profondément intégristes, issues probablement de milieux français directement ou indirectement, qui expriment ainsi une espèce de folie, de haine, une absence totale de respect pour la personne humaine, qui se comportent un peu comme des bêtes sauvages. »

La fatwa contre la France crée un vent de panique. Les services de renseignements français constatent la radicalisation du fondamentalisme musulman. Le bulletin islamiste *Al Ansar*, fabriqué par les idéologues du GIA qui ont choisi la France pour cible, devient de plus en plus violent. Le bulletin du 22 juin, soit un mois avant les premiers attentats de Paris, compare le détournement de l'Airbus d'Air France le 24 décembre 1994 à « un petit message », ajoutant que Paris doit « s'attendre à en recevoir d'autres plus clairs ».

Trois mois avant les attentats, le 11 mars 1995, dans une note confidentielle adressée au ministère de l'Intérieur, la DST annonce une nouvelle stratégie du GIA et des menaces terroristes sur la France. Les responsables du contre-espionnage indiquent qu'un groupe du GIA, dépendant de Djamel Zitouni, envisage d'envoyer sur le territoire français un commando chargé de perpétrer des actions terroristes. Des précisions doivent être bientôt obtenues, sur deux individus qui, à une date non précisée, vont quitter l'Algérie à destination de la France, via la Tunisie et la Turquie. L'un d'eux est identifié comme Rihane Baya, *alias* Abdallah Kronfel, le second répond au surnom d'« Omar l'émigré ». Ils doivent être rejoints par un certain Saïd Tazrouti. Ces trois terroristes utilisent des passeports provenant d'un lot volé en Algérie, numéros 63001 à 63061.

Les policiers antiterroristes de la DST surveillent également l'un des responsables du GIA installé en Allemagne, Adel Mechat, membre du groupe de Djamel Lounici. Adel Mechat est considéré comme l'un des pourvoyeurs d'armes des réseaux logistiques du GIA pour l'Europe. Il sera d'ailleurs interpellé en mai 1998, dans le cadre du démantèlement d'un réseau susceptible de commettre des attentats lors de la coupe du monde de football. La surveillance exercée par la DST sur tout ce groupe permet, en collaboration avec les polices belge et italienne, de déjouer plusieurs attentats, dont un contre le chanteur kabyle Lounès Matoub, qui sera pourtant assassiné en juin 1998 à Tizi-Ouzou.

Le 6 octobre, nouvel attentat à la station de métro Maison-Blanche. Bilan : treize blessés. Les associations de victimes, dont SOS Attentats de Françoise Rudetzki, s'inquiètent de la lenteur des enquêtes. Le mercredi 1er novembre, à 22 h 30, un homme de taille moyenne, plutôt râblé, sort prudemment d'une cabine téléphonique sur un trottoir du XVIe arrondissement à Paris. Il se dirige vers la rue Félicien-David. Soudain deux hommes en civil, surgissant brusquement, se jettent sur lui et le plaquent au sol. Depuis sa fenêtre, quelqu'un crie : « Police, police, appelez la police. » À ce moment, l'un des policiers sort sa carte professionnelle et réplique : « Mais c'est nous la police. » En dépit d'une situation qui a failli être cocasse, ce coup de filet se révèle majeur. L'homme ainsi interpellé, Boualem Ben Saïd, vingt-huit ans, dit Mehdi, est considéré par les services antiterroristes français comme le responsable de la série d'attentats attribués au GIA en France.

Il est arrivé en France début juillet avec de faux papiers français, après avoir fait une halte en Tunisie et rencontré les responsables du GIA en Croatie. Le travail minutieux des hommes du commissaire divisionnaire Roger Marion, patron de la 6e division de la PJ, et de ceux de la section recherche de la direction centrale des Renseignements généraux, dirigée par le contrôleur général Bernard Squarcini, a payé. Au cours de sa garde à vue, Mehdi reconnaît immédiatement les faits.

— Vous rendez-vous compte que vous avez blessé des innocents dans le métro à Paris et sur un marché ?

— Oui.

— Pourquoi avez-vous fait cela ?

— Parce que je suis un vrai combattant du djihad.

— Pourquoi la France ?

— Parce que je suis en guerre contre l'État français.

— Et cela ne vous gêne pas de commettre des massacres contre des civils ?

— Pas du tout, la France a fait pire en 1945 à Sétif où les troupes coloniales ont tué cinq mille Algériens. Personne n'en avait parlé à l'époque.

Dès sa nomination au ministère de l'Intérieur, l'un des premiers actes de Jean-Louis Debré consiste à présider une réunion du comité interministériel de liaison antiterroriste consacrée aux menaces et à l'islamisme radical. Le ministre apprend par ses services l'importance, pour la justice française, de l'extradition d'un des commanditaires et financiers des attentats de Paris. Lors d'une perquisition au domicile de Rachid Ramda à Londres, un document avait été saisi, signé du numéro 2 du GIA, Abou Bachir, demandant aux militants du GIA de se rallier à Boualem Ben Saïd, l'un des principaux responsables des attentats de Paris. L'extradition de Rachid Ramda d'Angleterre permettrait son audition par les juges antiterroristes et ferait avancer les enquêtes.

À la même époque, presque chaque jour, policiers et magistrats voient apparaître le nom d'un mystérieux personnage inconnu des services : Tarek. Il est bientôt identifié comme l'élément moteur du réseau, mais cet éternel fugitif réussit à échapper aux filets des polices européennes. Le 12 novembre 1995, Roger Marion, le chef de la section antiterroriste de la DCPJ, identifie formellement Tarek, à la suite des déclarations de Boualem Ben Saïd qui reconnaît avoir pris ses ordres d'un dénommé Tarek, *alias* Abdel Nasser. Tarek, de son vrai nom Ali Touchent, est un ancien étudiant en architecture, titulaire d'un passeport algérien délivré par le consulat d'Algérie à Aubervilliers, proche des membres fondateurs du Front islamiste du salut, et cheville ouvrière du réseau.

Au début de 1996, les conclusions du comité permanent du renseignement du Secrétariat général de la défense nationale sur les attentats de Paris mettent en évidence les menaces qui pèsent sur la France. Des consignes de vigilance sont données à l'ensemble des services de police et de renseignements. La coordination de la lutte antiterroriste en sort renforcée. L'ensemble des services, que ce soit la DGSE, la DST, la PJ, la brigade criminelle, la police de l'air et des frontières ou les Renseignements généraux, travaillent en coopération et de manière extrêmement étroite pendant cette période. La direction centrale des RG, qui a tissé depuis plusieurs années un véritable maillage des organisations de propagande et des associations favorables aux islamistes, transmet toutes ses données aux autres services. Le directeur des Renseignements généraux, Yves Bertrand, est le chef du groupe « Minorités » dans le cadre du plan national de renseignement ; du fait de l'expérience acquise depuis quinze ans dans le domaine de l'islamisme militant par son service, plus de sept cent cinquante courriers ont été échangés en un an avec une quinzaine de services. De son côté, la DGSE effectue de très nombreuses missions à l'étranger, tandis que la DST continue son travail de contre-espionnage. Des liens sont même tissés entre les services de police et la direction nationale des enquêtes fiscales pour vérifier la comptabilité, véritable ou occulte, de certaines associations finançant des groupes islamistes.

Cette bonne entente permet à l'ensemble des services d'anticiper, en tout cas dans leurs rapports, la menace terroriste. Le péril n'est pas pour autant écarté. Ainsi, le 25 novembre 1996, après une réunion du comité interministériel de lutte antiterroriste, une note est rédigée pour la présidence de la République, Matignon et l'ensemble des ministres concernés. Elle demeure alarmiste et le compte rendu confidentiel précise : « L'éclatement de la mouvance islamiste et ses dissensions internes induisent un risque de surenchère. Des groupes islamistes actifs sont toujours présents en Europe. Les enquêtes en cours font apparaître des éléments préoccupants pour l'avenir. »

Cette inquiétude est la conséquence de plusieurs notes d'alerte rédigées durant le mois d'octobre et le mois de novembre par la DGSE. Ainsi un télex daté du 14 novembre émanant de ce service, et portant le numéro K 311462, signale que douze islamistes algériens, dont certains sont d'anciens « Afghans », viennent de terminer un stage militaire dans un camp clandestin au Soudan, et s'apprêtent à débarquer fin novembre en Italie. Le commando des huit « Afghans » aurait pour mission de se scinder en deux groupes, une équipe étant chargée de commettre des attentats en Allemagne, et l'autre devant opérer en France. Parmi les cibles possibles, Khalida Messaouidi, une féministe algérienne proche du Rassemblement culturel et démocratique. Interrogées sur l'existence de ce camp, les autorités soudanaises démentent toute implication de leur gouvernement ou de leurs forces armées, mais rien n'interdit de penser que les terroristes ont utilisé un point retiré de l'immense territoire soudanais pour y mener leurs activités à l'insu des autorités.

Le 19 novembre, la DGSE adresse une nouvelle note au gouvernement, intitulée « Algérie, vers une exportation de la violence ». Elle met en garde car des indices recueillis sur le terrain « laissent penser que le débat qui ne peut pas s'exprimer à l'intérieur se transportera rapidement à l'extérieur en prenant à témoin, voire en otages, les communautés émigrées et les sociétés européennes dont on peut attendre une caisse de résonance qui n'existe plus en Algérie ». Dans une autre note, la DST affirme que trois membres du GIA sont susceptibles de venir de Belgique pour déposer une bombe au Lido. Le célèbre cabaret des Champs-Élysées est placé sous une surveillance discrète mais renforcée.

Ces inquiétudes sont malheureusement justifiées. Le mardi 3 décembre à 18 h 03, à l'heure de pointe sur la ligne B du RER, à la station Port-Royal, entre Luxembourg et Denfert-Rochereau, alors qu'un train de huit voitures est à quai et que les voyageurs se pressent, une bouteille de gaz de treize kilogrammes, chargée d'un mélange de poudre noire, de chlorate de soude et de clous explose au centre de la quatrième voiture, au milieu de la station. Bien qu'à cet endroit le quai soit à l'air libre — ce qui aurait dû limiter les effets de l'explosion — la puissance de la charge dévaste le wagon, arrachant portes et sièges et soufflant les vitres.

Fort heureusement, le préfet de police de Paris, Philippe Massoni, rompu aux situations difficiles, met en place extrêmement rapidement, l'organisation des secours, ce qui a probablement permis de sauver la vie de nombreux blessés. Au total, cent soixante-dix pompiers venus de vingt centres de secours interviennent. Un poste médical avancé, situé dans la salle de la billetterie juste au-dessus du quai de la station, est installé à la hâte. C'est là que les victimes les plus gravement atteintes sont soignées avant d'être évacuées vers les hôpitaux. Bilan : quatre-vingt-deux personnes blessées ou choquées gravement.

L'enquête s'oriente tout de suite vers le GIA algérien, mais la tâche n'est pas facile. Ce dernier est à l'époque morcelé en plusieurs tendances. Celle qui a remplacé le groupe de l'émir Djamel Zitouni, tué l'été précédent, ne contrôle plus la région d'Alger et les indices manquent. Les magistrats antiterroristes et les enquêteurs français se rabattent sur une piste plus sérieuse après avoir été échaudés par celle transmise par les services algériens mettant en cause un certain Abdelkrim Deneche, un émir du GIA réfugié en Suède, qu'un gendarme breton assurait avoir croisé à Paris peu avant l'attentat. En fait, Deneche, selon les Suédois, était bien à Stockholm, surveillé par leurs propres services, le 25 juillet, le jour du carnage dans le RER.

La lutte contre le terrorisme islamique exige une connaissance approfondie des réseaux mais aussi de l'histoire des mouvements subversifs. Trois juges d'instruction qui répondent à ces critères se partagent les dossiers liés aux neuf attentats de Paris. Jean-Louis Bruguière, le meilleur spécialiste français de la lutte antiterroriste, Laurence Levert et Jean-François Ricard. Jean-Louis Debré, alors ministre de l'Intérieur, ne quitte plus son bureau de la place Beauvau, transformé en véritable PC de la lutte antiterroriste. Des réunions ont parfois lieu la nuit jusqu'à 2 ou 3 heures du matin, et chaque jour le ministre effectue une synthèse avec les quatre personnalités sur qui tout repose : le directeur général de la police nationale Claude Guéant, le préfet de police Philippe Massoni, le patron des Renseignements généraux Yves Bertrand, le patron de l'unité de coordination de la lutte antiterroriste Jacques Poinas. Le ministre reçoit, en outre, chaque jour également, en tête à tête, le directeur de la DST Philippe Parant et le chef de la 6e direction centrale de la police judiciaire Roger Marion. Il s'entretient régulièrement, en privé, avec Jean-Louis Bruguière. Jean-Louis Debré n'ignore pas que le magistrat antiterroriste a été l'un des premiers à rédiger des « notes d'alerte », fin 1994, concernant de possibles campagnes d'attentats en France.

La longue traque peut commencer. La mise sur écoute systématique des cabines téléphoniques de l'avenue de Versailles, à partir d'un renseignement, permet d'intercepter des conversations entre un certain Abdelkader Benouis, dit Abou Fares, et Boualem Ben Saïd. Ces écoutes, versées au dossier de l'instruction, permettent au juge Levert de délivrer une commission rogatoire à Londres où l'islamiste est interpellé par la section antiterroriste de Scotland Yard. Depuis plus d'un an,

Abou Fares faisait l'objet d'une surveillance directe et électronique par les services de la Special Branch de Scotland Yard et par le MI 5, le service de contre-espionnage. Le 4 novembre à 15 heures, Fares est arrêté en plein centre de Londres, par les services secrets britanniques, alors qu'il s'apprête à quitter le pays, probablement pour l'Afghanistan. Depuis presque trois ans, des demandes d'extradition réitérées sont adressées à la Grande-Bretagne, mais l'islamiste exploite le système judiciaire en multipliant avec succès les procédures d'appel.

Afin de conjurer la fatwa contre la France, le 31 janvier 1997, un rapport de la préfecture de police résume les grands axes de la lutte antiterroriste. Entre protection passive, consistant à protéger l'accès aux établissement publics ou à neutraliser les poubelles sur les trottoirs par exemple, et la protection active fondée sur une recherche efficace du renseignement pouvant conduire à l'interpellation de terroristes ou au démantèlement de réseaux, le système de sécurité français atteint un degré d'efficacité jusqu'alors inconnu. À la psychose de la fatwa, l'État français répond par une prudence qui frise la paranoïa, ce dont personne ne songe à se plaindre en dépit des nombreux contrôles que le plan Vigipirate impose quotidiennement aux Parisiens.

Cette répression et cette surveillance en France ont un effet boomerang ; elles conduisent à la multiplication d'attentats en Algérie à l'approche du référendum. Les islamistes veulent tout simplement en empêcher la tenue. Mais la pression sécuritaire exercée par les autorités devient si forte que les islamistes n'arrivent plus à perpétrer d'actes d'éclat dans leur pays. Dans ces conditions, il redevient indispensable, pour que leurs réseaux restent mobilisés, de déplacer à nouveau la guerre en France. Le GIA a besoin d'une caisse de résonance pour sa stratégie de reconquête du pouvoir par l'horreur, telle qu'elle a été définie par Antar Zouabri, le nouveau chef du GIA, et par son adjoint Khaled Sehali.

Né en 1970, dans un village à quinze kilomètres de Boufarik, l'enfance de Zouabri été marquée par un lourd passé familial, remontant à l'époque où son père Mohamed, employé à la mairie de Boufarik pendant la guerre d'Algérie, était traité avec le mépris quelquefois réservé aux harkis. Cette situation humiliante a traumatisé le jeune Antar. Ayant abandonné ses études, il fréquente le marché de Bougara, où il vend produits fermiers et légumes. Il y rencontre de petits délinquants et, pour gagner sa vie, commence à protéger des réseaux de trafiquants de haschisch. Arrêté à plusieurs reprises, il n'est jamais condamné. Il tombe amoureux d'une jeune fille, Sellami, issue d'une famille connue pour avoir participé activement à la guerre d'Algérie, mais opposée à celle des Zouabri et qui refuse la demande en mariage formulée par le père d'Antar. Sans pour autant s'identifier à celui des Capulet et des Montaigu, le destin ne sourit pas vraiment au jeune Zouabri et cet épisode affecte psychologiquement le futur chef du GIA. Avec son frère, il acquiert une formation militaire en compagnie d'anciens « Afghans » bien qu'il n'ait jamais quitté l'Algérie. On dit même qu'il ne posséderait pas de passeport...

Le chef des services de protection de l'émir du GIA, Djamel Zitouni, crée pour lui une section spéciale chargée de l'assassinat des traîtres de l'organisation. En juillet 1996, quand Zitouni trouve la mort, Zouabri s'autoproclame nouveau patron du GIA et s'entoure de deux adjoints, Sidi Chérif Ikhlef, *alias* Hekmatyar, qui devient son théologien, et Hassan Hattab, un autre émir considéré comme particulièrement violent et dangereux.

Pendant ce temps, à Paris, le minutieux travail des enquêteurs sur l'attentat du RER est, comme toujours, très difficile. Ils réussissent à reconstituer le sac qui a contenu la bombe, un sac de toile de forme ronde, tout en longueur, muni de quatre roulettes. Il était probablement nécessaire de le tracter à l'aide d'une poignée et la bonbonne de gaz devait y être couchée. Ce type de sac n'a pas dû passer inaperçu, même si un bagage attire moins l'attention sur une ligne desservant les aéroports d'Orly et de Roissy. Les témoins ont d'ailleurs signalé un homme montant avec un sac semblable à La Courneuve. Les restes à peine identifiables d'un retardateur ont également été retrouvés dans les débris de la rame, mais le système pyrotechnique était très différent des bombes de 1995. Ce n'était plus un réveil à aiguilles qui déclenchait l'explosion mais un minuteur identique à ceux qu'on utilise en cuisine. Un système simple et efficace, disponible dans des milliers de magasins. Les terroristes ont tiré la leçon de 1995 ; les réveils n'ont pas toujours bien fonctionné.

Plus de mille personnes sont entendues et près de sept cent cinquante renseignements exploités. Le détonateur, de marque italienne, a pu toutefois être acheté en France. La bombe contenait du nitrate de sodium, un liquide inflammable, cette fois-ci placé à l'extérieur du conteneur de fonte, ainsi que des clous. Des moyens exceptionnels sont mis en place pour que les investigations accélèrent. Chaque jour une réunion de l'Unité de coordination de lutte antiterroriste est organisée. Une bonne partie du personnel de police est rappelée, y compris ceux qui étaient en congé et ce, non seulement dans le cadre de la sécurité publique pour les besoins du plan Vigipirate, mais aussi au niveau de l'enquête pour le traitement des indices. Certaines parties du socle de la bonbonne de gaz ont pu être reconstituées, une fraction du numéro de série apparaît même. Les enquêteurs tentent de le compléter. Problème : vingt-trois mille bouteilles de ce type ont été fabriquées ces dernières années... En outre, puisque consignées et rechargeables, elles passent en permanence de main en main. Autre élément, les clous retrouvés sur les lieux de l'attentat sont intacts, à la différence de ce qui s'était passé en 1995 ; ils n'avaient pas été placés dans la bonbonne mais autour, dans le sac qui la contenait. Les terroristes ont perfectionné leur engin de mort : ils savent que la puissance de la déflagration aura un effet de souffle qui propulsera les clous, faisant beaucoup plus de blessés que s'ils étaient dans la coque de fonte qui ralentit la course meurtrière des pointes. Une machine élaborée pour être particulièrement destructrice et donner une « véritable leçon » à la France. À l'intérieur du sac, il y avait aussi un liquide hautement inflammable ; l'état des débris calcinés dans l'explosion a rendu d'ailleurs difficile son étude en laboratoire. Le résultat recherché était visiblement la production d'une flamme de grande dimension capable de déclencher un incendie dans la rame et de semer la terreur. Selon la DGSE, ce procédé a déjà été utilisé lors d'attentats à Blida et Alger en 1994 et 1995.

Placé sous scellés par le juge, le wagon du RER a permis de recueillir plus d'une centaine d'empreintes digitales. Des papiers jetés dans les corbeilles du métro ont aussitôt été recueillis. Sur un morceau de papier daté du 1er décembre, griffonné à la main, on peut lire en mauvais français un message attaquant très vivement la France. Provocation ? Rapport avec l'attentat ? Œuvre d'un déséquilibré ? Rien n'a été négligé, même si ce genre de littérature anonyme est fréquent en France. À ce point de l'enquête, les contrôles et les rafles s'accélèrent, l'objectif étant de trouver Tarek. Quelques semaines plus tard, l'enquête s'oriente vers un supermarché de la banlieue parisienne où la plupart du matériel ayant servi au déclenchement de l'engin a été acheté. Tarek a-t-il constitué à dessein un réseau en banlieue, en s'appuyant sur de jeunes beurs, pour préparer son attentat ?

À la veille de Noël, dans une lettre écrite en arabe, le

GIA s'adresse directement au président de la République, Jacques Chirac, en des termes d'une violence inouïe. La lettre est signée Antar Zouabri, l'émir autoproclamé du GIA. Cette menace intervient vingt et un jours après l'explosion dans la station du RER et alors que les spécialistes antiterroristes redoutent toujours un nouvel attentat. La date n'a pas été choisie au hasard : c'est un 24 décembre, une date anniversaire. Deux ans auparavant, un commando du GIA détournait l'Airbus A 300 d'Air France et les islamistes perdaient quatre « martyrs », abattus par les hommes du GIGN sur l'aéroport de Marignane. Dans ce texte, le GIA demande à Jacques Chirac la libération de plusieurs de ses membres emprisonnés sous peine de détruire la France. Les terroristes proposent par ailleurs l'ouverture d'une éventuelle négociation en affirmant : « La sécurité de l'émissaire que vous nous enverrez sera assurée. » Le GIA pose trois conditions : « Si vous voulez que nous cessions de vous tuer : la libération d'Abdellhak Layada, ainsi qu'un groupe de frères dont nous vous communiquerons les noms ; l'arrêt de tout soutien au pouvoir en place à Alger, est le paiement du tribut imposé pour épargner vos vies. » Et le texte ajoute : « Nous sommes capables, avec l'aide de Dieu, de faire bien plus que cela. Car nous croyons que lorsque nous coupons vos têtes [allusion aux moines], déchiquetons vos corps et vous dispersons, nous faisons œuvre de dévotion qui nous rapproche de Dieu. » Ce message adressé au président de la République renoue avec le procédé déjà utilisé le 19 août 1995 lorsqu'un texte du GIA demandant à Jacques Chirac de se convertir à l'islam avait transité par l'ambassade de France à Alger. Le GIA fait habilement vibrer la corde médiatique en donnant l'impression que la responsabilité du gouvernement français est engagée. La fatwa contre la France est confirmée. Dans sa missive, l'émir du GIA ne revendique cependant pas clairement l'attentat de Port-Royal.

Comment mesurer la fiabilité de lettres de menaces d'un organisme aussi nébuleux que le GIA ? Le seul moyen repose sur l'identité du facteur. Les terroristes veillent à utiliser des porteurs connus et ce sont eux qui garantissent l'authenticité des messages. Ainsi, les services de renseignements français avaient reçu à l'ambassade de France à Alger la lettre de Djamel Zitouni des mains du frère du responsable du commando de preneurs d'otages de l'avion d'Air France le 24 décembre 1994. De même, lors de l'enlèvement des moines de Tibéhirine, c'est un émissaire connu du GIA qui s'était présenté au consulat de France. Souvent aussi, le GIA utilise le journal *Al Hayat* en langue arabe, édité à Londres. Les analystes font également l'exégèse des phrases employées dans les textes et missives du GIA pour voir si elles correspondent à la phraséologie islamiste utilisée en général.

Dans la dernière lettre adressée au président de la République pourquoi, se demandent les enquêteurs, est-il fait référence au prisonnier Layada ? Pourquoi le GIA ne demande-t-il pas la libération des centaines d'islamistes emprisonnés en France ou, par exemple, de Djamel Lounici, le responsable de tous les GIA en Europe, emprisonné en Italie et véritable mémoire vivante de l'organisation islamiste ? Et pourquoi aucune référence explicite n'est-elle faite à l'attentat de Port-Royal ? Réunis en conclave, les analystes des services de renseignements français, civils et militaires, cherchent des explications à ces apparentes incohérences. Soit Antar Zouabri n'a pas commandité cet attentat, soit il ne veut pas en parler pour l'instant et en prépare d'autres contre la France. Lors des attentats de 1995, le GIA ne les avait revendiqués qu'au septième... Autre question : le sigle du GIA est-il authentique ? Ce sigle, utilisé par la plupart des émirs, est normalement l'élément déterminant de l'authentification. Pourtant, depuis 1994, des doutes sont apparus. Au début, le GIA a utilisé un seul cachet et ne disposait, semble-t-il, que d'un exemplaire. Depuis, les services de renseignements algériens et les services antiterroristes français sont persuadés qu'il en existe plusieurs ; ce qui ajoute à la confusion et aux risques de désinformation ou de manipulation.

Quels sont les moyens dont disposent les chefs du GIA pour faire parvenir leurs messages à Paris ? Cette question a été posée par le président de la République lui-même aux services français spécialisés. Comment s'y prend Antar Zouabri pour se faire entendre jusqu'à Paris, alors qu'il est en fuite, vraisemblablement dans un maquis ? Il vit dans la clandestinité, au cœur d'endroits inaccessibles même à l'armée algérienne qui est le plus souvent obligée de bombarder, parfois au napalm. Comment fait-il, en conséquence, pour communiquer, transmettre ses instructions ou ses menaces à l'extérieur ? Les téléphones portables ne peuvent être utilisés dans des grottes. Dispose-t-il d'une valise-téléphone satellite ? C'est une question clé. Si tel était le cas, cela permettrait de le repérer. La plupart du temps, selon les islamistes consultés, les messages sont transmis « à l'ancienne », c'est-à-dire rédigés et calligraphiés, ou dactylographiés, par un « professeur » ; ils sont ensuite signés par un émir du GIA, puis remis à un coursier qui les donne à un intermédiaire. Parfois, ces porteurs de mauvaises nouvelles parcourent la montagne à pied pendant plusieurs jours, puis traversent des villages à dos d'âne avant de remettre leurs plis au chauffeur d'une camionnette qui transporte des légumes sur le marché d'Alger. Là, une estafette les récupère discrètement, prend l'avion ou le bateau pour Paris et les glisse dans une boîte aux lettres ou les délivre en mains propres. Cela peut prendre quelquefois quinze jours, parfois trois semaines, avant que le messager n'arrive en Europe. Ces difficultés de transmission ajoutent au mystère entourant les revendications ou les ordres donnés par les chefs du GIA.

Véritable acteur de la campagne de terreur qui a touché la France, Ali Touchent dit Tarek, objet d'une fiche de recherche numéro 9500287 AT, a réussi à échapper à tous les pièges de la police européenne. Né le 3 mai 1957, près d'Alger, au sein d'une famille très pratiquante qui compte dans sa lignée des imams et un ouléma, le jeune Tarek fréquente les mosquées proches du FIS. En octobre 1988, il se rend à Paris et commence des études d'architecture. Il fréquente Rachid Ramda, sillonne l'Europe, notamment la Hollande et la Belgique, en utilisant de nombreux pseudonymes. On le surnomme « Ali la Baraka », à cause de la chance insolente qui lui permet d'échapper aux coups de filet de la police. En novembre 1993, il passe à travers la rafle anti-islamique de l'opération « Chrysanthème ». En 1994, il est à deux doigts d'être arrêté dans le foyer Sonacotra de L'Haÿ-les-Roses, mais s'éclipse quarante-cinq minutes avant l'arrivée de la police. Le 21 décembre 1995, alors que les enquêteurs disposent d'une information sur la présence d'islamistes au foyer Sonacotra de l'avenue des Frères-Lumière à Lyon, encore une fois Tarek se volatilise.

Les activités de Tarek ont commencé à devenir visibles en France en 1992, en raison de ses opinions favorables à Anouar Haddam, un des leader du FIS. À l'époque, il était entré en relation, dans des foyers Sonacotra, avec des islamistes du groupe de Khaled Kheder, une unité composée de militants originaires de Mostaganem. Pour brouiller les pistes, celui qui a aussi gagné le surnom d'« homme aux cent visages » a l'habitude de se grimer, de porter des perruques, de fausses moustaches ou même parfois des habits d'ecclésiastique. En 1995, durant la période où il a coordonné les attentats de Paris, il se faisait appeler Mohamed lors de ses contacts téléphoniques avec les membres du réseau. Un rapport d'écoute administrative permet d'ailleurs de brosser un portrait de Tarek, *alias* Mohamed, et de ses relations.

Au cours d'une conversation menée depuis une cabine téléphonique de la rue Ordener, dans le XVIIIe arrondissement, Mohamed se plaint de l'ambiance familiale, que son père « s'énerve de le voir oisif et dormir en général toute la matinée ». Au cours d'un autre appel, Mohamed signale à son correspondant qu'il viendra accompagné d'un « petit chauve », et son interlocuteur de répondre : « Ah ! le petit morveux ! » C'est Tarek qui sélectionne les militants aptes à passer à l'action contre la France ou à aider les poseurs de bombes. C'est également à sa demande que Joseph Jame et David Valat, deux Français convertis à l'islam, sont recrutés.

Le 23 mai 1997, Tarek finit sa carrière dans un hôtel, rue de Tanger, à Alger, abattu par la police algérienne. Il a fallu huit mois pour que l'information soit transmise à Paris. Pour lever les doutes, le juge Bruguière a demandé, et obtenu, les preuves de ce décès. Les empreintes digitales relevées sont bien identiques à celles qui figuraient dans les dossiers français. C'est également grâce à l'album photos envoyé par la Sécurité militaire algérienne que les enquêteurs à Paris ont eu la certitude de la mort de l'homme le plus recherché de France[1]. Les empreintes de Tarek ont pu être relevées et vérifiées sur les nombreux papiers administratifs en sa possession : trois cartes nationales d'identité algériennes, un permis de conduire, une carte d'identité professionnelle de la police, une carte d'identité professionnelle des postes et télécommunications. Il se faisait appeler Benmimoun El-Houari ou Ali Djouadi. Toujours méticuleux, le juge Jean-Louis Bruguière se rend en personne en Algérie pour consulter le dossier d'identification.

Après quelques mois d'accalmie, la menace islamiste plane à nouveau sur la France, et ce en raison de la

1. Voir le cahier photos.

proximité de la coupe du monde de football. De premières indications inquiétantes sont recueillies après l'arrestation d'un commando d'une dizaine d'islamistes à Bruxelles, à la suite d'une excellente collaboration entre la DIGOS, la police antiterroriste italienne, les polices britannique, belge et française. Parmi les personnes arrêtées figure Farid Melouk, condamné à sept ans de prison par contumace et qui avait fait partie du réseau de Khaled Kelkal. Les services français s'intéressent particulièrement à ce groupe car ils savent que ses membres ont été recrutés par Ali Touchent peu après les attentats de Paris de 1995. Ils devaient mener la deuxième vague terroriste contre la France. Au cours de la perquisition, des schémas d'explosifs sont découverts. Dans le carnet de Farid Melouk, on trouve une formule de poison permettant de transmettre le botulisme ; ce document lui a été fourni par un Algérien, Safian Kebilene, arrêté par Scotland Yard en mai 1997 à Londres. Kebilene est considéré comme le successeur de Rachid Ramda. En outre, du mercure utilisé dans la composition d'explosifs primaires, quatre cents grammes d'explosifs solides, dix détonateurs, des systèmes de télécommandes, du cyanure et des passeports marocains avec des visas pakistanais forment la panoplie de ce commando islamiste. Bien que surveillés par la gendarmerie belge, il est apparu que deux hommes du réseau ont réussi à déménager de mystérieux sacs le 5 mars, la veille de l'arrestation du commando. C'est précisément cette information qui inquiète les services de renseignement français. Les hommes qui ont transporté ces sacs ont-ils franchi la frontière et se trouvent-ils dans le nord de la France ? Les sacs contiennent-ils des explosifs ? La menace est réelle, aggravée par la découverte, quelques jours auparavant, d'une bombe devant la direction régionale de France Telecom, avenue Jean-Jaurès à Paris, qui inquiète les responsables de la lutte antiterroriste. Désamorcé par les artificiers du laboratoire central de la préfecture de police, l'engin présente des similitudes avec ceux qui ont été utilisés dans la capitale française en 1995. La machine infernale était destinée à tuer. Elle avait été vraisemblablement abandonnée par un groupe qui avait dû voir passer une voiture de police. C'est du moins la conviction des enquêteurs.

Peu avant le coup d'envoi du Mondial à Paris, une vaste opération des polices européennes est déclenchée visant les milieux islamistes. Aucun document concernant la coupe du monde n'est découvert à cette occasion. Cependant, à l'intérieur de la malle arrière d'une Mercedes immatriculée en Allemagne, une chemise cartonnée de couleur verte révèle une fatwa numéro 18063, en date du 25 juillet 1995, condamnant les positions publiques prises par le recteur Dalil Boubakeur de la mosquée de Paris sur les mariages avec des juifs ou des chrétiens. Plusieurs des membres du réseau interpellés confirment avoir entendu parler de projets d'attentats contre le recteur de la mosquée de Paris. Avec ces nouveaux coups de filet, la police anéantit un nouveau réseau islamiste, lié au GIA, dirigé par le cheikh Abdallah. Ce dernier devait organiser, sur le sol français, des groupuscules à la solde de Hassan Hattab, un chef islamiste récemment apparu en Algérie.

Cette affaire conforte les experts du ministère de l'Intérieur et de la Défense dans l'idée qu'il n'existe pas un GIA, mais des GIA et que l'on pourrait dire que le sigle GIA ne signifie plus Groupe islamiste armé, mais Groupes islamistes autonomes. Cette nouvelle réalité, associée à la psychose de la fatwa, pousse les services à imaginer toute sorte de scénarios pour préparer leur riposte. L'un des derniers en date prend en compte un possible attentat contre le tunnel sous la Manche. Paris demande avec obstination l'extradition de certains islamistes installés à Londres et ces derniers pourraient avoir quelques intérêts à provoquer par un tel geste une dégradation des relations entre la France et la Grande-

Bretagne. Au demeurant, l'incendie qui s'était déclaré dans l'Eurotunnel le 18 novembre 1996 n'était peut-être pas un accident, selon les conclusions rendues par les experts le 19 mars 1998. « L'hypothèse accidentelle n'est pas compatible avec l'enchaînement de la chronologie des faits. » Les experts de police scientifique de la préfecture de Paris dépêchés sur les lieux sont les mêmes que ceux qui ont « fait parler » les restes de bouteilles de gaz du RER de Port-Royal.

# VI

## Les beurs et la guerre des banlieues

En juillet 1995, quelques jours seulement après l'attentat de la station Saint-Michel, la police saisit, lors d'une perquisition, une cassette vidéo d'une trentaine de minutes qui constitue un manuel de terrorisme urbain, détaillant avec une grande précision les différentes étapes de fabrication d'une bombe identique à celle qui vient d'exploser dans le RER. Ce document de mauvaise qualité technique et mal filmé semble être une copie de copie mais le message est clair. On y voit un moudjahid remplir une bonbonne de gaz avec un produit chimique non identifié avant d'en refermer le goulot avec une clé anglaise. La suite de l'enquête révèle que cette cassette, ainsi que d'autres consacrées à la formation idéologique des nouveaux convertis à l'islam, est largement distribuée sous le manteau dans les banlieues parisienne, lyonnaise et toulousaine et que ces dernières sont sous influence islamiste depuis plusieurs années déjà.

Dès juin 1992, un rapport confidentiel du ministère de l'Intérieur envoyé à l'Élysée avait dressé un inquiétant constat de l'implantation du FIS et de son infiltration au sein des beurs. En entraînant ces jeunes gens, souvent défavorisés, dans un ghetto plus impénétrable, les islamistes les rendent disponibles pour leur entreprise de prosélytisme.

À l'origine de cette montée de l'islam intégriste dans les banlieues françaises, on trouve le travail patient de plusieurs centaines d'immigrés de la seconde génération, de nationalité française donc, cultivés et doués d'une grande capacité de dialogue avec les jeunes. Ces militants discrets ont tous la même approche : une lecture intelligente et habile, quoique manipulatrice, du Coran qui leur permet d'orienter la révolte de jeunes beurs livrés à eux-mêmes. Contrairement aux religions chrétiennes qui disposent d'instances dirigeantes et de structures, ces groupuscules d'islamisation se développent de façon anarchique et ne rendent de comptes à personne. Des organisations comme l'Amicale des Algériens en Europe, qui avait un temps compté deux cents permanents et cinquante mille membres en France, ont été laminées par la situation en Algérie. En l'absence de structures religieuses, étatiques ou sociales, l'islam fleurit dans les milieux défavorisés par le biais d'activités sociales. Les militants s'introduisent ainsi dans une communauté peu sensibilisée jusqu'alors à leurs thèmes. Des organisations de lutte contre la délinquance ou la toxicomanie deviennent le cheval de Troie de ce processus d'islamisation. Par le biais d'associations de soutien scolaire ou d'enseignement de l'arabe, le prosélytisme de ces intellectuels, habiles à exploiter le désarroi d'une population jeune et laissée pour compte, ramène de très nombreux jeune gens devenus athées dans le giron de leur religion familiale.

Le 17 décembre 1992, un dossier de la direction centrale des Renseignements généraux du ministère de l'Intérieur avait attiré pour la première fois l'attention du gouvernement sur « l'influence des thèses islamistes sur les jeunes beurs ». Le rapport notait : « Dans leur ensemble, les beurs ne demandent qu'à s'insérer dans la société française, celle de leur pays de naissance ou d'enfance. La plupart du temps, ils ne parlent que le français, ne se sentent pas à l'aise dans le pays d'où leurs parents sont originaires et qui d'ailleurs les rejette. Ils refusent de sympathiser avec le mythe incantatoire du "retour" égrené par les anciens, et ils se sentent déjà si bien intégrés à une culture basée sur la liberté et le confort du monde moderne qu'ils refusent le terme même d'intégration, jugé ridicule et déplacé, et considèrent comme une injure d'être appelés des "immigrés", même immigrés de la deuxième génération. Les islamistes à l'œuvre auprès des jeunes des banlieues sont généralement âgés de vingt-cinq à trente ans, et possèdent un certain bagage intellectuel et une aptitude au dialogue avec les jeunes. Ce sont presque tous des militants proches de mouvements islamistes d'opposition maghrébins, et plus particulièrement du FIS algérien. Leur discours reçoit un assez bon accueil de la part de certains beurs, dans la mesure où les prédicateurs commencent toujours par sensibiliser les jeunes au respect de leur identité "en tant que musulmans". Ils tendent ainsi à récupérer et à canaliser les sentiments de révolte en désignant les "causes" et les "coupables" des difficultés que connaissent ces jeunes (la société occidentale, le socialisme et le communisme, les juifs, etc.), légitimant même ainsi, parfois, des comportements asociaux. »

En région parisienne, la présence des jeunes issus de l'immigration va croissant dans la plupart des salles de prières, sans pour autant que les associations culturelles qui gèrent ces lieux soient à l'origine de cette montée de piété, pas plus d'ailleurs que les musulmans prosélytes, traditionnellement actifs en France, du Tabligh indo-pakistanais, facilement reconnaissables à leur tenue islamique assez folklorique. Ces « barbus » prêchent un islam rigoriste, apolitique, et sans caractère revendicatif. Ils démarchent systématiquement les foyers de travailleurs immigrés et obtiennent souvent des résultats auprès des personnes isolées, souvent âgées, qui éprouvent des difficultés à s'adapter à la vie occidentale, mais ils n'ont jamais réussi à avoir une influence significative auprès des beurs.

Un terreau religieux existe néanmoins et depuis longtemps. La Fraternité musulmane est née en 1907 ; créée par des intellectuels égyptiens, elle n'est à l'origine rien de plus qu'une association de solidarité avec les étudiants. En 1926, la grande mosquée de Paris est inaugurée par le sultan du Maroc Moulay Youssef ; elle est aussi en partie, à cette époque coloniale, le symbole d'une France puissance musulmane. Au milieu des années cinquante, l'influence de la grande mosquée est concurrencée par le Centre culturel islamique, puis par l'Association culturelle islamique au début des années soixante-dix. L'islam a toujours eu droit de cité en France. Il suffisait de le réveiller au sein de jeunes générations plus matérialistes et moins concernées.

Dans le terrorisme, l'islam n'est évidemment pas en cause en tant que religion, mais bien son exploitation par des militants politiques prêts à tous les compromis pour parvenir à leurs fins. Dans le contexte d'islamisation des banlieues françaises, il faut garder à l'esprit que les musulmans ne sont pas tous des intégristes et que tous les intégristes ne sont pas des terroristes. C'est le dévoiement à des fins politiques d'une religion parmi les plus élaborées et les plus tolérantes qui est à l'origine de l'émergence d'un islamisme manipulateur et quelquefois criminel.

Patiemment, au fil des mois, alors que le FIS s'impose en Algérie, les réseaux français se sont développés sur tous les fronts sociaux. À Nanterre dans les Hauts-de-Seine, par exemple, une cinquantaine de militants islamistes sympathisants du FIS enfourchent dès 1992 un cheval de bataille qui fait l'unanimité dans la population : la lutte contre la drogue et les dealers. En apparence, leur engagement est conforme aux préceptes de l'islam, mais il sert surtout d'instrument de racolage pour identifier les éléments les plus désireux d'en découdre physiquement. Pendant plusieurs mois, ce groupe, qui se qualifie lui-même de « chasseurs de dealers », ratisse les quartiers du Chemin-de-l'Isle, de Fontenelles, de la cité des Marguerites à Nanterre et tente de désorganiser les trafiquants de drogue en adressant des avertissements musclés à de prétendus dealers. Les violences dont ces militants se rendent coupables au nom de leur mission d'éradication de la drogue dégénèrent rapidement en voies de fait et agressions. En quelques semaines, les « chasseurs de dealers » incendient une brasserie, saccagent des locaux associatifs et s'essaient même à l'élimination physique d'un dealer. Menaces de mort et fusillades révèlent que le groupe de justiciers a recours à des moyens musclés pour imposer sa vision de l'islam : presque tous les membres du commando s'entraînent très officiellement à la boxe thaï. La police finit par établir que ce groupe cherchait tout simplement à enflammer son petit coin de banlieue pour venir offrir ensuite aux pouvoirs publics de jouer un rôle de médiateur en s'imposant de fait comme représentant de la communauté maghrébine. La même enquête établit que ce groupe a des liens étroits avec Téhéran et que ce noyau d'activistes se sert, pour financer ses activités, d'une SARL, Euro-Arabe d'étude et de conseil, installée rue Cardinet, à Paris. Elle sera mise en liquidation après avoir été démasquée par la police. Les fonds drainés par cette société servaient à acheter des armes israéliennes, notamment des pistolets-mitrailleurs Uzi destinés à créer un climat pré-insurrectionnel sous couvert de lutte contre la drogue. Pour mieux se préparer à cette guérilla urbaine, de nombreux sympathisants du groupe de « chasseurs de dealers » avaient été encouragés à s'acheter des fusils de type *riot gun*.

En 1992 — année charnière de la montée du FIS en Algérie —, le maillage islamiste de la région parisienne est encore à peu près indécelable, mais chaque jour ou presque une nouvelle association émerge avec pour but de récupérer les jeunes beurs. À Aubervilliers, une association regroupe des Français convertis et des jeunes de la mouvance du FIS. Leur mouvement est ouvertement pro-khomeyniste, un de ses membres influents, Roger-Didier Guyan [1], est en prison en Algérie pour avoir introduit des armes au profit du FIS.

Ce prosélytisme ne touche pas que le monde des marginaux, des aventuriers ou des délinquants. Les salariés eux aussi sont devenus la cible des activistes proches du FIS. En 1995, une entreprise de travaux publics de Nanterre, filiale du groupe Dumez, s'oppose à un de ses ouvriers qui interrompt son activité cinq fois par jour, sans demander d'autorisation à ses supérieurs, pour dérouler son tapis et faire ses prières. Il affiche des opinions favorables au FIS et aux militants du GIA. À la même époque, dans une entreprise de construction aéronautique d'Asnières, trois employés maghrébins lisent des versets du Coran à haute voix pendant leurs heures de travail et s'efforcent d'embrigader leurs collègues musulmans.

La contagion donne aussi naissance à l'inutile débat sur le port du voile à l'école, ou sur la nécessité d'installer des lieux de prières dans les entreprises, suscitant des réticences chez les patrons comme dans les syndicats qui voient dans cette poussée islamique l'émergence d'un contre-pouvoir rival. L'épisode sans doute le plus

1. Roger-Didier Guyan, converti à l'islam sous le nom d'Abdelkrim, a été condamné à mort le 31 décembre 1992 par le tribunal de Thiaret en Algérie pour « complot ayant en vue de propager le massacre et la dévastation et détention illégale d'armes à feu ». Il avait été interpellé en juin 1991, lors des émeutes islamistes d'Alger, en possession d'armes et avait déclaré être venu soutenir le djihad et être chargé par Ali Benadj, le numéro 2 du FIS, de recruter des combattants en France. Sa peine a été commuée en prison à vie, en décembre 1993.

inattendu a été évoqué, en 1993, devant le tribunal correctionnel de Nîmes spécialisé en matière militaire. Les magistrats ont dû statuer sur le cas du jeune Abderrahim Mouazir qui refusait de porter sa coiffure militaire parce qu'il n'admettait pas d'enlever sa chéchia ! Appelé du contingent, français d'origine marocaine, ce soldat du 6e régiment de commandement et de soutien de Nîmes exigeait aussi de conserver sa barbe et de pouvoir se rendre en ville à la prière du vendredi. La réforme a été retenue comme seule issue à une situation ubuesque. L'insoumis islamiste a été renvoyé dans ses foyers.

La manifestation de la poussées islamiste n'est pas toujours aussi folklorique. En 1994, l'Union des organisations islamiques en France (UOIF) a donné naissance à une école chargée de former les futures élites religieuses pour la France et l'Europe. Ce centre, installé à Saint-Léger-de-Fougeret, dans la région de Nevers, se révèle vite une machine à produire des intégristes. Tout au long de la scolarité, l'accent est mis sur les différences et les incompatibilités des cultures occidentale et islamique. Les cinquante-cinq étudiants de cette école pour imam sont soumis aux cinq prières quotidiennes, les sexes sont rigoureusement séparés mais les femmes doivent être soumises aux hommes pendant les périodes de promiscuité des cours. L'arabe est la première des matières enseignées puisque la compréhension des subtilités du Coran dépend de la maîtrise de cette langue. Tout le reste de l'enseignement est religieux : connaissance du Coran, étude de la vie du Prophète et apprentissage de la charia. Au bout de deux ans, les élèves médiocres sont exclus.

En 1995, un rapport de la direction centrale des Renseignements généraux s'inquiétait d'un autre axe du prosélytisme islamique : la pratique du football. L'utilisation du sport comme vecteur n'est pas nouvelle ; déjà les militants intégristes avaient favorisé la création de salles de sport réservées aux arts martiaux et destinées à canaliser la violence des jeunes oubliés des banlieues. Dans la banlieue lyonnaise, un club de football géré par une association islamiste est sous l'emprise d'un animateur dont la famille est connue pour son prosélytisme. L'association est finalement contrôlée par des religieux prônant un islam rigoriste et les matchs sont précédés de prières dans les vestiaires. À Bordeaux, Limoges, Nanterre, plusieurs clubs de football sont présidés ou dirigés par des islamistes radicaux connus, membres d'organisations islamistes ou proches du FIS. Le 2 octobre 1995, les dirigeants du club Migennes maghrébine, dont l'équipe est composée essentiellement de Maghrébins, ont demandé à leurs joueurs d'observer une minute de silence à la mémoire de Khaled Kelkal. Le 3 décembre 1995, lors d'une rencontre entre le JSC Nanterre et l'équipe de Métro 45 au stade de Ghany, les inspecteurs des RG disséminés dans les gradins ont pu observer une dizaine de supporters du club de Nanterre portant des treillis militaires et scandant des slogans islamistes.

L'analyse des prêches dans les mosquées est aussi un bon thermomètre de l'échauffement de certaines franges de la communauté islamique. Ces prêches vont du plus modéré, appelant à la solidarité avec les frères palestiniens qui souffrent, à l'appel pur et simple au djihad contre le gouvernement algérien ou les Occidentaux. Ces sermons engagés prennent en général un ton plus passionné pendant le ramadan. Avant son assassinat à la mosquée Kalid-Ibn-El-Walid de la rue Myrha, l'imam Abdelbaki Sahraoui apportait souvent son soutien « aux jeunes musulmans égorgés en Bosnie sans qu'aucun pays musulman intervienne pour faire cesser le massacre ».

À Marseille, en 1992, l'imam Abdelhadi Doudi est le prédicateur en vogue de la cité phocéenne. Dans sa « mosquée des Puces », près du marché du même nom, ce jeune prédicateur algérien de trente-huit ans formé par les Frères musulmans à l'université égyptienne d'Al-Azzhar, tenait chaque vendredi ses fidèles en haleine, bien que ne s'exprimant qu'en arabe. En 1993, il passe une trentaine d'heures en garde à vue et son appartement, dans une HLM, est perquisitionné, sans résultat. L'imam Abdelhadi Doudi est proche du FIS — il a même pris part, en Algérie, au maquis du Mouvement islamique armé créé par Moustapha Bouyali en 1983 — mais il est irréprochable par rapport au droit français. Après sa libération, il aura la sagesse de ne pas jouer au martyr.

Et il faut admettre que les imams extrémistes savent pour la plupart jusqu'où aller trop loin. Ils n'ignorent pas que les RG, infiltrés dans leurs mosquées, assistent à la prière du vendredi. Rares sont les appels au djihad formulés comme tels ; en 1996, point culminant de la tension, huit imams seulement avaient été expulsés à cause de la virulence de leurs prêches. Le message est plus habile. Il vise à créer un sentiment anti-occidental et à isoler les musulmans au sein de leur pays d'accueil en les marginalisant socialement et culturellement. En 1996, par exemple, l'imam de la mosquée de Grigny, dans l'Essonne, interdit à ses fidèles de fêter Noël et vilipende ceux qui ont acheté un sapin. D'autres imams, comme Ahmed Marega El Hadj dans les Hauts-de-Seine, pratiquent des exorcismes pour « remettre dans le droit chemin de l'islam des enfants contaminés par les coutumes de Français ». À la mosquée de Villefranche-sur-Saône, dans la région lyonnaise, l'imam rappelle aux fidèles que « le véritable musulman est toujours en danger et qu'il doit se préserver en ne montrant jamais son vrai visage ». Lorsque l'invitation au djihad est faite, c'est de manière vague, en invitant, comme l'imam Ali Gunebakan de la mosquée Ayasofia de Paris, « les pays d'islam à s'unir contre l'Occident ». Les prédications tombent rarement sous le coup de la loi mais elles entretiennent efficacement un sentiment antifrançais ou de persécution qui maintient la communauté musulmane dans un ghetto où il sera plus facile de manipuler les éléments les plus vulnérables. Il n'était pas rare d'entendre le vendredi, devant les mosquées, au lendemain des attentats de Paris, de jeunes agitateurs affirmer : « Ces attentats sont une bonne chose. Il n'y a pas eu assez de victimes. » C'est sur l'esplanade ou le trottoir devant les mosquées que des extrémistes, profitant des rassemblements spontanés, distribuent des tracts antialgériens, la revue du FIS *El Thaba*[1] ou des documents de propagande incitant au terrorisme. En décembre 1996, les RG identifient un petit délinquant notoire d'Évry qui distribue une cassette vidéo expliquant comment fabriquer une bombe artisanale similaire à celles utilisées par le GIA.

Les mosquées — au moins mille quatre cent vingt-huit recensées en France — rassemblent plus de cent trente-sept mille fidèles chaque vendredi soir et abritent cinq cent vingt-six écoles coraniques dispensant un enseignement islamique à trente et un mille élèves. Sur ce nombre, seules une trentaine se réclament ouvertement de l'islamisme. Elles sont donc loin d'être des carrefours du terrorisme et ne sont d'ailleurs pas toujours très structurées. Certaines, sous l'autorité d'imams autoproclamés sans grande compétence religieuse ou théologique, ne sont que des lieux de rencontre et deviennent ainsi plus facilement des centres de diffusion de propagande. Moins des deux tiers de ces lieux de prière disposent vraiment d'un officiant assurant la direction de la prière. Quelques dizaines d'imams sont des fonctionnaires, officiellement nommés pour quatre ans par les gouvernements algérien ou marocain, quelques dizaines d'autres sont cooptés par leur commu-

1. « Résistance » a plusieurs fois exhorté l'armée algérienne à rejoindre la lutte des moudjahidin et appelle régulièrement à une intensification du djihad.

nauté, la plupart sont formés dans leurs pays d'origine. En dehors de quelques « ténors », ils ne parlent généralement pas un mot de français et sont sous l'influence directe de leurs consulats qui les utilisent pour faire passer des messages politiques ou surveiller leurs ressortissants, bien que tous ces imams dépendent, en principe, de la grande mosquée de Paris.

À cause de cette faiblesse des structures et de ce manque de professionnalisme des imams, une grande partie des lieux de culte de l'est du pays étaient tombés, à la fin de 1996, sous l'influence des pèlerins de la Jamaat al Tabligh, mouvement pour la propagation de l'islam d'origine pakistanaise fondé en 1927 par un prédicateur prestigieux, Mawlana Muhamad Ilyas. Ce groupement de fondamentalistes est favorable à une application sans restriction de la charia, ce qui est impossible en France. Ses adeptes imposent le port de la tenue islamique, surtout aux femmes. Le Tabligh dispose d'un bureau européen à Dewsburry, dans la banlieue de Leeds en Grande-Bretagne. Il a été implanté en France en septembre 1972 sous le nom Foi et pratique et son siège officiel se trouve à Clichy, mais il rayonne surtout à partir de la mosquée Omar de la rue Jean-Pierre-Timbaud dans le XIe arrondissement. L'organisation contrôle de nombreuses autres mosquées dans le nord de la France et en région parisienne, probablement plus de cent. Les prosélytes du Tabligh ont les moyens de leurs ambitions et si la mosquée reste un lieu de rencontre privilégié, les tablighis vont en permanence à la rencontre des fidèles. Par groupe de trois à cinq, dirigés par un émir, ils prêchent dans la rue, sur les marchés et jusque dans les maisons des indécis. Les hôpitaux et les prisons constituent leur seconde cible de prédilection et ils y recrutent très largement. Le Tabligh est souvent le point d'entrée dans des réseaux occultes qui peuvent conduire des jeunes gens sans repères jusque dans les camps d'entraînement du Pakistan ou d'Afghanistan.

En 1993, la tournée en France de huit dignitaires du Tabligh venus du Pakistan permet au ministère de l'Intérieur de prendre la mesure d'une organisation qui dispose, en France, de plusieurs centres, à Saint-Sabel, en Auvergne, à Meyzieu, à Vaulx-en-Velin et à Lyon. Le Tabligh est, avec l'Union des organisations islamiques (UOI) qui contrôle plus de cent quarante-cinq mosquées et lieux de prière en France, le mouvement prosélyte le plus offensif.

D'autres vecteurs d'islamisation turcs, marocains, liés aux Frères musulmans égyptiens ou aux communautés africaines se partagent le reste de l'influence.

Les beurs des banlieues ne sont pas pour autant des proies faciles pour les mouvements intégristes. Pour les amener à partager leur rejet de la civilisation occidentale, les recruteurs doivent s'efforcer d'isoler ces jeunes gens en greffant sur leur discours religieux un discours idéologique. Il faut les convaincre qu'ils sont rejetés, victimes d'une injustice. La conversion ou le retour à l'islam deviennent l'aboutissement d'un processus de refus de leur identité réelle par des jeunes qui n'ont pas encore trouvé leur place dans la société. Cette conversion s'accompagne souvent d'un refus de l'autorité parentale, considérée comme résignée à subir les pressions de la société occidentale. Cette rupture avec la famille est un facteur aggravant de la dérive des jeunes beurs qui se laissent séduire par un islam intégriste.

Pour conclure sur la situation des banlieues, en 1996, le rapport annuel des Renseignements généraux fait état de six cent quarante-neuf quartiers sensibles en France répartis dans trois cent soixante et une ville réparties dans soixante-seize départements. Trente-sept de ces quartiers sont classés « très difficiles ». Le même rapport dénombre également cent quarante-huit quartiers où les institutions de l'État (bureau de poste, commissariat ou centre des impôts) sont régulièrement mises à mal. Le 26 décembre 1994, le préfet de la Seine-Saint-Denis, Jean-Pierre Duport, devenu depuis directeur de cabinet de Jean-Pierre Chevènement au ministère de l'Intérieur, adressait un rapport à Charles Pasqua, alors ministre de l'Intérieur. Dans ce document, le préfet dénonçait la montée en puissance des intégristes dans son département : « Des jeunes spécifiquement repérés comme étant des chefs de bande locaux, des petits dealers, des individus fichés jouissant d'une certaine notoriété dans leurs banlieues et capables de constituer des relais efficaces vers les jeunes dans les errances culturelles, familiales ou sociales [*sic*] sont parfois enrôlés par le biais d'actions de soutien scolaire, de loisirs ou de culture. Les organisations islamistes poursuivent dans les banlieues un travail patient et méthodique d'endoctrinement qui apparaît de plus en plus transcender les barrières ethniques et nationales. »

Les quelque cinq millions de musulmans français, dont plus de trois millions d'origine maghrébine, constituent donc en théorie un vivier pour les intégristes extrémistes dans un pays qui se classe ainsi au deuxième rang des pays musulmans occidentaux après les États-Unis. Mais ces musulmans français, sunnites pour la plupart, ne se laissent pas massivement convaincre d'adhérer à un islam belliqueux et anti-occidental. Les extrémistes ayant recours au terrorisme restent des marginaux, difficiles à cerner, capables de se fondre dans la masse et de créer ou de démanteler rapidement des réseaux d'activistes. C'est précisément ce qui fait le danger de la dérive terroriste islamiste en Europe : elle peut se matérialiser par surprise. Dans un article de la *Revue de Défense nationale* consacré à la menace terroriste insurrectionnelle, le général Henri Paris rappelle que « Khaled Kelkal a fait ou fera des émules » et que la situation interne des banlieues porte en elle-même ses propres germes d'insurrection, l'influence étrangère n'étant qu'un facteur aggravant. Il conclut : « L'hypothèse d'une flambée de violence s'étendant de proche en proche à l'ensemble du territoire doit être sérieusement envisagée, surtout si des éléments étrangers y trouvent intérêt dans le but d'exercer une pression sur l'appareil gouvernemental ou, plus, de déstabiliser l'État. En ce cas, les forces de police et de gendarmerie risquent d'être très rapidement submergées. Elles le seraient d'autant plus facilement que leur potentiel utilisé à des missions normales ne pourrait être distrait, sous peine d'aggraver une ambiance insurrectionnelle. Il y a lieu de rappeler que soixante-dix pour cent des missions de la gendarmerie relèvent de la justice et du quadrillage des zones rurales dans lesquelles la police nationale est totalement absente. Le recours est alors dans les forces de troisième catégorie, dans les forces armées donc. » Si la prévision du général Paris se réalisait, nous ne serions pas loin, dans les banlieues françaises, du syndrome algérien.

# VII

# La légion islamique

Lorsque les Soviétiques prirent la décision d'envahir l'Afghanistan le 27 décembre 1979, ils donnèrent en même temps au monde musulman — sans prendre immédiatement la mesure du phénomène — le signal d'une grande campagne internationale de recrutement de moudjahidin, tous unis fraternellement par le djihad. La conséquence de la formation de ces brigades internationales islamiques sera finalement la défaite de l'Armée rouge et son retrait d'Afghanistan, laissant Kaboul dans un demi-chaos.

Pendant près d'une décennie, ces soldats volontaires venus du monde musulman et entraînés au Pakistan par les meilleurs instructeurs ont été le fer de lance de la guérilla rurale ou urbaine contre l'Armée rouge. Ils y ont gagné le nom d'« Afghans arabes », ou « Afghans ». Un nom glorieux. Aujourd'hui, ces « Afghans-arabes » sont perçus par les démocraties occidentales, États-Unis en tête, comme d'abominables ingrats. Washington ne leur pardonne pas d'être devenus des terroristes islamistes et d'avoir retourné leurs armes contre l'Occident après avoir partagé pendant près de dix ans la même lutte contre l'ennemi soviétique.

De 1980 à aujourd'hui, la saga des moudjahidin d'Afghanistan n'est faite que de rebondissements, de trahisons et de retournements. Personne n'aurait parié, en

1980, que les musulmans sunnites, qui ont fourni le gros des forces arabes mobilisées contre l'Armée rouge et qui partageaient avec la plupart des pays du monde occidental une même aversion pour Moscou, au point d'être ainsi perçus comme des « bons musulmans », pourraient tourner leur veste et s'engager dans un djihad contre l'Occident. En réalité, si les combattants afghans-arabes ont été fidèles à quelqu'un, ce n'est qu'à eux-mêmes et la pilule est d'autant plus amère à avaler que Washington a dépensé sans compter pour soutenir ces brigades internationales, pour les armer et les entraîner dans les camps du Pakistan.

Parmi les combattants musulmans qui ont rejoint le combat des Afghans contre les Soviétiques, la plupart étaient sincères, et nombreux sont ceux qui ont payé leur engagement courageux de leur vie, mais quelques centaines d'autres ne s'étaient engagés que pour fuir la police de leur propre pays qui n'attendait qu'une occasion de les arrêter pour terrorisme ou atteinte à la sûreté de l'État. Il était admis tacitement à l'époque, dans la plupart des pays du monde musulman, que s'engager dans le djihad contre l'Armée rouge laverait les fautes du passé. Le légionnaire y gagnait l'amnistie et l'oubli. Ironie du destin, ce sont précisément ces mêmes combattants, désormais convertis au terrorisme islamique, qui mènent aujourd'hui la lutte contre l'Occident, depuis l'Afghanistan ou le Pakistan.

À l'inverse des organisations terroristes palestiniennes des années soixante-dix et quatre-vingt, ces « Afghans arabes » ne sont soutenus par aucun État et ne partagent en tout et pour tout que des camps d'entraînement au Pakistan et en Afghanistan, une idéologie commune et le sentiment d'être des frères d'armes ayant traversé les pires épreuves. Quand, en 1979, les forces soviétiques envahissent brutalement l'Afghanistan, se crée l'Alliance islamique de la résistance. En février 1979, à la suite de l'enlèvement et de l'assassinat de l'ambassadeur américain à Kaboul, le président Jimmy Carter impose des sanctions contre l'URSS et s'engage dans un processus d'assistance aux résistants. En 1981, cette résistance s'organise à l'initiative du nouveau président américain, Ronald Reagan, qui coordonne avec le Pakistan, l'Arabie Saoudite et l'Égypte une alliance internationale destinée à armer secrètement les moudjahidin. Le Pakistan devient la base arrière de la résistance et les États-Unis soutiennent ouvertement... un djihad. C'est, à l'époque, le directeur de la CIA William Casey qui est chargé de mettre en place l'aide aux combattants afghans.

De 1983 à février 1989 — date à laquelle un sommet Reagan-Gorbatchev parvient enfin à un accord sur le retrait des troupes soviétiques —, les puissances impliquées dans le soutien militaire et financier aux résistants afghans sont l'Arabie Saoudite, les États-Unis et le Pakistan. De nombreux autres États arabes et islamiques comme le Maroc, l'Égypte, la Jordanie, Oman et la Turquie contribuent aussi généreusement à aider le peuple afghan. Cette cause fait l'unanimité. Selon certaines informations confirmées, Israël se serait également impliqué dans des circonstances où les services américains ne voulaient pas, ou ne pouvaient pas, engager directement certains de leurs effectifs.

Pendant cette période, près de quarante pour cent de l'aide militaire occidentale est attribuée au Hezb-I-Islami du leader fondamentaliste Gulbuddine Hekmatyar, réfugié à Peshawar, au Pakistan. Hekmatyar appartient au clan Kharuti de la tribu des Pachtounes. Les bailleurs de fonds de la résistance doivent prendre en compte cette composante tribale qui correspond au caractère féodal de la société afghane. D'autres organisations comme le National Islamic Front ou la Qadiriyya, une organisation soufi, ou encore le National Salvation Front of Afghanistan bénéficient des mêmes subsides, au nom de la croisade anticommuniste.

L'assistance offerte aux résistants va de la fourniture

de missiles Stinger, directement livrés depuis les États-Unis ou par le biais de l'Arabie Saoudite, à la création de centres d'entraînement pour commandos. De part et d'autre, la coopération est sans réserve. Certaines missions périlleuses de l'autre côté de la frontière, au Tadjikistan soviétique, sont conduites par des équipes mixtes américano-afghanes. Sur le terrain, les services pakistanais de l'ISI, l'Inter-Services Intelligence, exceptionnellement compétents et organisés, prennent la direction des opérations et assurent la logistique et la formation de la résistance.

À la fin de la guerre, ces milliers de combattants devenus des « Afghans » n'ont pas pour autant déposé les armes. Pour eux, le djihad a continué, d'abord contre le nouveau gouvernement de Kaboul, toujours communiste, et ensuite contre l'Occident, le plus souvent depuis leur propre pays où ils sont retournés, forts de leur expérience de soldat. Pour d'autres, le djihad continue en Europe où ils sont devenus mercenaires, comme en Bosnie, ou terroristes poseurs de bombes, comme en France.

Le nombre de ces moudjahidin « afghans », d'origine égyptienne, koweïtienne, saoudienne ou algérienne et qui se sont rendus au Pakistan, représente plusieurs milliers, peut-être plusieurs dizaines de milliers d'individus. Pour ne parler que des Algériens, dans les années qui ont suivi l'invasion soviétique, le consulat du Pakistan à Alger a délivré deux mille huit cents visas à de jeunes Algériens partant combattre l'Armée rouge, mais beaucoup d'autres, non comptabilisés, ont transité par la Jordanie ou l'Iran. Les pertes en Afghanistan ont été dramatiquement lourdes dans les rangs des volontaires algériens mais on peut raisonnablement penser que trois mille « Afghans » algériens sont encore aujourd'hui en vie. Une petite partie de cette légion islamique algérienne est restée en Afghanistan où elle est loyale à un de ses premier chefs, le commandant Ahmad Shah

Massoud, considéré comme un modéré et qu'un groupe de quatre Algériens islamistes, membres d'un commando suicide, a failli assassiner en août 1994. Plus de la moitié des « Afghans » sont rentrés en Algérie où ils organisent désormais le départ des combattants d'un nouveau djihad pour les camps d'entraînement pakistanais. La plupart des vétérans d'Afghanistan ont ainsi repris du service en devenant recruteurs de jeunes militants islamistes ou en combattant dans les rangs des maquis du GIA. Selon un des lieutenants du commandant Massoud, que nous avons rencontré en janvier 1997, c'est par le biais de nombreuses organisations humanitaires installées au Pakistan que les combattants algériens sont arrivés en Afghanistan, notamment dans trois camps où avait été formée la Brigade du Coran algérien.

Cette sainte alliance entre les Algériens et les Afghans qui aura bientôt vingt ans et qui perdure n'est pas le fruit d'une initiative désordonnée et impulsive ; elle trouve ses racines en 1980 dans l'initiative d'un Palestinien aujourd'hui disparu, Abdallah Azzam. Ce sympathisant des Frères musulmans jordaniens, rallié à l'islamisme dans les années soixante-dix, s'était installé en 1980 à Peshawar, au Pakistan, à la frontière afghane, où il avait fondé le Maktab ul-Khedamat Mujahideens, le Bureau des services aux moudjahidin. Cette officine s'était consacrée, avec des fonds saoudiens, au recrutement de combattants pour la guerre sainte. Pendant plusieurs mois, Abdallah Azzam va parcourir le monde arabe afin de constituer cette « légion islamique d'appui » animée d'un idéal mystique dont les résistants afghans, excellents guerriers mais encore sous l'emprise d'un système social féodal, avaient besoin pour faire reculer les Soviétiques. Ce Bureau des services aux moudjahidin accueille plusieurs responsables du FIS expulsés de France en août 1992 et en 1993, dont Kamar

Eddine Kherbane[1], un ancien officier de l'armée de l'air algérienne, membre de l'instance exécutive du FIS à l'étranger (IEFE). Un autre Algérien, Boudjema Bounnoua, *alias* Abou Anass, lui aussi membre de l'IEFE, épouse la fille du fondateur du bureau et en deviendra le patron à la mort de son beau-père, Abdallah Azzam, victime d'un attentat en novembre 1989 à Peshawar. C'est dire à quel point Peshawar et le Bureau des services aux moudjahidin vont jouer un rôle clé dans l'entraînement des militants algériens en Afghanistan. Pour certains experts des services du contre-espionnage français, c'est même très probablement à Peshawar qu'est née l'idée de fonder le GIA au début des années quatre-vingt-dix.

Le Bureau des services aux moudjahidin est fermé par les autorités pakistanaises en 1995 à la suite d'un attentat contre l'ambassade d'Égypte à Islamabad ; mais le circuit de recrutement et de formation militaire n'a jamais été interrompu, ni au lendemain de la guerre, ni après la fermeture du bureau. Cette situation inquiète d'autant plus les services de renseignements occidentaux que les instructeurs qui ont formé — et continuent de former — les moudjahidin algériens volontaires ont été eux-mêmes formés par le gratin des instructeurs de la CIA ou du SDECE, à l'époque ou les « combattants de la liberté » afghans n'étaient pas des terroristes islamistes mais de sympathiques combattants pro-occidentaux !

En 1994, quelques mois seulement avant les attentats de Paris, les filières de recrutement étaient des plus actives. Les services de l'attaché de sécurité de l'ambassade de France à Islamabad avaient attiré, à plusieurs reprises, l'attention du contrôleur général du SCTIP[2] à Paris

1. Kamar Eddine Kherbane a quitté les forces armées algériennes en 1983 et s'est engagé aux côtés des moudjahidin au Pakistan où il a pris la direction des « Afghans » algériens.

2. Service de coopération technique internationale de la police.

sur certains ressortissants français venus suivre des stages d'« entraînement terroriste au Pakistan ou dans la proche région », vraisemblablement en Afghanistan. Ces stagiaires avaient été accueillis par un « mentor » répondant au nom d'Abou Kassem, *alias* Aissa, ou encore tout simplement « l'Afghan ». Le correspondant du réseau des recruteurs à Islamabad possédait un téléphone portable dont le numéro 0342 385 264 sera retrouvé dans le carnet de Maaloui Monahim Ben Amar, un « Afghan » arrêté à Perpignan le 24 juillet 1994.

La filière de formation en Afghanistan a cependant changé depuis l'époque de l'occupation soviétique. Si, dans les années quatre-vingt, les moudjahidin étaient presque systématiquement intégrés dans les unités du commandant Massoud, ils le sont aujourd'hui dans celles de Gulbuddine Hekmatyar, le chef du groupe fondamentaliste Hezb-I-Islami, une faction opposée à Massoud et plutôt favorable à l'exportation du djihad.

Plusieurs anciens militants du FIS ont révélé que l'entraînement des commandos en Afghanistan se déroule sur de longues périodes, entre dix semaines et dix-huit mois, dans au moins quatre camps situés à Charyasab — qui fut un temps le quartier général de Hekmatyar —, à Kundjak, à Jauji et dans la province du Paktia, près de la frontière pakistanaise. Les jeunes recrues y apprennent le maniement des armes d'assaut, AK 47, pistolet-mitrailleur Scorpio ou lance-fusées type RPG-7. Les témoignages révèlent que dans le contexte de guérilla qui ravage l'Afghanistan, les stagiaires algériens ou européens sont rapidement mêlés à des opérations réelles entraînant de lourdes pertes dans leurs rangs. Plus rarement, compte tenu du prix de ces missiles, les commandos sont initiés au maniement des missiles Stinger américains. Ces équipements sophistiqués ont été livrés par les Américains aux résistants afghans pendant les années d'occupation soviétique pour lutter contre les chasseurs ou les hélicoptères de l'Armée rouge mais très peu avaient été utilisés... et encore moins restitués, en dépit des efforts des Américains qui craignaient de voir leurs propres armes se retourner contre eux.

La formation morale des volontaires est essentielle pour les instructeurs. Elle repose sur de longues séances d'autocritique au retour des missions et la formation religieuse tient également une place importante, notamment lors des enterrements de combattants tués au cours des accrochages avec les autres milices afghanes. Les inhumations sont interminables, ponctuées de discours religieux et de lectures de sourates.

Pendant plusieurs années, pour sortir du Pakistan et entrer en Afghanistan, ces légionnaires ont pu bénéficier de la sympathie des services secrets pakistanais, mais depuis 1994, l'ISI, le Renseignement militaire, ne facilite plus ouvertement le transit des stagiaires et ce sont des organisations caritatives islamiques qui jouent le rôle de passeurs en permettant à des militants de circuler de Marseille à Peshawar, via Dakar ou Djibouti, dans le cadre de missions pseudo-humanitaires. Certaines de ces organisations installées à Peshawar et accréditées par le Haut-Commissariat aux réfugiés de l'ONU sont connues pour leur soutien inconditionnel au djihad.

Ces filières de recrutement vers l'Afghanistan et leurs mécanismes d'embrigadement ont été à de nombreuses reprises décrits par les services de renseignements français dans des rapports secrets au président de la République. En novembre 1995, par exemple, un jeune musulman prénommé Mouldi et entendu par la DST raconte comment le recrutement peut même devenir un détournement. Ce jeune homme, diplômé en mathématique, s'était rendu en Afghanistan au début des années quatre-vingt-dix, via Alger, pour y devenir professeur. Son voyage avait été organisé par le Tabligh, l'organisation islamique prosélyte indo-pakistanaise. À Peshawar, Mouldi donne des cours dans une école coranique et il est logé dans une villa, la « maison des Français », mais, très vite, il est recruté pour un stage militaire. Mouldi, parti comme enseignant, passe finalement plusieurs semaines dans les montagnes, sous les ordres d'anciens combattants de l'Afghanistan, à acquérir des techniques militaires de guérilla, alors qu'il n'a jamais rien demandé à personne.

En janvier 1995, les jeunes Français d'origine maghrébine qui sont condamnés à Fès, au Maroc, pour avoir participé à des attentats à Marrakech dans le courant de l'été 1994 avaient, eux aussi, fait un stage d'entraînement en Afghanistan en 1992.

Cette « piste pakistanaise » est devenue tellement préoccupante que le juge Jean-Louis Bruguière a chargé, dès le 12 octobre 1995, la DST de s'intéresser de plus près à tous ces jeunes Français qui rentrent du Pakistan où ils sont allés « étudier le Coran ». Parmi les quelques dizaines qui sont entendus par le DST, presque tous ont le même profil socioculturel : Français de souche ou d'origine maghrébine, ils sont chômeurs, viennent de banlieues défavorisées et sont en rupture avec une société qui ne leur donne pas d'espoir. Presque tous admettent sans trop de difficultés avoir suivi un entraînement militaire « quelque part entre l'Afghanistan et le Pakistan, dans les montagnes ». La plupart de ces « étudiants » ont un autre point commun : ils perdent leur passeport peu avant leur date de retour et le consulat d'Islamabad doit leur délivrer un passeport de secours leur permettant de rentrer en France. Il est clair que leur passeport original servira à alimenter les faussaires de l'organisation. L'un de ces « Afghans » de retour en France, Abdel Kader Hemmali, est arrêté en décembre 1994 alors qu'il est en train de constituer un réseau islamiste.

Selon un rapport confidentiel de l'UCLAT, du 27 décembre 1996, si la nature du vivier de recrutement est essentielle, le profil du recruteur l'est encore plus.

En effet, comme le souligne le chef de la section antiterroriste du parquet de Paris, Irène Stoler, la préparation militaire est toujours associée à un conditionnement mental fondé sur la haine de l'Occident. Pour faire passer ce message, le rapport de l'UCLAT souligne que les terroristes islamistes utilisent des agents recruteurs qui, en dehors de leur connaissance de l'islam, de leurs gros moyens financiers et de leurs contacts directs avec le chef d'une organisation comme le GIA, jouissent aussi d'une notoriété acquise sur des théâtres d'opérations militaires, particulièrement en Bosnie ou en Afghanistan. Ainsi leur est-il plus facile de « faire rêver » les jeunes candidats au djihad.

Les militants islamistes français ne font pas toujours « leurs classes » dans les maquis afghans, pas tout de suite en tout cas. En octobre 1994, l'homme considéré comme le chef de l'organisation de recrutement en France s'appelle Abdelilah Ziyad, *alias* Rachid. Son principal complice, Mohamed Zineddine, était plus connu sous le nom de Saïd. Ces deux hommes organisaient des stages d'entraînement en France, dans des fermes isolées du mont Ventoux, au mont Gerbier-de-Jonc, dans le Vaucluse ou dans le Doubs. Plusieurs de leurs recrues, finalement arrêtées, ont admis que Rachid et Saïd les avaient envoyées, ou étaient sur le point de les envoyer au Pakistan. Peu après les interpellations de ses recrues, Abdelilah Ziyad s'est volatilisé et la police considère qu'il a réussi à s'exfiltrer vers l'Allemagne avec l'aide de son chef, un Marocain connu sous le nom d'Abdelkrim Afkir. Le démantèlement de ce réseau de recrutement et d'entraînement a permis d'établir un lien avec l'arrestation quelques mois plus tôt d'un Algérien de trente-quatre ans, Abdelhakim Boutrif, qui transportait dans sa voiture cent vingt-neuf bâtons de luxite, un explosif en provenance du Luxembourg, quatre-vingt-dix-neuf détonateurs de marque Dynamit-Nobel, trois pistolets automatiques et cinq mille cartouches.

En février 1995, les services de police européens avaient infiltré ou démantelé assez de réseaux en France, en Tunisie ou au Maroc pour avoir une idée plus précise de leur *modus operandi*. Les camps d'entraînement les plus actifs étaient ceux de Baktia et Schehar Siab en Afghanistan. Les informations faisaient état, à cette date, d'entraînement avec des explosifs extrêmement perfectionnés comme le fameux C4 qu'ont utilisé la plupart des grandes organisations terroristes au cours de la dernière décennie. Des camps d'entraînement réservés aux attentats à la voiture piégée existaient aussi à cette époque au Pakistan. Des conversations captées par les services britanniques et par d'autres services occidentaux avaient permis d'entendre des propos échangés par des islamistes installés en France et en Grande-Bretagne et des réfugiés dans des camps d'entraînement au Pakistan placés sous la direction d'un certain Abou Kassem. Ces enregistrements révélaient que ce dernier cherchait, en 1995, à recruter des jeunes gens dans les communautés islamiques en Europe, principalement en France, Grande-Bretagne et Allemagne, pour les former idéologiquement à des opérations kamikazes.

Toujours peu avant les attentats de Paris, l'embrigadement continuait sur tous les fronts. D'autres radicaux islamistes étaient en train de lever en Europe une sorte de légion pour la Bosnie. Ces combattants étaient, eux aussi, destinés à grossir les rangs des stagiaires en Afghanistan. La plupart de ceux qui seront ultérieurement destinés aux combats en Bosnie appartenaient à la Phalange des croyants. Certains de ces futurs martyrs étaient également destinés au mouvement du Djihadislamique en Palestine. Le chef de cette organisation, Fathi Chakaki, avait annoncé, à la fin de l'année 1994, qu'il entendait organiser des commandos-suicides d'environ une centaine de personnes pour mener des opérations terroristes contre les forces israéliennes mais aussi contre tous ceux qui combattent l'islam, en Europe et en Algérie. Ce nombre de cent combattants prêts à se suicider pour le djihad peut sembler extravagant, mais la vérité est encore plus effroyable. Selon le témoignage d'un stagiaire survivant, que les services français ont pu interroger, les candidats se bousculaient dans le camp du Liban où lui-même a été formé pour devenir une bombe vivante. Accompagnés du premier au dernier jour de leur formation par un imam chargé de les motiver spirituellement, les kamikazes finissaient par supplier leurs maîtres de les envoyer en mission tant était grande leur impatience d'aller au paradis. Ces commandos très spéciaux recevaient une formation rudimentaire et leurs conditions de vie étaient monacales jusqu'au jour de leur mission. Deux heures avant l'attentat, un imam réveillait les bombes humaines et les emmenait prier une dernière fois. Les volontaires étaient ensuite enfermés dans une voiture aux portières verrouillées, ou le plus souvent soudées, dont ils ne pouvaient plus sortir. Selon ce témoin, à chaque session d'entraînement les instructeurs sacrifiaient volontairement un stagiaire qui s'écrasait en voiture contre un mur à cinquante kilomètres-heure, avec une ceinture d'explosifs autour du corps. Loin de rebuter les autres « fous de Dieu », l'abominable vision de la mort de leur compagnon leur donnait l'énergie du désespoir. Le Djihad en Palestine, qui avait alors ses bureaux en Iran, recevait un soutien financier de plus de deux cent mille dollars par mois pour acheter des armes, des explosifs et assurer la formation des kamikazes.

D'autres circuits de recrutement faisaient également appel au Hamas en Palestine. On sait que plusieurs maquisards de la région de Blida ont été formés par Yehia Ayache, plus connu sous le nom de « l'Ingénieur », l'homme qui formait dans les camps du Hamas les futures bombes vivantes. D'autres, plus nombreux encore, qui ont fini dans les rangs du GIA ou de l'AIS, ont été entraînés dans les camps du Hezbollah Palestine de Ahmad Muhanna. Les militants de cette organisation recevaient leur formation militaire dans les camps du Hezbollah au Liban ou dans les camps du Front populaire de libération de la Palestine-Commandement général d'Ahmed Jibril, un redoutable terroriste converti à l'islamisme et disposant de bases au Liban, en Iran, en Europe du Nord et même en Allemagne, selon le BKA.

Presque tous les islamistes qui ont joué un rôle important dans les attentats de Paris en 1995 [1] ont un dénominateur commun, même si leurs origines sociales sont très différentes : ils ont été entraînés au Pakistan ou en Afghanistan ou ont été des éléments pivots dans les filières de recrutement de terroristes islamistes. C'est le cas d'Abou Fares, *alias* Rachid Ramda, directeur de la revue *Al Ansar* à Londres, soupçonné d'avoir financé les auteurs de l'attentat contre le RER à la station Saint-Michel à Paris le 25 juillet 1995. Ramda s'est lui-même rendu au Pakistan et a été un des organisateurs de « stages » en Afghanistan pour les islamistes anglais. En France, Mohamed Kerrouche, proche de Rachid Ramda, est accusé lui aussi d'avoir organisé l'entraînement de plusieurs membres du GIA dans les camps afghans.

Ainsi la piste afghane est-elle incontournable. Au

---

1. Les attentats de Paris : 11 juillet 1995, deux terroristes tuent l'imam Sahraoui et un de ses fidèles à Paris. 25 juillet, attentat du RER à la station Saint-Michel (8 morts et 84 blessés). 17 août 1995, explosion d'une bonbonne de gaz près de la place Charles-de-Gaulle à Paris (17 blessés). 3-4 septembre 1995, explosion d'une bombe sur un marché du boulevard Richard-Lenoir à Paris XI^e^. 6 octobre, explosion d'une bombe à la station de métro Maison-Blanche XIII^e^ (13 blessés). 17 octobre, explosion dans une rame du RER entre les stations Musée-d'Orsay et Saint-Michel (19 blessés).

point que, du 8 au 11 novembre 1997, un grand rassemblement du mouvement intégriste pakistanais Al-Dawal-War-Irchad s'est déroulé à deux cent cinquante kilomètres au sud-est d'Islamabad. De nombreuses délégations islamistes étaient présentes, venues des Philippines, du Soudan, de Bosnie, de Tchétchénie, de Grande-Bretagne et des pays du Golfe. Au cours de ce congrès, l'émir Hafez Mohamed Saïd a exprimé son soutien inconditionnel au GIA algérien, « jusqu'à ce que le régime de Zeroual tombe ». Selon les services de renseignements français, la conférence s'est tenue dans le camp de Muridke, d'où partent régulièrement des combattants à destination de l'Algérie, du Cachemire et du Kosovo. Les services égyptiens ont quant à eux mis en évidence l'existence de relations étroites entre des « Afghans » du GIA et des intégristes égyptiens de la Jama'a Islamiya. Des communiqués du GIA ont d'ailleurs été postés du Caire à plusieurs reprises, ainsi que d'Ankara en Turquie et le responsable des islamistes égyptiens Oussa Marushdie est le gendre du dirigeant du FIS algérien Abassi Madani. Ces « connections » internationales et une tentative d'attentat contre l'Alliance française de Karachi, fin avril 1998, ont motivé une enquête des services dans le milieu des ressortissants français étudiant dans diverses écoles coraniques du Pakistan.

La Bosnie enfin, de 1992 jusqu'aux accords de Dayton à la fin 1995 qui entraînent la fermeture des camps de volontaires musulmans et le démantèlement de leurs unités, a donné de nouvelles perspectives d'engagements aux moudjahidin expulsés d'Europe occidentale ou dans l'impossibilité de rentrer dans leur pays. Au moins un millier de combattants venus du Maghreb, d'Iran, du Liban ou de Turquie se seraient battus en ex-Yougoslavie à partir de 1992. De sources arabes, les hypothèses les plus hautes font état de quatre mille moudjahidin. Une fois sur place, ces « Afghans arabes » expérimentés ont servi d'instructeurs à de nouvelles recrues musulmanes, ou récemment converties, arrivées directement d'Europe sous couvert d'organisations humanitaires qui, loin de jouer un rôle d'apaisement, mettent de l'huile sur le feu et transforment le conflit ethnique bosniaque en djihad. La naissance de ce Bataillon indépendant des moudjahidin a été annoncée à l'automne 1993 dans les mosquées et les centres islamiques en France, en Allemagne et en Grande-Bretagne par un journal imprimé en Bosnie, *L'Appel du djihad.* Cette unité de volontaires entraînés dans les camps proches de Zenica, en Bosnie, n'aurait cependant jamais compté plus de quelques centaines de combattants en même temps. Ce nouveau djihad européen a permis la formation d'une génération de militants plus jeunes et tout aussi bien entraînés que leurs aînés. Et c'est dans ce vivier que s'est constituée la relève de la mouvance islamique internationale actuelle. Le passage en Bosnie a, en outre, redonné une certaine virginité à de nombreux vétérans d'Afghanistan qui ont pu acquérir la nationalité bosniaque par le mariage, renonçant ainsi, pour l'état civil tout au moins, à un passé quelquefois encombrant.

Paradoxalement, le dernier des centres de recrutement des islamistes est l'univers carcéral français. Au lendemain des opérations de police qui ont suivi les attentats de Paris en 1995, plus de deux cents islamistes ont été placés en détention dans des prisons d'Île-de-France où les plus militants ont tenté d'imposer le rythme des cinq prières quotidiennes, alors que d'autres interdisaient à leurs codétenus de regarder des programmes de télévision jugés dégradants et incompatibles avec l'islam.

La contagion en prison n'est pas systématique, mais beaucoup de ces islamistes sont susceptibles d'avoir de l'influence sur de jeunes musulmans, même peu pratiquants, incarcérés pour des délits de droit commun. Dans les années quatre-vingt, l'organisation terroriste Action directe, de Jean-Marc Rouillan et Nathalie Ménigon, avait largement eu recours au milieu pour perpétrer des attentats et c'est en prison que le jeune Khaled Kelkal, condamné pour braquage, est devenu islamiste.

Le 5 octobre 1995, une « note d'alerte » de la DCRG s'inquiète des relations troublantes entre islamisme et délinquance. Le rédacteur de la note souligne qu'à la suite de la mort de Kelkal un phénomène d'identification a commencé à se développer à cause de la forte médiatisation de la cavale de Kelkal et de sa mort : « Cela risque d'avoir pour effet d'en faire un héros et de voir de nombreux jeunes qui n'ont rien à perdre et à qui on ne peut rien enlever s'identifier au jeune terroriste. » La même note explique que dans les banlieues et dans les prisons, un certain nombre de beurs commencent à revendiquer leur appartenance à l'islam et en viennent à considérer de façon simpliste l'Occident comme l'ennemi de leur religion, la mort tragique de Khaled Kelkal renforçant ce sentiment. Tout en reconnaissant les torts du terroriste, les jeunes s'indignent qu'il ait été « abattu comme un chien ». Certains parlent d'assassinat et souhaitent que « sa mort soit vengée », une réaction d'empathie déjà rencontrée après la mort des preneurs d'otages de l'Airbus d'Air France en décembre 1994. Simultanément, dans l'univers carcéral français, on observe, au lendemain de la mort de Kelkal, une poussée identique à celle de la rue, mais amplifiée. Les détenus de confession musulmane exigent la présence à temps complet d'imams dans les prisons ; en 1995, ce sont les établissements du Nord-Pas-de-Calais, de Picardie et de Normandie qui sont les plus touchés. Le recteur de la mosquée de Paris, le docteur Dalil Boubakeur, est même sollicité par une association de prisonniers du centre de détention de Bapaume. À la suite de leurs revendications, le directeur se voit adresser une

« charte du culte musulman » censée l'éclairer sur cette religion. En mai 1995, les détenus musulmans de la maison d'arrêt d'Évreux refusent de rentrer dans leurs cellules à l'issue de la promenade et exigent l'affectation d'un imam. L'administration pénitentiaire enregistre les mêmes réactions dans plusieurs établissements au point qu'elle finit pas se tourner vers la grande mosquée de Paris en vue de la désignation d'un imam. Dans certains centres de détention comme Loos-lès-Lille, la situation devient ingérable, les détenus islamiques d'origine maghrébine ayant investi la cour de promenade pour y faire leurs prières en en chassant les prisonniers non musulmans. Pour les éducateurs aussi, cette tension devient insupportable, certains ayant été directement menacés par des courriers signés GIA, comme à la prison de Liancourt. Les menaces proférées sont explicites : « Ne jouez surtout pas au racisme, que faites-vous des droits de l'homme ? Cela pourrait créer de graves problèmes en vos lieux. Pensez à vos proches ! »

Dans les cas les plus préoccupants, ce sont des surveillants eux-mêmes qui sont approchés par les islamistes. Le 3 décembre 1996, un rapport étudié par l'UCLAT relève deux affaires de ce type à Montmédy et Saint-Maur. Le rapport conclut : « L'administration pénitentiaire parvient difficilement à contrôler ce regain de prosélytisme à l'intérieur des différents établissements concernés, en raison notamment de la surpopulation carcérale. La présence parmi son personnel de fonctionnaires ne laissant planer aucun doute sur leurs convictions pour un islam pur et dur ne peut, à terme, que favoriser le jeu des leaders intégristes et des détenus souhaitant reconstituer au plus vite des réseaux, éventuellement prêts à commettre à nouveau des actes terroristes sur notre sol. »

À travers tous ces réseaux de recrutement et toutes ces « universités du terrorisme », le GIA a réussi au cours des dernières années à élargir le cadre de ses soutiens.

Unifié autour du djihad qui cimente les relations des islamistes d'Afghanistan, d'Algérie, du Liban, de Palestine ou du Pakistan, le combat islamiste contre l'Occident sert les intérêts à court terme des islamistes algériens, dont certains ne cessent de rappeler qu'il y a, selon eux, cent vingt-trois versets du Coran qui appellent au djihad ; ce que les plus extrémistes interprètent comme un appel à combattre et à tuer.

Une guerre sainte qui a aujourd'hui également son « prophète » et son banquier, le Saoudien Usama Ben Laden réfugié chez les Talibans en Afghanistan et dont la garde rapprochée est en partie formée d'Algériens du GIA.

# VIII

# Bosnie, le nouveau djihad

En 1992, de manière presque aussi universelle qu'en 1979 pour l'Afghanistan, les leaders islamistes fondamentalistes du monde arabe appellent les croyants musulmans à une nouvelle guerre sainte. Cette fois, paradoxalement, le conflit se déroule en plein cœur de l'Europe, sur la partie du territoire de l'ex-Yougoslavie devenue la Bosnie. Alors que plusieurs pays européens discutent de l'opportunité d'envoyer une aide médicale ou alimentaire, les prédicateurs islamistes les plus virulents appellent au djihad. Dès juillet 1992, les bases d'une légion islamique surnommée Kataëb Al Mouminin, la Phalange des croyants, sont posées. D'autres prédicateurs n'appellent qu'à l'action humanitaire. Le 3 septembre 1992 le recteur de la mosquée de Paris invite les musulmans à concrétiser leur solidarité avec les populations de Bosnie-Herzégovine. Des consignes sont également données, à cette date, par le recteur Boubakeur pour qu'à l'issue de la prière du 4 septembre 1992 les imams ne dépassent pas dans leurs prêches le cadre de l'action humanitaire. Le recteur tente ainsi de s'opposer aux propos de certains intégristes qui cherchent à enflammer les mosquées françaises.

Selon plusieurs sources arabes, le père fondateur de cette légion de Bosnie est Gulbuddine Hekmatyar lui-même, le président afghan du Hezb-I-Islami. Au mois d'août 1992, cette légion est sous les ordres d'un ancien officier des Pasdarans iraniens connu sous le nom d'Ahmed Sahib et l'instruction militaire est assurée par des « Afghans » algériens et une dizaine d'officiers afghans de premier plan. Le premier contingent de Kataëb formés pour la Bosnie portera le nom de Promotion Hekmatyar.

L'engagement pour la Bosnie est cependant moins massif que pour la libération de l'Afghanistan et, à partir de juillet 1992, des sergents recruteurs vont commencer à parcourir l'Europe, ouvrant des bureaux dans les capitales où vivent d'importantes communautés musulmanes comme Londres, Paris, Bruxelles et Sofia. Une fois entraînés et infiltrés en Bosnie, les moudjahidin sont incorporés dans le III^e^ corps d'armée de Bosnie centrale. La plupart de ces combattants sont des volontaires iraniens des forces spéciales, des Turcs, des « Afghans » arabes, des membres de l'association des frères musulmans égyptiens ou des Pakistanais du Tabligh. Rares sont les Européens dans un premier temps. En revanche, on trouve dans les rangs de la phalange de nombreux Bosniaques attirés par la solde, supérieure à celle de l'armée régulière. La plupart de ces moudjahidin ont appris à se battre en Afghanistan, au Pakistan, dans les camps du Hezbollah libanais avec le Hamas, ou encore dans les camps que le milliardaire saoudien Usama Ben Laden entretient subrepticement au Soudan avant de devenir *persona non grata* à Khartoum, entre autres à cause de l'implantation de ces camps clandestins. Mais beaucoup de ces volontaires, particulièrement les jeunes Européens, n'ont qu'une formation militaire sommaire au point que le bureau de l'union islamique de Zenica doit leur distribuer des brochures d'initiation au maniement des armes et même... d'initiation à l'islam. La croisade bosniaque n'est au fond qu'un *remake* de l'épisode de la résistance afghane : les acteurs en sont, pour un tiers, des volontaires à l'engagement religieux sincère ; pour un autre tiers, des terroristes en fuite pour cause de poursuites policières dans leur pays d'origine, et pour un tiers, des mercenaires atypiques attirés par le parfum de l'aventure.

Quelles qu'en soient les raisons, cette guerre sainte de Bosnie a tout autant d'incidence sur le plan du terrorisme islamique qu'en a eue, dans les dix dernières années, la croisade d'Afghanistan. C'est en Bosnie qu'ont été durcis au feu les nouveaux agents de la subversion islamique, y compris les jeunes générations d'Algériens et de Français converties à l'islam et recrutées pour la phalange. En Bosnie, ces jeunes Français se retrouvent entre les mains de vétérans « afghans » qui bénéficient d'une aide financière illimitée. Les fonds transitent le plus souvent par les innombrables organisations de charité qui fournissent des médecins ou organisent des pèlerinages vers les Lieux saints de l'islam. En 1995, l'annuaire de ces ONG présentes en Bosnie représentait une brochure de plus de deux cents pages... Seule une bonne connaissance de la galaxie islamiste internationale permet d'identifier parmi ces organisations, à vocation réellement humanitaire pour la plupart, celles qui ont une activité clandestine, ou tout au moins dépassent le stade de l'activité strictement caritative. Certaines de ces organisations humanitaires sont directement contrôlées et financées par l'association des Frères musulmans égyptiens, d'autres par des sociétés écrans constituées à dessein par l'Iran ou le Hezbollah libanais.

Parmi les donateurs ayant fourni une assistance exceptionnelle aux combattants du djihad, on compte la Abu Dhabi Welfare Organisation dont le siège international est à Abu Dhabi et qui était dirigée par Mahmud Youssouf, un Égyptien proche de la Jama'a Islamiya. Cette organisation hébergeait bon nombre d'Algériens. Les « Afghans » utilisaient de préférence, pour les Algériens qui rejoignaient le djihad, des organisations humanitaires dont le bureau principal se trouvait en Europe et de préférence en France. Au nombre de ces dernières, une association dont le siège est à Lyon, avait ouvert une antenne à Sarajevo et employait surtout des Français d'origine maghrébine.

Une bonne cinquantaine d'autres associations comme la Al Haraman Islamic Foundation saoudienne dirigée par le cheikh Nasser Al-Saeed, le Al Kifah Refugee Centre installé à Sarajevo, la Mehramet Red Crescent implantée à Zagreb, la Dar El Berr de Zagreb ou le Tahebo Recreation Centre, soupçonné de sympathies pro-iraniennes, ont été, quelquefois même à leur insu, des points de passage et parfois des plaques tournantes pour les moudjahidin. Les locaux de plusieurs de ces associations devenaient des dortoirs pour les moudjahidin, comme ceux de la Revival of Islamic Heritage Society, à Zenica ! Une discrète ONG dirigée par Jamal Eddin, en fait Ahmad Amrane, un Algérien du GIA... La plupart des Algériens en Bosnie étaient rassemblés au sein d'un groupe unique connu comme Abdullah Anas, une organisation financée en grande partie par des fonds arrivant du Yémen ou par des sociétés contrôlées par Usama Ben Laden.

Derrière la plupart de ces éphémères fondations islamiques, officiellement occupées à soigner les victimes de guerre, à scolariser les enfants orphelins ou à prendre en charge psychologiquement les femmes violées par des soldats serbes, on retrouve la main du Hamas, du Hezbollah et de ses satellites ou encore des Frères musulmans.

Certaines associations d'origine américaine comme la Taibah International Aid Association, dont le siège est à Washington et qui soutient la Jama'a Islamiya égyptienne, ont également ouvert des délégations à Sarajevo, Zagreb et Zenica... Mais ce sont les services secrets iraniens qui ont mis en place la structure la plus performante avec une de leurs pseudo-institutions caritatives, le Humanitarian Aid Staff of Iranian People, dirigé par un de leurs officiers de renseignements, Ahmed Bashiri. La vie de ces associations de charité est quelquefois bien courte : le temps d'une livraison d'armes ou de mercenaires à Sarajevo ou Zenica.

Du côté français, le démontage de la filière de recrutement de moudjahidin se matérialise par un fait divers : l'affaire de Roubaix. Philippe Aziz, journaliste au *Point* et auteur du *Paradoxe de Roubaix*[1], rappelle qu'à la fin janvier 1996, un imam itinérant lance une fatwa assimilant le vol et les braquages à la guerre sainte. S'y conformant, un groupe de jeunes gens entreprend de semer la terreur dans la région. Le 29 mars 1996, quatre des membres de ce qui deviendra dans la presse le « gang des Roubaisiens » meurent au petit matin, les armes à la main, à la suite d'une fusillade avec les hommes du Raid[2] dans une maison du 59, rue Henri-Carette à Roubaix. Un cinquième larron est abattu en fin de matinée par les tireurs d'élite belges alors qu'il vient de franchir la frontière. Il s'agit d'un Français converti à l'islam, Christophe Caze pour l'état civil, Bilal pour l'islam. Après deux heures de bataille rangée et plus de mille coups de feu s'achève ainsi une épopée de deux mois qui mêle vol de voitures, vol à main armée, hold-up sur un camion blindé de la Brinks et une bonne dose de militantisme islamique. Les armes du commando avaient été fournies par un réseau d'intégristes qui s'approvisionnait en ex-Yougoslavie. Christophe Caze s'est rendu deux fois en « mission humanitaire » en Bosnie. Après avoir interrompu ses études de médecine en cinquième année, il rejoint les rangs des islamistes de Rou-

1. Éditions Plon.
2. Recherche assistance intervention dissuasion : une unité de la police nationale spécialisée dans la lutte contre le grand banditisme et le terrorisme.

baix. Dans la maison brûlée de la rue Henri-Carette, la police a patiemment reconstitué le puzzle. D'abord un véritable arsenal : des AK 47, des Scorpio, des Uzi et surtout des livres et documents édités par le FIS et le GIA. Quelques mois plus tard, deux rescapés de la bande de Roubaix passent en jugement devant un tribunal de Zenica en Bosnie. Ils sont français eux aussi. Lionel Dumont et Mouloud Boughelane comparaissent pour braquage de stations service en Bosnie centrale. Ce sont d'anciens combattants islamistes, des soldats perdus mais surtout des délinquants ; la justice bosniaque leur reproche cinq attaques à main armée entre le 19 octobre 1996 et le 15 février 1997.

Le parcours de Lionel Dumont offre un contre-exemple exemplaire. Né en janvier 1971, dans le département du Nord, Lionel, cadet d'une famille de huit enfants, mène une scolarité normale et même plutôt studieuse avec une première année de médecine à la faculté de Lille. C'est à l'armée qu'il découvre l'islam auquel il se convertit en 1992. Incorporé au 4e régiment d'infanterie de marine de Fréjus, il participe en 1993, avec un régiment interarmes basé à Djibouti, aux opérations humanitaires en Somalie. Il contacte à cette époque quelques militants islamiques, probablement proches du groupe de Ben Laden. À son retour, ses parents et ses amis découvrent une nouvelle personnalité, mais sans y reconnaître une dérive islamiste. C'est en Bosnie, où il se rend plusieurs fois entre 1993 et 1995, que le jeune homme devient intégriste. Avec son futur complice, Christophe Caze, il participe à des convois humanitaires en faveur des populations musulmanes, puis met en place un trafic d'armes en direction de la France. Il combat contre les Serbes au sein de bataillons islamistes encadrés par des « Afghans » et épouse une Bosniaque qui lui donne sa nationalité et un nom de guerre : Abou Hamza.

Au lendemain des accords de Dayton, la plupart des

« Afghans arabes » décident de rester en Bosnie où ils trouvent, non loin de l'Europe, une bonne base arrière pour leurs activités militantes et quelquefois terroristes. C'est la région de Zenica qui en accueille le plus grand nombre, dans un établissement vraisemblablement placé sous l'autorité de l'émir Abou El-Maali. Certains moudjahidin épousent des Bosniaques et leur situation est automatiquement régularisée, d'autres se procurent de faux passeports. À quelques kilomètres au nord de Zenica, la ville industrielle de Podbrijezje est considérée comme le centre de l'activité des moudjahidin placés sous l'autorité de l'émir Ghazi. Le 15 février 1996, les généraux commandant la force de maintien de la paix de l'OTAN en Bosnie (l'IFOR), présentent à leurs gouvernements les preuves du démantèlement d'un camp d'entraînement terroriste sponsorisé peut-être par l'Iran et abritant onze personnes dont huit Bosniaques. Le camp est constitué de deux chalets de ski, équipés de moyens de communication radio et installés en zone française, à Fojnica, à une trentaine de kilomètres de Sarajevo. Des papiers d'identité de militants algériens et une cassette du GIA sont découverts par les hommes du général Michael Walker, le numéro 2 de l'IFOR. Peu après, les services de renseignements iraniens rappellent à Téhéran leur responsable de zone pour les Balkans, Ali Reza Bayat. D'autres renseignements mis à disposition des unités antiterroristes européennes en septembre 1996 par la Bundespolizei autrichienne, à la suite d'une perquisition dans les locaux viennois de l'organisation humanitaire TWRA, attirent l'attention des polices européennes sur les moyens financiers de ce djihad. En effet, la comptabilité soigneusement décortiquée de l'ONG démontre qu'en trois ans cette association caritative a encaissé près de trois cent quarante-cinq millions de dollars, versés par divers mouvements islamistes radicaux ! La majeure partie de ces fonds a été utilisée pour l'achat d'armes destinées au gouvernement de Sarajevo mais aussi pour des groupes de combattants islamistes dans le monde entier, y compris en Algérie. D'autre part, selon un rapport du Pentagone à la même époque, la filière de vente d'armes et d'explosifs entre l'Iran et la Bosnie représentait à elle seule plus de trois cent millions de dollars.

Bien après les accords de Dayton et même après la découverte de camps clandestins, la Bosnie est demeurée un foyer combattant important pour les islamistes. À l'automne 1997, les services de renseignements français ont eu la preuve qu'un groupe de jeunes Français installés en Bosnie avait rejoint un groupe du GIA et travaillait à l'organisation d'opérations contre les forces françaises.

# IX

# Les banquiers d'Allah

Après l'attentat du World Trade Centre à New York en février 1993, le FBI arrête quatre Palestiniens, un Égyptien et un Irakien. À l'occasion d'une seconde tentative déjouée, les Américains arrêteront six Soudanais et cinq Égyptiens.

Après les attentats du Maroc, le 25 août 1995, la police interpelle un commando constitué de musulmans et de délinquants français qui s'était constitué depuis la France pour déstabiliser le Maroc.

Lors du démantèlement du réseau islamiste monté par Mohamed Chalabi en région parisienne, la police interpelle plusieurs Français de souche convertis à l'islam qui fournissent une aide logistique aux militants du GIA infiltrés en France.

À la réflexion, ces trois exemples révèlent que la constitution des réseaux islamistes est plus internationaliste que ne le justifie l'objectif initial : l'établissement de républiques islamiques dans plusieurs pays arabes, à commencer par l'Algérie. Si on analyse les renseignements relatifs, tant aux réseaux démantelés en Europe qu'aux attentats commis, cinq caractéristiques communes apparaissent : la nébuleuse terroriste islamiste ressemble plus à une organisation transnationale décentralisée qu'à un véritable réseau ; elle est toujours liée à un ou plusieurs chefs religieux charismatiques ; elle est dotée de « sponsors » multiples ; elle consacre son énergie à des diatribes anti-occidentales et à une opposition systématique au processus de paix au Moyen-Orient ; enfin, la nébuleuse islamiste repose, pour les aspects « opérationnels » de son djihad sur ses filières afghane et bosniaque qui lui fournissent des combattants expérimentés.

Ainsi, au terrorisme des années quatre-vingt fondé sur des revendications nationalistes ou séparatistes, comme celles de l'ETA ou de l'IRA — qui n'ont d'ailleurs pas toutes disparu — et sur une idéologie d'ultra-gauche, comme celle d'Action directe en France, succède un terrorisme religieux fondé sur un militantisme islamique extrémiste. Ce nouveau terrorisme est cependant loin d'avoir des revendications aussi précises que celles d'organisations comme Action directe ou la Fraction armée rouge allemande. Le terrorisme islamique avance des exigences aussi vagues que ses structures apparentes ; ce qui ne l'empêche pas de recruter en permanence. La référence à des valeurs religieuses rend cette mouvance islamique suffisamment fédératrice et mobilisatrice pour que ses animateurs n'aient pas besoin de préciser leurs objectifs. Les militants n'ont en général pas d'exigences politiques précises, si ce n'est celles que leur soufflent leurs leaders : l'instauration d'un régime islamiste ou un refus global de toute culture étrangère.

Rares sont les chefs religieux islamiques qui sont capables, ou qui trouvent utile, de proposer un modèle de société élaboré, fondé sur des valeurs purement islamiques. Un seul y parvient et encore est-il contesté au sein du monde islamique extrémiste : Hassan al Tourabi, qui, au Soudan, n'hésite pas à prêcher pour une société entièrement islamisée avec des sciences islamiques, un art islamique et même un système politique islamique universel[1]. Cette vision d'une société parfaite rappelle

1. Entretiens avec un des auteurs à Khartoum en 1995, 1996 et 1997.

la vision simpliste du monde que certaines sectes américaines proposent à leurs adeptes. Ainsi, entre un idéal utopique, comme celui d'Hassan al Tourabi, et l'absence d'un projet de société, les leaders islamiques sont apparemment confrontés au même problème que les leaders politiques occidentaux : la fin des idéologies. C'est sans doute la raison pour laquelle la promesse du paradis immédiat au prix du djihad est devenue l'argument décisif de la plupart des leaders islamistes fondamentalistes qui ne se hasardent plus à promettre quoi que ce soit en ce bas monde...

Sur un plan plus pratique, la composante transnationale des réseaux islamistes fait qu'il n'existe pas vraiment aujourd'hui d'internationale du terrorisme islamique mais plutôt une nébuleuse au sein de laquelle l'appartenance nationale s'efface au bénéfice de la guerre sainte. Le terme de combattants « afghans arabes », réservé aux anciens combattants d'Afghanistan, quelle que soit leur nationalité, en est l'illustration. Et cette dimension politique transnationale floue n'est pas compensée par une organisation de type paramilitaire semblable à celle des organisations palestiniennes, dirigées par un chef politico-militaire, qui n'est pas un prophète ou un prédicateur, mais tout simplement un leader.

Les islamistes extrémistes se rassemblent autour de nombreux chefs religieux, de premier plan ou de second ordre, qui ne sont plus que les inspirateurs de leurs actes, y compris terroristes, mais certainement pas leurs chefs militaires. Ces cheikhs feignent souvent d'ignorer la violence qu'ils suscitent en s'abritant derrière la nécessité ou la justification théologique de la guerre sainte. Ce rattachement à un cheikh est à l'origine de structures éclatées et de multiples tendances qui sont liées à l'interprétation des prêches du guide spirituel plutôt qu'à des instructions précises.

Les prédicateurs qui inspirent la conduite de la nébuleuse islamique sans jamais vraiment revendiquer le droit de la diriger sont actuellement six, mais leur nombre peut varier du jour au lendemain en fonction de « persécutions » ou d'un événement imprévisible. Le plus connu est l'Égyptien Omar Abd Al Rahmane, ce prédicateur aveugle de la mosquée de Brooklyn, qui a été inculpé aux États-Unis pour terrorisme à la suite de l'attentat contre le World Trade Centre. Il est soupçonné d'être l'inspirateur de l'assassinat du président égyptien Anouar el-Sadate, bien qu'il n'ait pas été condamné pour ces motifs par la justice égyptienne. Du point de vue de l'administration américaine, l'attentat contre l'édifice new-yorkais représente un tournant dans la stratégie des islamistes. Ils n'avaient jusqu'alors jamais frappé sur le territoire américain. Le FBI s'en inquiète d'autant plus que le principal suspect dans cette affaire, Ahmed Ramzi Youssef, est également connu pour avoir préparé, depuis la Thaïlande, la Malaisie et les Philippines, une tentative d'attentat contre le pape qui aurait dû avoir lieu en décembre 1994. Youssef Ramzi, qui a longtemps séjourné au Pakistan et en Afghanistan au milieu des années quatre-vingt, a été entraîné dans un groupe dirigé par Abdel Rassoul Sayyaf qui entretenait des relations avec les islamistes algériens. Peu après l'attentat de New York, le FBI a procédé à une enquête en profondeur sur Youssef. Il a informé les services français à Washington que de graves menaces pesaient sur la compagnie Air France. Par un télégramme envoyé depuis l'ambassade de France à Washington au Quai d'Orsay et au ministère de l'Intérieur, cette menace a été précisée : « Nous avons l'honneur de vous rendre compte qu'à l'occasion d'une récente réunion avec l'agent du FBI chargé du dossier Youssef Ramzi, un des auteurs de l'attentat du World Trade Centre, nous avons parlé de l'existence de menaces pesant sur Air France, notamment sur les vols en direction de l'Asie. » Le 15 février, lors des auditions de

Ramzi, ce dernier a confirmé que les éléments saisis sur les disquettes de son ordinateur concernaient des projets d'attentats sur les compagnies aériennes américaines et Air France. Une enquête des services américains montrera plus tard que le réseau du World Trade Centre avait proposé à deux émissaires du GIA algérien des fonds lors d'un contact secret à Manille, aux Philippines.

Le Soudanais Hassan al Tourabi, président du NIF, le Front national islamique, mérite aussi, incontestablement, le titre de guide spirituel. Le personnage est doublement intéressant parce qu'il associe à la dimension spirituelle une dimension politique internationale. En Afrique noire, certains musulmans l'ont surnommé le « pape noir », ce qui lui confère une influence en partie amplifiée par la situation géographique centrale du Soudan qui possède neuf frontières communes. Le Soudan est un carrefour entre le monde arabe et le monde africain. Tourabi en use habilement et sans réserve. Son parcours explique son poids dans la galaxie islamiste. Hassan al Tourabi est né le 1er février 1932 à Kassala, à la frontière du Soudan et de l'Érythrée. Son enfance est bercée par le rappel des enseignements d'un illustre ancêtre qui s'était proclamé Mahdi, ou guide spirituel, au XVIIe siècle et qui attirait ses disciples de tous les confins du royaume de Sennar. Né dans une famille d'exception, Hassan al Tourabi a en main les atouts pour un destin exceptionnel. Il mène une ascension méthodique vers le pouvoir politique tout autant que vers l'autorité religieuse. Une fois diplômé de l'université de Khartoum dans les années soixante, Hassan al Tourabi quitte la capitale soudanaise pour s'établir en Europe, à Londres et à Paris, où il poursuit ses études, notamment à la Sorbonne. Il tient à s'imprégner de la culture occidentale, sans doute pour mieux s'y opposer par la suite. En octobre 1964, de violentes manifestations d'étudiants et des grèves générales entraînent la chute du régime du maréchal Ibrahim Abbud qui gouvernait le pays depuis 1958. Hassan al Tourabi entre en politique. En 1969, il est emprisonné sur ordre du président Nimayri. Il passe sept ans derrière les barreaux, dans un climat de purges anti-islamistes. En avril 1985, le président Nimayri est renversé alors qu'il se trouve en voyage officiel aux États-Unis. C'est dans le contexte d'anarchie qui en résulte qu'Hassan al Tourabi reprend son ascension vers le pouvoir en s'appuyant plus fortement encore sur l'islam. Le docteur Tourabi devient ministre de la Justice et exige l'application de la charia, la loi islamique. Son parti commence sa marche vers le pouvoir : il va devenir le plus important du Soudan.

En 1989, le Soudan est toujours déchiré par des affrontements politiques internes et par la guerre civile qui oppose les forces gouvernementales à l'armée populaire de libération du Soudan. Le 30 juin, le général Omar Hassan al Béchir prend le pouvoir. Quelques mois plus tard, il forme un gouvernement à forte tendance islamiste qui tente, avec une rigueur toute militaire mais globalement acceptée par la population, de relever cet immense pays qu'une démocratie anarchique a conduit au chaos. Hassan al Tourabi, plus influent que jamais, prend ses distances avec la politique et s'impose comme un dignitaire religieux de premier plan et un idéologue.

En avril 1991, au lendemain de la guerre du Golfe, Tourabi lance, avec une cinquantaine de mouvements islamistes afro-asiatiques, la CPAI, la Conférence populaire arabo-islamique. Très vite, cette organisation est perçue par les Occidentaux comme une internationale islamiste, voire, pour certains, comme une internationale terroriste au service des branches les plus extrémistes des mouvements de libération islamiques. Hassan al Tourabi y apparaît comme le chantre d'une islamisation totale mais douce, hostile à la mécanique révolutionnaire de type iranien.

Pendant plusieurs années jusqu'en 1995, avec l'aide financière présumée du milliardaire saoudien Usama Ben Laden, Hassan al Tourabi a été l'organisateur de cette conférence qui réunissait à Khartoum l'ensemble des organisations ou dirigeants islamistes du monde. On y a vu, s'exprimant librement à la tribune du Friendship Hall de Khartoum, des leaders aussi controversés que l'extrémiste musulman américain Louis Farrakhan ; des chefs du FIS déchus comme Anouar Haddam ; Georges Habache du Front populaire de libération de la Palestine ou des représentants des Talibans afghans. La conférence d'Hassan al Tourabi n'est pourtant jamais parvenue à fédérer les organisations islamiques en une internationale islamiste. Il suffisait d'assister à certaines séances plénières pour éprouver les plus grands doutes quant à la capacité des différentes tendances à s'organiser ou à trouver une plate-forme commune. Cette fédération était pourtant le projet d'Hassan al Tourabi, cet idéaliste polyglotte et brillant. En septembre 1997, peut-être en sa qualité de président de l'Assemblée nationale soudanaise, il invite le GIA à cesser de tuer des civils désarmés et innocents. Ces « propositions » sont faites dans un livre d'entretiens paru en français intitulé *Islam, avenir du monde*[1]. Le dirigeant soudanais y révèle aussi qu'il a organisé une négociation secrète entre Rabah Kébir et des représentants du gouvernement algérien en présence de délégués des services de renseignements français. Cette rencontre a été consacrée à un éventuel cessez-le-feu et à la préparation d'une transition en Algérie. La rencontre, d'après nos sources, aurait eu lieu en présence du préfet Jean-Charles Marchiani, l'homme de Charles Pasqua qui avait obtenu la libération des otages

1. Hassan al Tourabi, *Islam, avenir du monde*, entretiens avec Alain Chevalérias, Lattès.

français du Liban en 1988. Si Tourabi est un leader incontesté, il semble bien qu'il ait pris des distances avec les extrémistes.

Abdullah al Harrari est un autre de ces leaders religieux qui ont la capacité de mobiliser une communauté entière par leurs sermons. Surnommé « El Habachi », ce religieux de plus de soixante-dix ans a fui l'Éthiopie pour se réfugier au Liban, après avoir séjourné en Syrie. Il est le guide spirituel de la secte des Habachites, plus connue en France sous le nom d'Association culturelle de bienfaisance. Cette secte et son organisation caritative ont des ramifications dans le monde entier.

Sur le plan de l'influence, un seul chef islamique peut rivaliser avec le Soudanais Hassan al Tourabi, c'est Gulbuddine Hekmatyar. Cet Afghan, chef du Hezb-I-Islami, soutenu par l'ISI, le Renseignement militaire pakistanais, à l'époque où l'Afghanistan était occupé par les troupes soviétiques, est devenu, à la chute de l'empire rouge, un leader politico-religieux de tout premier plan en Afghanistan. En 1995, il a même occupé un temps les fonctions de Premier ministre. Son organisation a été et reste encore un des pivots de la « filière afghane » d'entraînement des moudjahidin algériens ou européens. Plus qu'un simple guide spirituel, Hekmatyar est aussi un chef militaire et un assez bon diplomate, maîtrisant parfaitement les mécanismes d'alliances opportunistes. En 1988, il est parvenu à donner de lui l'image d'un leader incontournable et d'une certaine manière visionnaire quant au destin de l'Afghanistan[1]. Après avoir longtemps été ignoré, y compris par Washington qui a sous-évalué la poussée islamique et l'émergence du chaos, l'Afghanistan est devenu un pays essentiel sur le plan géopolitique à cause des nombreux trafics qui le

1. Rencontre avec un des auteurs à Peshawar, Pakistan, en 1988.

gangrènent. À la croisée des chemins qui mènent en Chine, en Asie centrale, ou chez les frères ennemis d'Inde et du Pakistan, l'Afghanistan, où règnent sans partage les islamistes et les trafiquants de drogue, est devenu le point chaud qui pourrait compromettre l'équilibre de toute une région. Au milieu du mois d'avril 1998, pour la première fois depuis vingt ans, un responsable américain, Bill Richardson, ambassadeur des États-Unis auprès des Nations unies, se rend en Afghanistan. Également numéro 2 du Département d'État (le ministère des Affaires étrangères américain), il y participe à une tentative de conciliation entre les principaux chefs des factions afghanes au sein desquelles Hekmatyar reste néanmoins la personnalité dominante.

De leur côté, les islamistes du Liban ont leur propre chef spirituel : Mohamed Hussein Fadlallah, le chef du Hezbollah. Fadlallah est né en 1936 ; d'origine irakienne, il s'est installé au Liban en 1996 où il a fondé le Cercle de la fraternité et l'Institut légal islamique d'où sont sortis les cadres du Hezbollah.

Enfin, le Tunisien Rachid Ghannouchi, chef du mouvement En Nhada, serait le plus représentatif d'un autre courant à dominante maghrébine où l'influence est partagée entre plusieurs dirigeants du FIS. Cette famille de guides spirituels nord-africains a une importance moindre sur le plan religieux, mais déterminante sur le plan politique et sur la scène internationale.

La nébuleuse islamiste cultive ainsi une organisation politique décentralisée. Il en est de même sur le plan financier ; les différents leaders islamistes ont retenu les leçons quelquefois cuisantes que la Libye a données aux organisations palestiniennes. En effet, si le financement unique a des avantages, il présente l'inconvénient de livrer l'organisation pieds et poings liés à son « sponsor » qui l'intègre dans sa propre politique étrangère et n'hésite pas, le cas échéant, à la sacrifier en gage de bonne volonté face à des pressions occidentales. Les islamistes sunnites ont donc choisi d'avoir de nombreux amis et plusieurs financiers capables de les soutenir ou de les héberger ponctuellement plutôt qu'un seul bailleur de fonds exigeant. Cette lucidité et ce pragmatisme des organisations islamistes sont la preuve d'une stratégie commune, à défaut d'un commandement commun.

Au-delà du djihad contre les ennemis de l'islam, le mode de financement de la nébuleuse islamiste constitue le deuxième dénominateur commun des organisations islamistes extrémistes. Les contributions financières d'États du Golfe ne sont évidemment pas négligeables, mais la plupart des organisations, afin d'accroître leur indépendance, ont limité ce mode de financement de leurs activités. En 1993, Charles Pasqua, alors ministre de l'Intérieur, en visite à Riyad, avait demandé à son homologue saoudien Nayef ben Abdel Aziz, le frère du roi Fahd, de tenter de contrôler le soutien financier apporté par certains « sponsors » saoudiens à des islamistes proches du FIS. Il avait reçu la promesse que le gouvernement saoudien ferait un effort en ce qui concernait le financement des islamistes en France.

Ce sont de puissantes organisations caritatives transnationales qui servent de « pompes à finances » aux extrémistes, les rendant encore plus incontrôlables. Toutes ces organisations peuvent librement collecter et manipuler des fonds importants sous couvert d'actions humanitaires et les transférer en Algérie ou en Grande-Bretagne sans que personne puisse s'y opposer ni même avoir le moindre droit de regard sur le bénéficiaire final des subsides. Ce sont les services de renseignements égyptiens qui, les premiers, ont identifié une vingtaine de ces organisations caritatives actives dans les pays du Golfe et dont la double comptabilité alimente discrètement le Hamas ou les réseaux d'islamistes maghrébins et européens. Souvent, ces fonds transitent par des banques islamiques et c'est là une autre composante essentielle du mécanisme de financement des mouvements intégristes islamiques.

Le système des banques islamiques est né en 1969 lors de la première session de l'OCI, l'Organisation de la conférence islamique, à l'initiative du roi Faysal d'Arabie Saoudite. Avec la hausse des prix du pétrole brut, il devenait tentant pour les pays producteurs de pétrole de trouver un moyen de recycler leurs pétrodollars dans l'économie internationale dans le cadre de leur propre système bancaire plutôt qu'en enrichissant les banques occidentales. Ainsi, sur les recommandations du roi Faysal et du Premier ministre malaysien, la Banque de développement islamique fut créée en 1975. Chacun des quarante et un pays de l'Organisation de la conférence islamique possédait au moins une action, mais le capital était détenu à vingt-cinq pour cent par l'Arabie Saoudite, seize pour cent par la Libye, quatorze pour cent par les Émirats Arabes Unis et treize pour cent par d'autres pays du Golfe. La banque, domiciliée à Djedda, fut dotée d'un capital de deux milliards de dollars.

Cette initiative n'était pas la première du genre. Déjà, dans les années cinquante, plusieurs banques islamiques avaient été créées en Égypte, mais, soucieux de museler la confrérie des Frères musulmans et de lui couper ses ressources, le président Nasser les avait fermées.

La mission de ces banques islamiques, qui ont fleuri à partir de 1975, est avant tout d'aider au développement de projets bénéficiant aux pays musulmans et à la propagation de l'islam, en vue d'instaurer un « nouvel ordre économique islamique ». Quelques années plus tard, avec la naissance de la Banque islamique de solidarité au Soudan, la dimension militante et idéologique du système bancaire islamique devient prépondérante face à la dimension purement financière. La preuve en est que ces banques n'ont, en réalité, jamais été utilisées pour abriter massivement les avoirs des pays producteurs de pétrole. Ces banques, bien que très riches en termes de dépôts, n'ont réalisé sur le plan international que des opérations mineures et aucune d'entre elles ne se situe dans la liste des dix premières banques mondiales. Une des raisons de cette relative léthargie du système bancaire islamique est que les États-Unis n'auraient jamais accepté un retrait massif des dépôts arabes et que l'Arabie Saoudite ne se serait jamais risquée à les affronter sur ce terrain sensible. De cette ambiguïté saoudienne, pourtant à l'origine du projet, est né le confinement des banques islamiques au statut qui est le leur aujourd'hui : celui de banques alternatives, riches et financièrement puissantes, mais parfois marginalisées dans le monde de la finance internationale.

Loin d'être un handicap, ce statut est parfaitement compatible avec les intérêts et les buts de la nébuleuse islamiste. Un statut à part d'autant plus confortable que, dans les années quatre-vingt, des banques islamiques ont été créées dans plus de vingt-trois pays, dont la Suisse, le Luxembourg ou la Malaisie sans parler des établissements existant en Turquie, au Soudan, en Tunisie ou aux... Bahamas.

En s'effondrant, le rêve économique de certains idéalistes musulmans de créer un système monétaire islamique universel fondé sur un mythique dinar-or, imposait au système bancaire islamique de se trouver une nouvelle utilité. C'est sur le plan de l'économie intérieure bien plus qu'au niveau international que les banques islamiques vont jouer un rôle capital et démontrer leurs performances. En collectant et en recyclant en devises fortes l'argent du commerce informel ou du marché noir de l'ensemble des pays du monde musulman, ces établissements, fonctionnant plus comme des bureaux de change que comme des banques de dépôt, ont fini par manipuler des fonds importants qui échappent au système bancaire conventionnel.

Dans les années quatre-vingt, en Égypte, des établissements comme la Al Rayyan House étaient parvenus à attirer un capital de plusieurs milliards de dollars issus du secteur économique informel ! Rapidement, cette banque islamique alternative avait su inspirer confiance à des épargnants modestes qui n'auraient jamais confié leurs économies à une banque non islamique, préférant garder des liasses de billets à la maison pour les changer clandestinement, en cas de besoin, dans le bazar. La banque Al Rayyan, qui promettait une discrétion absolue quant à l'origine des fonds, offrait des rendements financiers inespérés : souvent mille dollars par an de retour pour un dépôt de deux cents dollars. À sa fermeture en 1989, Al Rayyan avait deux cent mille clients et ses fonds propres pesaient un milliard et demi de livres égyptiennes. La plupart des clients étaient des Égyptiens de la diaspora qui envoyaient chaque année plusieurs centaines de millions de dollars au pays où Al Rayyan leur proposait, de surcroît, des intérêts exceptionnels qu'aucune autre banque n'aurait pu offrir. Chez Al Rayyan, la discrétion était plus rigoureuse que dans certaines banques suisses : une toute petite partie des déposants privilégiés figuraient sur la très secrète *Blessing List*, la Liste de la bénédiction, et blanchissaient ainsi des bénéfices réalisés par le biais de trafics d'or, d'armes ou de pierres précieuses. Certains de ces clients VIP bénéficiaient sur leurs dépôts de taux d'intérêt proches des cent pour cent ! De tels taux d'intérêt n'étaient probablement pas générés par des activités financières particulièrement islamiques et il est probable qu'un imam, s'il avait été consulté, y aurait trouvé matière à pénitence...

Depuis la fermeture de Al Rayyan, pour cause de fraude et de pertes inexpliquées sur les marchés internationaux de l'or, la police égyptienne continue d'enquêter sur ce mystérieux empire financier « islamique » et sur ses objectifs réels.

Parmi les nombreux établissements qui se partagent le secteur bancaire islamique, trois banques ont mérité une attention spéciale compte tenu de leurs activités « extra-bancaires », notamment le financement d'organisations islamiques fondamentalistes, mais très souvent, il faut le reconnaître, à leur insu, par le biais de « financiers » ou d'institutions agissant comme « couvertures » d'un mouvement islamique.

La Dar al Maal al Islami, filiale du Faycal Islamic Bank Group, initialement créée à l'initiative du roi Faysal, est un peu en perte de vitesse aujourd'hui, mais pendant plus de dix ans, à partir de 1982, elle a, avec ses sociétés d'investissement satellites, brassé des milliards avec un capital initial de trois cent quinze millions de dollars. Cette banque immatriculée aux Bahamas le 27 juillet 1981 n'avait à l'époque pas de concurrence ; elle était la première banque islamique du monde et ses actionnaires étaient entre autres le président pakistanais Zia ul-Haq, le président soudanais Djafar al-Nimayri et plusieurs princes saoudiens. Trente-cinq millions de dollars avaient été souscrits auprès du public. La fondation de la banque avait été autorisée par une fatwa délivrée par le cheikh Bin Baz, le chef du conseil des oulémas d'Arabie Saoudite, et l'orthodoxie islamique des opérations de la banque était rigoureusement contrôlée par un double et étrange conseil d'administration composé pour moitié de financiers, pour moitié de religieux. Enregistrée aux Bahamas, la DMI avait cependant un bureau à Genève, au 7 de la rue des Alpes. Ce bureau genevois aurait dû devenir la tête de pont de la banque dans le monde chrétien. En effet, une des ambitions du prince Mohamed, qui dirigeait la banque, était d'ouvrir des agences en Occident et d'utiliser la banque pour des actions internationales de prosélytisme islamique.

Mais en Europe, la DMI se heurte à la réticence des autorités qui s'opposent à la création d'une Euro-Islamic Bank. Le continent africain en revanche s'ouvre largement à la DMI et des pays comme la Guinée acceptent même d'adapter leur législation pour la rendre compatible avec celle des banques islamiques. À défaut de parvenir à établir en Suisse un centre international pour ses activités, la DMI devient un organisme de financement direct pour des dizaines d'organisations islamistes dont certaines, parfaitement non violentes, seront créées en Suisse comme la Shari'a Investment Services, la Spacetronic SA enregistrée à Vaduz au Liechtenstein ou le Al Dir'yyah Institute.

Simultanément, le prince Mohamed finance à Londres un institut de réflexion, l'Islamic Council of Europe qui sert de tête de réseau et de bailleur de fonds à toute une galaxie d'organisations de propagande islamique au nombre desquelles on compte : le Secrétariat islamique pour la libération des territoires musulmans ; l'Institut pour les minorités musulmanes ; le Fonds de solidarité islamique et la Commission internationale sur les minorités musulmanes. Ces organisations revendiquant des territoires musulmans soulèvent évidemment en Europe plus de suspicion que de sympathie, surtout quand commence, par exemple, à émerger dans les cercles islamiques la notion d'« Andalousie musulmane »... Il est difficile d'imaginer que l'Espagne trouve la démarche séduisante. D'autres satellites de la DMI agacent les gouvernements européens, telles l'Association des travailleurs musulmans en Europe, ou l'Organisation islamique des droits de l'homme dont la présidence est confiée à l'Algérien Ahmed Ben Bella qui reçoit en contrepartie plusieurs millions de dollars pour son parti politique. Quelques dizaines d'autres entités se consacrent aussi, dans une optique islamiste, à l'environnement, aux arts ou aux traditions populaires...

Cette belle et coûteuse machine de prosélytisme islamique est cependant freinée dans son élan par le manque de moyens. En 1984, la DMI affiche vingt-huit millions de dollars de perte, contre sept millions de dollars de bénéfice l'année précédente. Ces pertes sont dues, une fois de plus, à de dangereuses opérations spéculatives sur le marché de l'or. C'est un coup d'arrêt aux activités du prince Mohamed, mais ce n'est pas la fin des banques islamiques, loin de là. Encore moins de la tentation pour certains de les attirer discrètement dans le financement de l'islamisme dur.

Alors que la DMI est en difficulté, émerge une autre banque islamique la Dellah al Baraka. Avec un milliard de dollars de capital, cette banque s'affiche comme la rivale directe de la DMI qui n'a plus la confiance des déposants. La Al Baraka a été fondée par un groupe d'hommes d'affaires arabes obscurs et aucun prince saoudien ne siège à son conseil ; mais elle travaille pourtant la main dans la main avec plusieurs amis de la famille royale, comme la famille Ben Laden qui a le monopole des constructions de mosquées et lieux de culte dans tout le royaume. Depuis son double siège de Londres et Manama, la banque s'implante dans une douzaine de pays : en Mauritanie, à Bahreïn, en Tunisie et même en Thaïlande et au Texas. En 1990, elle ouvre un bureau en Algérie. Également soucieuse de s'établir dans le monde occidental, la Al Baraka choisit cependant une méthode plus discrète que la DMI et s'implante par le biais de sociétés fiduciaires ou de holdings financières comme la Islamic Banking System International Holding. En avançant masqué, la Al Baraka réussit là où avait échoué le prince Mohamed, en finissant par contrôler à Copenhague la première Banque islamique internationale, l'IBI. Cette banque ouverte en 1984 devient vite, à cause de sa discrétion, la banque de prédilection des communautés islamiques installées en Europe. L'IBI, qui achète de l'espace publicitaire dans presque toutes les revues musulmanes d'Europe, devient la banque du Groupement islamique de France, une organisation communautaire en partie à l'origine du Front islamique du salut algérien et du mouvement tunisien En Nahda.

En 1990, la Al Baraka est la banque islamique officielle de l'Arabie Saoudite mais surtout un instrument incontournable de la politique étrangère saoudienne, ouvrant des agences partout où il devient nécessaire d'entretenir des relations diplomatiques : à Djibouti, Johannesburg ou Shanghai.

La plus mystérieuse des banques islamiques reste la Taqwa. Cette banque est tellement discrète, avec un seul bureau officiel aux Bahamas, que plusieurs services de renseignements occidentaux et nord-africains en sont arrivés à douter de son existence... Mais la Al Taqwa existe vraiment et opère dans plus de trente pays. Elle a été créée en 1987 à Nassau avec un capital modeste de cinquante millions de dollars dont un tiers ont été souscrits dans le public. Le reste a été mis à disposition par des organisations fondamentalistes et en particulier par la Fraternité musulmane koweïtienne Al Islah. Comme dans le cas des autres banques islamiques, la conformité des opérations bancaires avec la charia est supervisée par un conseil religieux dirigé par un membre de l'association des Frères musulmans égyptiens.

On en sait peu sur cette banque et les informations disponibles le sont plus grâce à l'enquête sur le scandale financier de la banque égyptienne Al Rayyan que grâce aux rapports annuels de l'établissement. La police égyptienne a établi que, comme la Al Rayyan, la Al Taqwa a financé à plusieurs reprises des candidats islamiques lors d'élections municipales en Égypte et que le fondateur et président de la Al Taqwa est en réalité Youssouf Nada, un Frère musulman égyptien extrêmement riche et discret qui admet être à la tête de plus de deux mille sociétés commerciales. Le vice-président de la banque, Ali Ghalib Himmat, est, lui aussi, connu pour ses activités islamistes militantes ; il a été un des animateurs de la communauté islamique d'Allemagne et du centre islamique de Munich. Les deux hommes sont aujourd'hui de nationalité italienne. Le siège des activités de Youssouf Nada, et apparemment des opérations de la banque Al Taqwa, se trouverait en Suisse, dans la ville de Campione, près de Lugano, ainsi qu'en atteste une publicité d'un quart de page publiée une seule fois dans un supplément financier du quotidien *Herald Tribune.* Youssouf Nada, peu connu du grand public, est pourtant depuis près de trente ans un bailleur de fonds important de l'islamisme en Allemagne et en Suisse. Youssouf Nada n'a d'ailleurs pas limité son soutien au seul continent européen. En 1978, ce riche homme d'affaires a financé à hauteur de plusieurs millions de dollars la création du siège de l'association américaine des étudiants musulmans à Indianapolis.

Les dirigeants fondamentalistes les plus durs ont souvent cherché à utiliser des banques dont le maillage s'étend de Nassau à Peshawar en passant par presque tous les paradis fiscaux de la planète. Ils s'en servent cyniquement et considèrent, quelquefois un peu naïvement, que ces banques devraient avoir les capacités de contourner les circuits financiers conventionnels pour blanchir des fonds rapidement à partir de n'importe quelle monnaie inconvertible sur les marchés normaux ! En effet, une grande partie des ressources financières consacrées au djihad proviennent d'activités délictueuses : trafic de drogue ou contrebande. Mais depuis 1995, une coopération internationale a permis de sensibiliser le secteur bancaire islamique et de repérer plusieurs transferts de fonds douteux à destination de mouvements intégristes.

Dans le cas des Afghans, la production de drogue est une source de revenus habituelle depuis des siècles. Mais au lendemain du retrait des troupes soviétiques — tout autant que pendant l'occupation — ce qui n'était qu'une activité économique d'appoint au sein des tribus est devenu une industrie organisée permettant de financer des achats d'armement. Après le retrait de l'Armée rouge, les résistants n'étaient pas les seuls impliqués dans le trafic ; plusieurs apparatchiks du régime prosoviétique de Kaboul se comportaient également comme des barons de la drogue. En 1991, le patron du WAD, le service de renseignements afghan, était limogé à cause de son implication trop voyante dans un réseau international de vente d'héroïne.

À la fin de la guerre d'Afghanistan, la production d'opium avait augmenté de trois cents pour cent, passant de deux mille tonnes en 1991 à plus de quatre mille tonnes en 1992, plus que la Birmanie qui ne produisait à l'époque que deux mille cinq cents tonnes de pavot ! Selon des experts américains, les récoltes étaient vendues sur pied et les quatre cinquièmes de l'héroïne consommée en Europe venaient de ce nouveau triangle d'or qui aurait mérité le surnom de « Narcostan » évoqué avec humour par un officiel soviétique.

Cette escalade de la production était due en grande partie à l'interruption de l'aide financière accordée aux mouvements de résistance afghans par les Américains. En 1991, l'organisation du militant islamiste Gulbuddine Hekmatyar se serait spécialisée dans la production d'héroïne avec plus de quatre-vingt-six laboratoires de campagne dont certains pourraient avoir été dirigés par des « chimistes » de la mafia russe. La commercialisation de la drogue restant, elle, entre les mains de la mafia pakistanaise installée dans les régions frontalières non loin de Peshawar. Le plus connu de ces barons pakistanais de la drogue, Haji Ayyub Zaki ul Afridi, assurait à lui seul le rachat et l'écoulement de plusieurs centaines de tonnes de pavot à chaque récolte. Sa résidence fortifiée de Landikotal a fait l'objet de plusieurs perquisitions infructueuses.

La drogue pouvait ensuite être acheminée vers l'Europe selon des routes plus ou moins connues passant par la Tchétchénie, la Russie et les nouvelles républiques d'Europe du Nord, les cartels d'Asie centrale dédaignant visiblement les routes les plus surveillées passant par la Turquie ou le Nigeria via l'Afrique du Sud. En 1992, le flux financier entre l'Afghanistan et les mafias russes représentait, selon les experts américains de la DEA[1], plusieurs milliards de dollars par an dont une partie bénéficie directement au djihad.

Aujourd'hui, cette industrie s'est largement développée et sert les intérêts des nouveaux maîtres de l'Afghanistan et de leurs amis fondamentalistes ou terroristes. La nébuleuse islamiste bénéficie des subsides des barons de la drogue en échange d'un blanchiment de l'argent dans son réseau de banques. Il en va ainsi pour les Talibans qui protègent Usama Ben Laden, contrôlent quatre-vingt-dix pour cent des surfaces cultivées d'Afghanistan et réclament une taxe forfaitaire de vingt mille roupies (environ trois mille francs) au locataire de la parcelle, plus une seconde taxe de mille roupies (cent cinquante francs) par kilogramme d'opium récolté.

Ils délivrent même un reçu en bonne et due forme au paysan afin qu'il puisse franchir sans encombre les postes de contrôle placés sur son chemin. L'échelle des prix varie de mille cinq cents roupies (deux cent vingt-cinq francs) dans la région de Kandahar à trois mille cinq cents roupies (cinq cent quarante francs) dans la province de Nangarhar dans l'est du pays, à la frontière du Pakistan. Dans les zones dites « tribales », les prix peuvent monter jusqu'à cinq mille roupies, soit sept

1. Drug Enforcement Agency, l'agence américaine spécialisée dans la lutte contre la drogue.

cent cinquante francs. Les prix relativement élevés dans la province de Nangarhar s'expliquent par la présence d'au moins quinze laboratoires de fabrication d'héroïne qui donnent une grosse valeur ajoutée au pavot. En général, ce sont de jeunes islamistes formés dans les camps d'entraînement des Talibans qui servent de passeurs.

La contrebande constitue une autre source d'approvisionnement en devises des réseaux islamistes. L'Asie centrale n'est pas la seule région touchée par ces trafics incessants. La Jama'a Islamiya en Égypte, dans les années quatre-vingt, avait mis au point un système de blanchiment très simple à travers les Islamic Houses qui tenaient lieu de bureaux de change jusqu'à ce que les autorités les ferment. Le même type de fonctionnement existe aujourd'hui en Afrique du Nord, et particulièrement en Algérie où le marché noir et la contrebande, connus sous le nom de *trabendo,* sont devenus les bases d'une véritable économie parallèle. Traditionnellement le Sahara et les pays limitrophes ont toujours été la route des trafics ; depuis 1991, cette route est redevenue l'axe le plus sûr pour les contrebandiers chargés d'introduire des armes dans le sud de l'Algérie, via le Tchad ou même la Tunisie. Cette situation a conduit les autorités algériennes à renforcer les contrôles frontaliers, y compris avec ses voisins du Niger ou du Mali où le passage des convois de contrebande est depuis des années facilité par l'instabilité chronique due à la rébellion touareg. En 1992, un accord signé à Tamanrasset entre l'Algérie et le Mali tentait de mettre un terme à la contrebande qui a transformé le sud de l'Algérie en un gigantesque marché noir. Dans le cas du *trabendo* algérien, le rôle de centaines de banques, pas forcément islamiques, est devenu capital, notamment pour blanchir l'argent de ce commerce illégal mais aussi pour le transférer en Europe où il sert à alimenter les réseaux de soutien, les centres islamiques et les centrales d'achat de matériel militaire.

L'argent est le nerf de la guerre et les islamistes de la nébuleuse n'ont pas négligé ce point. Contrairement à d'autres organisations terroristes des décennies précédentes qui se sont quelquefois trouvées dans l'incapacité de financer leurs actions, ou même la survie de leur réseau, jamais les islamistes fondamentalistes n'ont manqué, ou ne manqueront, d'argent pour leurs actions.

# X

# Usama Ben Laden et le panislamisme

Ce milliardaire saoudien d'une quarantaine d'années, né en 1955 à Djeddah, est sans conteste le personnage le plus mystérieux et le plus mythique de la cause islamiste internationaliste. Une rumeur à Hollywood affirme que sa vie mouvementée pourrait faire l'objet d'un film produit ou interprété par l'acteur américain Robert De Niro. C'est un ancien responsable des « opérations spéciales » de la CIA, Duane Clarridge — qui avait en son temps aidé les services français à capturer le terroriste Carlos — qui aurait été consulté comme conseiller technique...

En avril 1998, depuis son sanctuaire perdu dans les montagnes d'Afghanistan, il consacre la plus grande partie de sa fortune et de son temps à manipuler des mouvements islamistes implantés en Europe ou au Moyen-Orient, défiant les Américains et vouant la monarchie saoudienne aux gémonies. Pour Washington et Riyad, il est l'ennemi public numéro 1 [1]. Pour des

1. Il est tenu pour responsable par les Américains des attentats perpétrés le 7 août 1998 contre leurs ambassades au Kenya et en Tanzanie qui ont fait plusieurs morts et des centaines de blessés. En représailles, les États-Unis enverront des missiles Tomahawk contre des camps d'entraînement financés par Ben Laden en Afghanistan et contre une usine soupçonnée de produire des armes chimiques au Soudan.

millions de musulmans, il est une idole, plus à cause de son combat dans les rangs des résistants afghans qu'à cause de son implication dans le terrorisme international.

Sa carrière au service de l'islamisme radical commence en 1988, date à laquelle ce jeune homme élevé sur les bords de la mer Rouge — fils d'une grande famille de Riyad qui s'est consacrée à la reconstruction des mosquées de La Mecque et de Médine — renonce à la mission secrète que lui avait confiée le roi Fahd et à laquelle il s'était voué pendant près de dix ans. Usama Ben Laden, ayant cessé de servir le roi, devient le plus virulent des opposants à la monarchie wahhabite, poussant cette dernière à prendre finalement à son encontre une mesure exceptionnelle en le privant de sa nationalité saoudienne.

Pourtant, jusqu'en 1988, Usama Ben Laden, est un sujet modèle de Sa Majesté ; la relation de sa famille avec la famille royale est plus que d'affaires, elle est fondée sur la confiance et l'amitié. Les enfants Ben Laden fréquentent les mêmes écoles que les nombreux enfants du roi Abdel Aziz, notamment le collège Victoria à Alexandrie où les fils Ben Laden ont étudié sur les mêmes bancs que le futur roi Hussein de Jordanie ou l'acteur Omar Sharif. Cette relation de confiance entre les deux familles n'a jamais été démentie bien qu'il y ait eu des crises graves. La plus importante a été celle de La Mecque en 1979. La société de construction des Ben Laden ayant l'exclusivité des réparations sur les Lieux saints, ses camions entraient et sortaient sans contrôle et c'est en empruntant ces camions que les insurgés réussirent à y faire pénétrer des armes... C'est en faisant appel aux Ben Laden qui, seuls, possédaient les plans des Lieux saints que les policiers saoudiens ont pu s'orienter dans les souterrains.

Avant cet épisode, Usama avait été chargé par le chef des services de renseignements saoudiens, le prince

Turki al Faysal, fils de feu le roi Faysal, d'organiser les voyages des « Afghans arabes » qui transitaient par Djeddah par centaines avant de se rendre à Peshawar, au Pakistan. Ces combattants affluaient de tous les pays arabes pour soutenir le combat de leurs « frères » opprimés par les Soviétiques en Afghanistan. Les moudjahidin étaient des héros dans le monde musulman, mais aussi dans le monde occidental. Ils étaient armés par la CIA, leur entraînement militaire avait été confié à des officiers égyptiens et les fonds étaient généreusement mis à disposition par plusieurs pays du Golfe ainsi que par les États-Unis qui consacreront à la résistance afghane, selon des sources officielles américaines, plus de deux cent quatre-vingt-cinq millions de dollars par an. Usama Ben Laden était au centre de ce dispositif. Cet engagement aux côtés de la résistance afghane était vraiment le choix de ce jeune homme idéaliste et religieux, et pas seulement un ordre du souverain saoudien.

Au moment où, en 1979, l'Armée rouge envahit l'Afghanistan, Usama Ben Laden vient d'être diplômé de l'université du roi Abdul-Aziz. Sensible au calvaire des Afghans écrasés par Moscou, Usama Ben Laden s'embarque pour le Pakistan d'où, comme des milliers d'autres combattants, il va s'introduire clandestinement en Afghanistan. Il trouve dans ce combat l'opportunité de manifester son courage et sa foi. La libération de l'Afghanistan, dans les rangs de cette armée de « nouveaux croisés » qui luttent contre le communisme, devient son djihad. Jusqu'en 1990, Usama Ben Laden, faisant la navette entre l'Afghanistan et l'Arabie Saoudite, est présent sur tous les fronts : recrutant des combattants par milliers et organisant leur acheminement jusque dans les maquis, créant des camps d'entraînement, construisant des fortifications et des tunnels à la frontière du Pakistan avec les bulldozers de ses propres entreprises de construction, et poussant l'engagement jusqu'à prendre les armes lui-même. La légende qui entoure ce personnage mystérieux voudrait qu'il se soit souvent mis lui-même aux commandes de ses Caterpillar pour élever des fortifications ou creuser des fossés antichars afin de protéger ses frères moudjahidin. À Jaji, près de la frontière pakistanaise et à Shaban, une autre localité frappée par la guerre, Ben Laden est directement impliqué dans plusieurs combats meurtriers au corps à corps contre des soldats de l'Armée rouge, gagnant ainsi les toutes premières batailles contre l'envahisseur soviétique mais aussi au feu ses galons de moudjahid et pas dans un salon ou une mosquée de Genève ou de Londres ou à la tribune des Nations unies... Ces années de résistance sont à l'origine de sa réputation dans le monde arabe. Il est connu comme un combattant, et accessoirement un milliardaire généreux avec la cause. Un de ses lieutenants, un volontaire palestinien, Hamza Mohammed, révélera dans un entretien accordé à l'hebdomadaire américain *Time*[1], combien Ben Laden suscitait à cette époque l'admiration des autres moudjahidin : « Pour nous, il était un héros parce qu'il était toujours en première ligne. Il se débrouillait toujours pour passer devant quelqu'un... Il n'a pas seulement donné de l'argent, il a fait don de sa personne. Il est venu jusqu'ici pour vivre avec les paysans afghans et les combattants arabes. Il faisait la cuisine avec eux, mangeait avec eux, creusait des tranchés comme eux. C'était la manière de vivre et le style de Ben Laden... »

Le 13 février 1989, les derniers soldats de l'Armée rouge quittent l'Afghanistan mais le régime communiste de Najibullah reste en place ; la guerre n'est pas terminée pour les résistants. Pourtant, en 1990, à la demande des Américains, les Saoudiens cessent leurs subventions aux « Afghans arabes ». Usama Ben Laden, qui s'est convaincu de la légitimité du combat de ses frères afghans, refuse de les abandonner. Il revient en Arabie

1. *Time*, 6 mai 1996, « Le paladin du djihad », par Scott Mc Leod.

Saoudite où il est accueilli comme un héros par le peuple saoudien mais, sur le plan politique, il entre presque immédiatement en dissidence et fait alliance avec des opposants au régime de Riyad, en Iran et en Syrie. La monarchie wahhabite tente de le raisonner par l'intermédiaire de ses frères, mais Usama Ben Laden est inflexible ; le combat des moudjahidin afghans est le sien. À travers ses différentes sociétés de travaux publics, Usama Ben Laden continue d'assurer le transit des moudjahidin des organisations égyptiennes Al Jihad et Jama'a Islamiya vers le Pakistan. Pour faciliter le passage des combattants, il leur établit de faux contrats de travail et leur obtient de faux papiers. En outre, et c'est bien la première raison de sa dissidence, le régime wahhabite est devenu à ses yeux corrompu et déviant sur un plan religieux. Usama Ben Laden devient de plus en plus critique et il est de plus en plus surveillé, d'autant qu'il ne cache pas ses opinions. Un temps seulement, son statut de héros et son appartenance à une grande famille vont le protéger, mais le régime se lasse de ses frasques et commence à lui faire subir le même sort qu'aux autres opposants. On dit que le mandat d'arrêt lancé contre Usama le 16 mai 1993 n'affecte pas vraiment la relation existant entre les deux familles.

À cause de la surveillance qui s'intensifie, d'autres opposants en exil à Londres, proches de Ben Laden, deviennent les relais du milliardaire à demi muselé, qui dénonce sans relâche la « dérive » de la monarchie wahhabite. Ces exilés, et notamment Khaled Al Fawaz, expliquent que la fracture définitive entre Ben Laden et la monarchie saoudienne est intervenue au moment de la guerre du Golfe avec l'arrivée des soldats américains et occidentaux en Arabie Saoudite. Cette « invasion » de la terre sainte par des soldats d'une armée étrangère était non seulement, aux yeux de Ben Laden, un bradage de la souveraineté du royaume mais surtout une apostasie pure et simple. Selon Al Fawaz, si Usama Ben

Laden a été, un temps, un allié objectif de Washington en organisant le djihad contre les communistes de l'Armée rouge, il porte aujourd'hui sur les Américains un jugement sans appel, inspiré par son « horreur » de les avoir vus, sur tous les écrans de télévision du monde, fouler en armes le sol sacré de l'Arabie. Ben Laden affirme que jamais auparavant, l'Arabie Saoudite n'avait laissé un soldat poser le pied sur son territoire, encore moins un soldat de sexe féminin, comme ont osé le faire les Américains. Seul l'humour grinçant de Ben Laden et de ses représentants en Europe tempère un peu leurs propos lorsqu'ils décrivent le corps expéditionnaire américain comme « une bande d'infirmes, incapables de survivre dans le désert sans livraison d'eau minérale ». Au yeux de Usama Ben Laden, l'affront de Washington est cependant impardonnable et la « trahison » de Riyad historique.

Mais au-delà de cette question épidermique de sensibilité nationale, Khaled Al Fawaz fonde sa contestation du régime saoudien sur des arguments religieux. Pour lui, le roi Fahd doit partir. « La monarchie saoudienne est devenue illégale parce qu'elle ne respecte pas les principes de la loi islamique, explique-t-il. Le premier exemple de cette trahison est fondé sur l'unicité de la loi islamique ; la charia est unique, elle ne peut donc être ni aménagée ni déclinée selon de multiples variantes. Or le régime saoudien applique plusieurs lois islamiques. Une pour les étrangers, une pour les travailleurs émigrés, une pour les militaires, une pour les religieux et évidemment une pour les membres de la famille royale. Ces différentes variantes de la loi islamique n'ont d'autres raisons d'être que de protéger la famille royale et les dignitaires du régime qui se rendent en permanence coupables de corruptions, vols, recels et autres crimes, tous condamnés et punis par la charia. Le simple fait que le régime saoudien applique plusieurs lois à la fois, et *a fortiori* pour couvrir ses actes délictueux, le rend illégal du point de vue de l'islam et justifie un renversement du régime[1]... »

Pour diffuser sa pensée et donner corps à son projet, le « croisé » de la purification du royaume wahhabite utilise à distance de nombreuses associations de recherche ou de réflexion. La plus active et la plus visible est l'ARC, Advice and Reformation Committee[2]. Cette organisation, sous couvert de conseils en vue d'une réforme des institutions saoudiennes, revendique une action non violente opposée à la révolution, afin d'éviter à la population saoudienne la répression féroce que provoquerait inévitablement un soulèvement. Mais, abrités derrière cette démarche non violente et en apparence respectueuse de l'ordre établi, les militants de l'ARC poussent implicitement les plus radicaux des contestataires saoudiens à éliminer le régime. Pour conduire les Saoudiens à l'insurrection, le conseil de l'ARC, façade internationale d'Usama Ben Laden, se fonde sur la charia, et précisément sur le point faisant état d'un éventuel recours à la lutte armée. Les « savants » de l'ARC sont formels : deux croyants peuvent parfaitement avoir une vision divergente d'une même situation dès lors que ces deux visions découlent d'un même respect de la charia. Ce point de droit islamique, ou de théologie, fait qu'un croyant ne pourra pas condamner en principe le recours à la violence puisque le djihad est admis contre un adversaire lorsque ce dernier viole la loi islamique. Au nom de ce « point de droit », l'ARC d'Usama Ben Laden soutient donc le djihad contre une monarchie « hors la loi ». Ainsi, sous des dehors modérés et des arguments religieux savants, de nature à impressionner leurs militants, les « réformateurs » nourrissent-ils en permanence le débat en dénonçant les privilèges du roi et surtout sa légitimité. Selon l'ARC en exil à Londres

1. Entretien avec un des auteurs à Londres en novembre 1997.
2. Comité pour le conseil et la réforme.

— ses représentants ne prennent pas beaucoup de risque à l'affirmer —, le mouvement pour la réforme compterait aujourd'hui en Arabie Saoudite plusieurs dizaines de milliers de sympathisants, tous lourdement armés et inconnus à quatre-vingt-dix pour cent des services de sécurité saoudiens. Selon Khaled Al Fawaz, le représentant de l'ARC, il est depuis toujours de tradition de posséder dans les tribus du désert des armes nombreuses et quelquefois des armes lourdes comme des canons antiaériens, ou des lance-missiles antichars... Le réseau des « réformateurs » aurait son propre système de financement, de communication, de renseignement et même de justice, toute cette machinerie insurrectionnelle étant évidemment strictement conforme à la charia. À l'occasion d'une rencontre avec Al Fawaz à Londres, ce dernier nous a expliqué que la lutte du GIA est un bon exemple pour les futurs combats contre la monarchie. Cette déclaration de l'homme de Ben Laden en Europe est d'autant moins étonnante que son « patron » se passionne pour l'islamisme algérien. Il a fait établir des contacts discrets avec des intellectuels proches du GIA à Londres et leur aurait proposé, dans un premier temps, des financements ainsi que des stages de formation dans plusieurs camps de réfugiés au Pakistan. Un membre du GIA algérien, Mustapha Al Djezaïri, a rencontré Ben Laden dans sa cache chez les Talibans en Afghanistan. Cet Algérien aurait été tué en avril 1997 après la neutralisation par les forces de l'ordre pakistanaises, dans le camp de réfugiés afghans de Jalozai, d'un groupe de fanatiques islamiques appartenant au mouvement Al Thakir Wal Hijra. Ce jour-là, les militaires pakistanais avaient dû livrer trente-six heures de combat pour venir à bout des islamistes qui étaient d'origines diverses : plusieurs d'entre eux étaient tadjiks, d'autres égyptiens et tunisiens mais surtout algériens.

En 1991, Usama Ben Laden, qui critique désormais

ouvertement le régime de Riyad, décide de s'installer au Soudan où il pense avoir trouvé une oreille attentive. Le Soudan avait soutenu l'Irak pendant la guerre du Golfe, prenant ainsi parti contre la monarchie saoudienne. Ben Laden va vivre cinq ans d'un exil doré entre la petite ville historique d'Ondurman, à quelques kilomètres de Khartoum sur les bords du Nil, et une maison du sud de la capitale. À Khartoum, Usama Ben Laden, qui a emmené dans ses bagages une petite troupe de fidèles « afghans-arabes », a créé une entreprise de construction et une ferme industrielle qui exporte des graines de tournesol et des chèvres en Europe. Au Soudan comme en Arabie Saoudite, Usama Ben Laden fait des affaires. C'est une tradition familiale. Son père, un paysan d'origine yéménite naturalisé saoudien, était devenu le plus grand entrepreneur de construction d'Arabie Saoudite en recyclant les pétrodollars dans le bâtiment. La famille Ben Laden est encore aujourd'hui à la tête d'une fortune estimée à plus de cinq milliards de dollars et, dans les années quatre-vingt-dix, les biens personnels d'Usama Ben Laden étaient évalués à trois cents millions de dollars. Pour ses détracteurs, sa fortune aurait été construite sur les « fonds de solidarité » dont il avait la responsabilité à l'époque où il s'occupait de la filière des « Afghans-arabes » pour le compte des services secrets saoudiens. Des fonds en partie d'origine américaine... Ce qui lui permet de faire de la surenchère. Ainsi cherche-t-il à racheter des missiles Stinger. Depuis trois ans, une course de vitesse est engagée entre lui et le Pentagone qui essaye de récupérer tous les tubes lance-missiles autrefois distribués à la résistance. Les militaires américains offrent-ils cent mille dollars par Stinger ? Usama Ben Laden propose alors deux cent mille dollars ! Certains de ses émissaires auraient choisi de livrer des missiles en échange d'anhydride acétique, un produit chimique qui sert à transformer l'opium en héroïne.

Condamné à une fuite permanente, Usama Ben

Laden quitte le Soudan en mai 1996, un peu moins de deux ans après la livraison à la France du terroriste Carlos réfugié à Khartoum et démasqué par un officier de renseignements français, le général Rondot[1]. Dans les mois qui ont précédé l'expulsion du terroriste vénézuélien, Khartoum a manifesté sa bonne volonté en matière de lutte antiterroriste. Usama Ben Laden est devenu encombrant et les tracasseries se multiplient à l'encontre du milliardaire saoudien qui est finalement prié de quitter le pays avec sa garde, alors composée en partie d'éléments du GIA dont certains prononceront même une fatwa condamnant Al Tourabi à mort pour avoir cédé aux pressions occidentales en expulsant Usama Ben Laden. Quelques mois après avoir quitté le pays, Usama Ben Laden déclare qu'il n'a pas l'intention de revenir au Soudan, un pays qui a « vendu les "Afghans arabes" à vil prix ». Il affirme également avoir échappé à deux tentatives d'assassinat à Ondurman et à Khartoum[2]. Il s'installe en Afghanistan, non loin de la frontière pakistanaise dans un premier temps. Mais, selon plusieurs sources en Asie et au Moyen-Orient, peu avant l'entrée des Talibans à Kaboul, en septembre 1996, Usama Ben Laden aurait déjà été installé dans une région d'Afghanistan principalement peuplée par des musulmans chi'ites susceptibles de l'aider à passer en Iran en cas de menace. Pour les Américains, Ben Laden ne pouvait en effet être protégé en Afghanistan que par les Hazaras chi'ites. Les Ouzbeks du général Dostam ou

1. Ramirez Ilich Sanchez, *alias* Carlos, a été capturé au Soudan le 15 août 1994 in *Carlos, le dossier secret*, par Roland Jacquard et Dominique Nasplèzes, Éditions Jean Picollec, décembre 1997.

2. Déclaration dans un entretien accordé par Usama Ben Laden au quotidien *Al Quods Al Arabi*, 27 novembre 1996. Dans ce même entretien, Ben Laden déclarera que le régime saoudien a fait pression sur sa famille pour qu'il rentre en Arabie Saoudite où ses biens et son passeport lui seraient restitués à condition qu'il déclare que le roi Fahd est un bon musulman.

les Tadjiks du commandant Massoud — tous deux alliés virtuels des Américains — n'auraient, selon Washington, pas fait de difficultés à livrer le Saoudien. Une fois de plus, Usama Ben Laden se volatilise, profitant de la division qui règne en Afghanistan. Au cours de ses voyages entre l'Iran et l'Afghanistan, il aurait, selon les services américains, mis en place avec des vétérans afghans du Hezb-I-Islami de Gulbuddine Hekmatyar un réseau de trafic de drogue destiné à financer les activités de son djihad et à rendre chaque groupuscule aussi autonome que possible.

En Afghanistan, Usama Ben Laden vit quasiment comme un nomade ; en mars 1997, il est installé dans les environs de Jalalabad. Son camp porte le nom de *Najam ul Jihad*, l'Étoile de la guerre sainte. Quelques mois plus tard, en juillet 1997, il s'installe à Kandahar, le siège du pouvoir taliban. Sous la protection de ces « étudiants en théologie », islamistes sectaires et extrémistes qui contrôlent presque tout l'Afghanistan, Usama Ben Laden continue à diriger sa galaxie et à mener sa campagne anti-américaine. Ses partisans préparent un plan contre la présence américaine dans le Golfe avec des actions de grande ampleur contre les forces armées américaines stationnées en Arabie Saoudite. Par l'intermédiaire de son réseau en Europe et sur des sites Internet qu'il subventionne indirectement, Ben Laden soigne sa propagande et fait passer le message qu'il n'est pas responsable des attentats en Arabie Saoudite mais qu'il s'en félicite néanmoins. Selon lui, ces attentats n'étaient que des avertissements à l'attention des Américains pour qu'ils se retirent afin d'éviter un affrontement entre les légions islamiques et leurs forces. Dans ses communiqués ou ses diatribes, Usama Ben Laden admet également son implication en Somalie où il déclare avoir envoyé deux cent cinquante moudjahidin au titre du djihad contre les Américains aux côtés de Farah Adid. Il affirme son soutien aux Talibans et prône le rapprochement des Talibans et des Iraniens ; selon lui, les seuls vrais islamistes du monde et qui de surcroît ont un ennemi commun : les Américains[1]. Depuis son nid d'aigle afghan, Usama Ben Laden n'épargne pas non plus la France qu'il accuse de soutenir la junte au pouvoir en Algérie et de persécuter quatre millions de musulmans vivant sur son sol car ils refusent d'abjurer leur identité islamique. Ces propos publiés dans un article d'un journal pakistanais, *The Muslim*, et repris par les différentes courroies de transmission du réseau Ben Laden en Europe contiennent tous les ingrédients nécessaires à l'embrasement des imams dans les banlieues françaises.

Véhiculant sans discontinuer des fatwas anti-américaines, antisaoudiennes et des condamnations du monde occidental en général, le téléphone satellite du leader de la cause panislamiste fonctionne à plein régime au point que ses « protecteurs » lui font remarquer qu'il prend le risque de se faire repérer. Les GPS[2] militaires américains pourraient localiser le fuyard au mètre près en utilisant les émissions de sa valise téléphonique et envoyer sans difficulté un missile sur son repère. À cette époque, Usama Ben Laden est vu à plusieurs reprises dans la voiture de « l'émir des croyants », le mollah Muhamad Omar, le numéro 1 du régime afghan. En quittant sa résidence de Jalalabad pour s'installer finalement à Kandahar, Ben Laden aurait tout simplement manifesté le désir de se rapprocher d'un guide spirituel. Il aurait en réalité passé avec les Talibans un accord, monnayant sa protection contre cinquante millions de

1. Déclaration au journal pakistanais en langue ourdou *Pakistan* du 18 mars 1997.

2. *Global Positioning System*, système de repérage qui utilise simultanément les signaux de plusieurs satellites pour localiser par triangulation un point à la surface du globe à quelques décimètres près. Le réseau GPS militaire américain est beaucoup plus précis que les réseaux commerciaux utilisés par les civils.

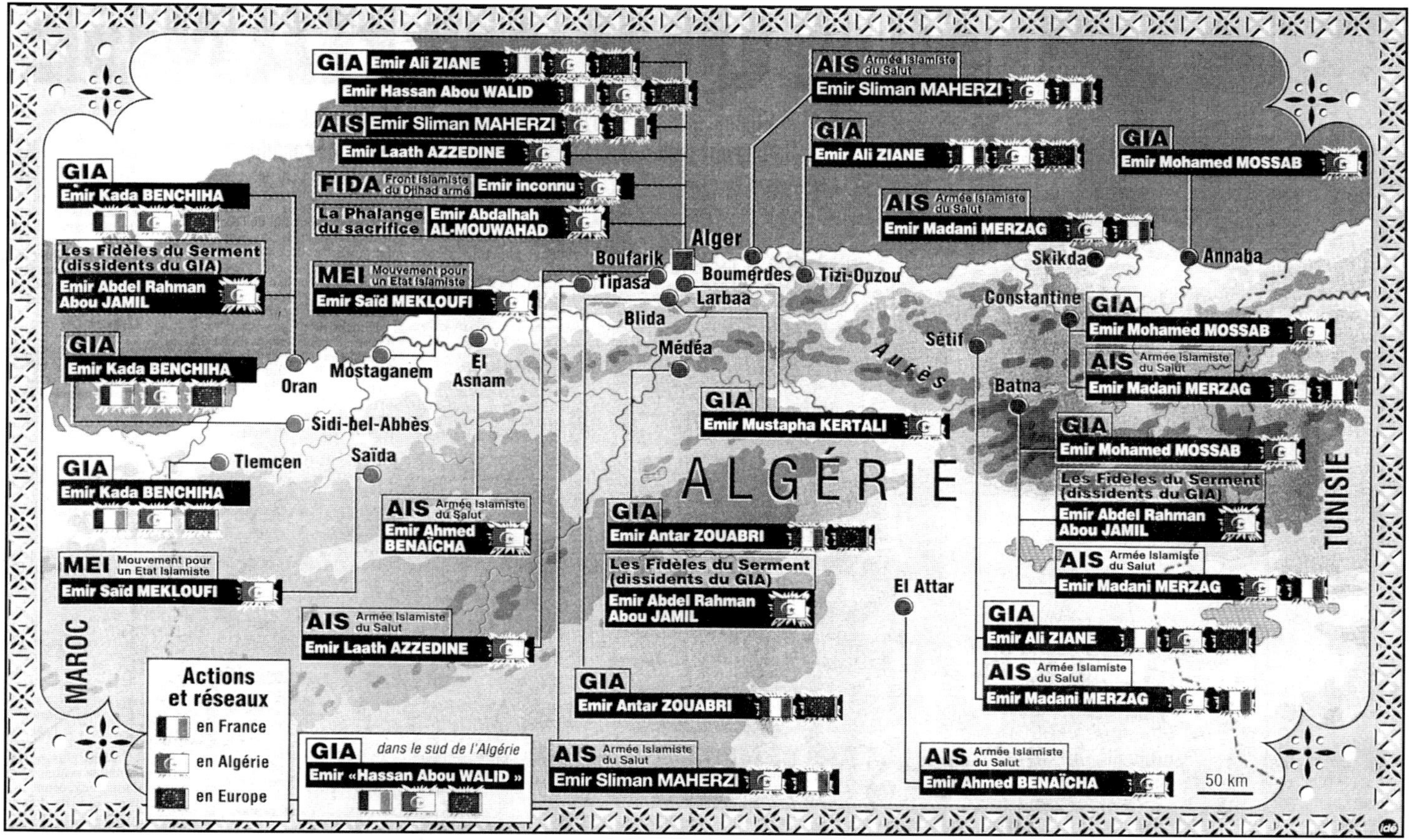


Info-carte de l'implantation des réseaux du FIS, de l'AIS et du GIA en Algérie (réalisée sous la direction de l'observatoire international du terrorisme dirigé par Roland Jacquard et publiée avec son interview dans *France-Soir* du 12 décembre 1996).

Affiche anti-terroriste en Algérie promettant des récompenses pour l'arrestation des dirigeants du GIA (Zouabri Antar à l'extrême droite de la photo).

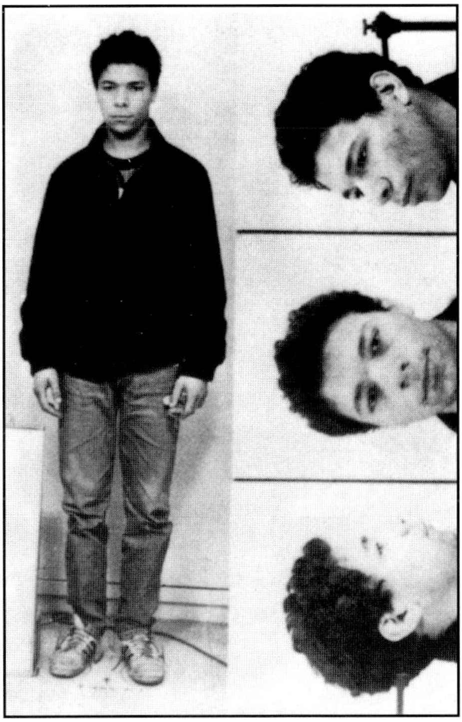

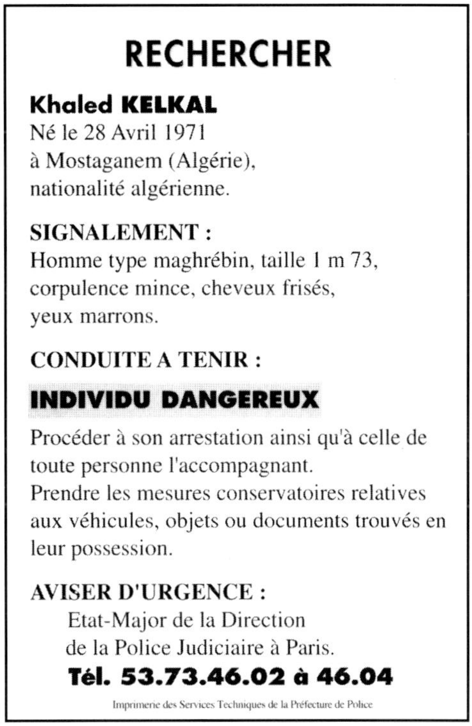

# RECHERCHER

**Khaled KELKAL**
Né le 28 Avril 1971
à Mostaganem (Algérie),
nationalité algérienne.

**SIGNALEMENT :**
Homme type maghrébin, taille 1 m 73,
corpulence mince, cheveux frisés,
yeux marrons.

**CONDUITE A TENIR :**

**INDIVIDU DANGEREUX**

Procéder à son arrestation ainsi qu'à celle de toute personne l'accompagnant.
Prendre les mesures conservatoires relatives aux véhicules, objets ou documents trouvés en leur possession.

**AVISER D'URGENCE :**
Etat-Major de la Direction
de la Police Judiciaire à Paris.
**Tél. 53.73.46.02 à 46.04**

Imprimerie des Services Techniques de la Préfecture de Police

Fiche et photo de recherche de Khaled Kelkal.

Deux photos d'Ali Touchent, dit Tarek, l'une avec des cheveux longs (ou une perruque) et l'autre avec des cheveux courts.

Photo d'Ali Touchent à l'école en Algérie. (publiée par le journal *Al Hayat* 8 mars 1998).

**TOUCHENT Ali**
**A-255/6-1997**

18137-OIPC

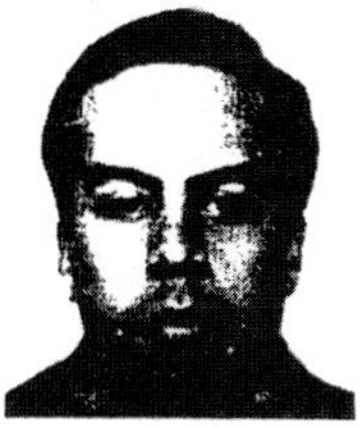

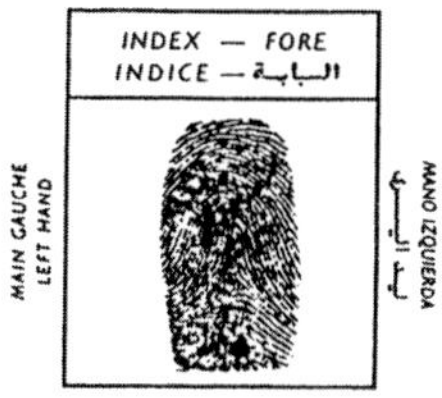


PHOTOGRAPHIE ET DACTYLOSCOPIE (INDEX GAUCHE)

ATTENTION : CET INDIVIDU EST CONSIDERE COMME VIOLENT ET ARME

NOM DE FAMILLE ACTUEL : TOUCHENT

PRENOM : Ali Sexe : M

DATE ET LIEU DE NAISSANCE : 13 mai 1967 - ALGER (Algérie)

NOM DE FAMILLE ET PRENOM DU PERE : TOUCHENT Ahmed

NOM DE JEUNE FILLE ET PRENOM DE LA MERE : GHEBRIOUT Fatima

IDENTITE EXACTE - NATIONALITE ALGERIENNE (EXACTE)

SIGNALEMENT : Taille : 180 cm, corpulence forte, cheveux bruns, yeux noirs.

MARQUES PARTICULIERES ET CARACTERISTIQUES : Susceptible de porter des lunettes.

AUTRES NOMS :
TOUCHENT Ali, né le 3 mai 1967 ; BOUCHIRA Samir ; TAREK ; "NACER"; SAMIR ; MOHAMED ; CHEIKH ABDELNASSER.

PAYS DANS LESQUELS L'INDIVIDU EST SUSCEPTIBLE DE SE RENDRE : Allemagne, Pays-Bas, Royaume-Uni.

LANGUES PARLEES : Arabe, français.

PEINE MAXIMUM ENCOURUE : Réclusion à perpétuité.

COMPLICE :
M'RAD Touami, né le 22 août 1967, objet de la notice rouge N° de dossier 21929/97.
N° de contrôle A-256/6-1997.

**N° de dossier :** 510/96 **N° de contrôle :** A-255/6-1997

**CONFIDENTIEL** A l'usage exclusif de la police et de l'autorité judiciaire

Notice d'identification.

Carte d'identification professionnelle de police de Ali Touchent.

Photo de Ben Laden, l'argentier du Djihad.

Photo d'Oussan Ben Laden dans un de ses refuges chez les Talibans en Afghanistan.

M.P.

**1. LIONEL DUMONT** zv. Abu Hamza rođen 29.01.1971. godine u ROBAIX Francuska, najvjerovatnije koristi različita lična dokumenta. Lični opis visok oko 178, težina oko 76 kg, kosa smeđa kraće ošišana, oči plave, donja usna malo napuknuta, prstenjak i mali prst desne ruke ukočeni zbog loma, dobro razvijen. Govori francuski, engleski, bosanski i arapski jezik.

**2. ZEFFERINI BINIAM** zv. Abdulah Bedr rođen 07.09.1970. godine u GIBUTI (R.D.G.), koristi jednu od putnih isprava br. 660097D izdata u G.K. Džibutija u Italiji. Lični opis visok oko 160-170 cm crne puti, kovrđave crne kose (malo duže), izraženih zalistaka, povremeno koristi naočale.

Avis de recherche de la police en Bosnie contre Lionel Dumont, ce Français converti à l'Islam.

dollars, et il partagerait son temps entre Kandahar et des résidences secrètes dans les localités de Kharassane et Zara Al-Handakouche. Mais depuis sa résidence d'exil il est très actif sur le plan politique. Le 23 février 1998, des renseignements d'origine américaine révèlent qu'il a organisé une réunion au Pakistan à proximité de la frontière afghane. La plupart des grands fondamentalistes internationaux étaient présents : Rifaat Ahmed Taha, un Égyptien, Amine Dahouahri, Fazal Ur-Raham, le dirigeant du mouvement pakistanais Al Amsar, et même un chef religieux du Bangladesh. Au cours de ce conclave, les délégués ont créé un front mondial du djihad avec comme adversaire désigné les États-Unis mais également une mention spéciale pour la France qui persécute les islamistes en Algérie. Parallèlement, Ben Laden finance de par le monde autant d'organisations que possible. Des informations occidentales attestent de l'existence d'un camp d'entraînement du GIA dans la région nord-ouest du Niger. Dans cette province, les Algériens du Sud, les Maliens arabes et les Nigériens cohabitent de longue date de part et d'autre de frontières qui sont pratiquement incontrôlables par les autorités de Niamey ou de Bamako. Selon les mêmes sources, la région de Maradi aurait également abrité un temps plusieurs camps, dont certains auraient finalement déménagé au Nigeria. Il est vrai que les islamistes algériens trouvent depuis longtemps dans les grandes étendues désertiques du Niger des bases de repli, surtout dans la région de Tchin Tabaraden. Cette partie du Niger dans la préfecture de Taouha, instable par nature pour cause de rébellion touareg est le théâtre de nombreuses razzias contre les forces de l'ordre ou même contre de simples voyageurs, faisant de cette zone de l'Aïr et de l'Azawagh un point d'« approvisionnement » exceptionnel en armes, en explosifs, en devises et en véhicules. En 1994, l'un d'entre nous a eu l'occasion de vivre la réalité d'une de ces embuscades dans la ville d'Abala où notre convoi a été attaqué dans un poste de gendarmerie par un groupe de rebelles de près de cent combattants lourdement équipés de véhicules tout terrain Toyota, d'armes d'assaut et même de mortier. L'attaque de notre position, à peine fortifiée par un muret d'un mètre cinquante en terre séchée, durera plus de douze heures sous un soleil accablant et causera la mort d'une dizaine de Nigériens dont notre chauffeur. Après une nuit de siège, seule l'arrivée d'une colonne de l'armée régulière venue de Niamey metttra en fuite les rebelles qui ont quand même été courageusement tenus en respect par les quatre soldats de notre escorte. L'enquête révélera que la dimension politique de cette embuscade était peu de chose comparée à des motivations qui relevaient plutôt du grand banditisme et de l'esprit de razzia. Cette région du Niger a malheureusement de tout temps été victime de ces pillages meurtriers au bénéfice d'extrémistes ou de truands algériens installés dans la ville de Tamanrasset. En mars 1998, les correspondants des services de renseignements français au Niger ont attiré l'attention de Paris sur une menace terroriste en Afrique à partir du Niger à l'initiative de groupes proches du GIA. Ces conclusions se fondaient sur une enquête tenue rigoureusement secrète ; le 6 janvier 1997, Mme Christine Woitelier, la femme du directeur adjoint de l'agence locale de la caisse française de développement du ministère de la Coopération, avait été assassinée au cours d'une tentative de vol à main armée de son véhicule. L'enquête s'était orientée vers des Arabes de Tassara connus pour leurs trafics de voitures volées. L'un d'entre eux, Laksan Biga, a par la suite été formellement identifié par les services de renseignements français comme faisant partie du GIA.

En mars 1998, le vent tourne pour Usama Ben Laden et il envisage à nouveau de changer d'adresse. Les déclarations favorables au milliardaire saoudien d'un cheikh yéménite, Muhamad Ben Chajaa, de la tribu Wahila, laissent penser aux observateurs qu'Usama Ben Laden a décidé de quitter l'Afghanistan pour s'installer au Yémen où plusieurs tribus lui auraient garanti le meilleur accueil dans les régions d'Abine, Lahedj et Saadat. Ce projet ne sera finalement pas concrétisé, mais les déclarations de Muhamad Ben Chajaa provoquent néanmoins à Sanaa un véritable tapage politique suivi peu après du démenti formel du gouvernement yéménite. Pourtant, le choix du Yémen était plus que sensé du point de vue de Ben Laden : le Yémen, limitrophe de l'Arabie Saoudite, constituerait une base arrière idéale pour déstabiliser le régime wahhabite. L'émissaire envoyé au début de l'année 1998 par Ben Laden au cheikh Chajaa n'a laissé planer aucune doute sur les intentions du Saoudien d'autant que de son côté, le cheikh Chajaa a affirmé disposer de vingt mille hommes en armes, tous installés dans une région échappant au contrôle de l'État yéménite. La volonté de Ben Laden de s'installer au Yémen repose aussi en partie sur son intention d'exploiter le contentieux frontalier qui oppose Sanaa à Riyad au moment où lui-même est en difficulté au sein de son propre mouvement avec la reddition d'Abou Talal, un de ses lieutenants depuis vingt ans, responsable des finances, qui a livré aux services secrets saoudiens de nombreux renseignements concernant la galaxie Ben Laden, et avec l'arrestation en Arabie Saoudite de plusieurs dizaines de ses partisans. En mars 1998, le transfert de son quartier général dans ces montagnes yéménites difficiles d'accès serait évidemment une solution parfaite pour le cerveau du panislamisme mais ce déménagement est moins facile à mettre en œuvre que prévu compte tenu de la réaction — officielle — des autorités de Sanaa. Depuis le Yémen, Usama Ben Laden aurait voulu pouvoir se consacrer à la restructuration des légions d'« Afghans arabes » et surtout à la reprise en main de leurs cadres dispersés en

Bosnie, en Algérie, avec les Talibans ou dans les milices de Gulbuddine Hekmatyar... Pour mener à bien son projet de réorganisation, Ben Laden dispose de plusieurs lots de passeports yéménites et somaliens qui devraient permettre l'implantation de nouveaux agents dormants inconnus des services de police dans plusieurs pays d'accueil. Ce lot de plus de cinq mille passeports yéménites volés pendant la guerre civile de 1994, devrait permettre à la galaxie Ben Laden de redonner une identité à trois mille « Afghans arabes » réfugiés illégalement au Yémen et de « blanchir » deux mille autres moudjahidin avant de les lancer dans le djihad. Cette implantation de Ben Laden au Yémen pourrait également être facilitée par un réseau de vingt-sept sociétés yéménites déjà contrôlées par le milliardaire saoudien et qui brasseraient environ vingt-cinq millions de dollars par an. Un flux financier existant qui aurait l'avantage de camoufler des opérations moins commerciales.

À défaut de s'installer au Yémen, Usama Ben Laden pourrait aussi trouver un asile temporaire en Somalie où il dispose de plusieurs sociétés et d'un petit noyau de quelque quatre cents fidèles « afghans arabes » soutenus par les militants de la Jama'a Islamiya égyptienne. Mais Usama Ben Laden ne serait pas vraiment en sécurité en Somalie où la géographie n'est pas favorable à l'implantation d'un sanctuaire.

La surprise serait sans doute que Ben Laden aille s'installer en Iran. Il y bénéficierait d'une protection absolue des services secrets iraniens avec lesquels il est déjà en contact, mais ce serait un bouleversement de l'échiquier, une véritable déclaration de guerre. Les Iraniens se méfient encore de lui... En février 1998, une émissaire d'Usama Ben Laden s'était pourtant rendu à Téhéran pour y chercher des moyens destinés à soutenir les Albanais du Kosovo. Ce pacte d'assistance aurait pu, dans l'esprit du dissident saoudien, intéresser les Iraniens qui voyaient dans le soutien aux Albanais la continuation de l'aide apportée aux Bosniaques. L'ayatollah Rohani, secrétaire général du conseil de sécurité iranien aurait, au cours d'une discussion avec des membres du conseil, insisté sur l'importance de transformer le Kosovo en nouvelle base pour les activités islamistes en Europe, une idée évidemment partagée par le conseil des oulémas rassemblés autour d'Usama Ben Laden.

Opposant numéro 1, à la suite de ses prises de position, Usama Ben Laden est aujourd'hui interdit de séjour dans son propre pays ; la Grande-Bretagne, qui abrite pourtant un de ses *think tanks*, le trouve indésirable et les États-Unis — qui le soupçonnent d'avoir commandité l'attentat contre le camp d'entraînement de la garde nationale saoudienne à Riyad en novembre 1995, causant la mort de cinq militaires américains, et contre leur base d'Al-Khubar le 25 juin 1996, causant la mort de vingt-six soldats américains — accumulent les enquêtes et les dossiers sur ce personnage mythique. Selon des informations fantaisistes divulguées par des militants islamiques à Islamabad, au Pakistan, environ un millier d'agents spéciaux du FBI se seraient introduits clandestinement en Afghanistan depuis Peshawar, au Pakistan, en septembre 1997. En Afghanistan, ces commandos américains se seraient fondus tant bien que mal dans les tribus de la montagne avec pour mission d'arrêter Usama Ben Laden, peut-être de l'éliminer. En décembre 1997, ces agents spéciaux qui auraient été identifiés peu avant de mettre leur plan en action, auraient tenté de quitter l'Afghanistan par le même chemin mais auraient alors rencontré des difficultés avec les autorités pakistanaises qui ne leur auraient pas accordé le droit de passage. Au printemps 1998, selon des sources proches de Ben Laden, certains de ces commandos seraient encore présents en Afghanistan. Une habile propagande destinée à forger l'image internationale du Saoudien rebelle.

Ainsi, Usama Ben Laden a en partie atteint l'objectif

qu'il s'était fixé : fédérer mais de façon informelle l'ensemble des mouvements islamistes tant grâce à son aura que par ses énormes moyens financiers. On dit à Londres dans les milieux islamistes qu'Usama Ben Laden est capable de faire signer sur-le-champ un chèque à six chiffres à plusieurs bailleurs de fonds arabes de ses amis. Les bases déjà posées de cette organisation internationale islamiste démontrent que la puissance de Ben Laden n'est pas un mythe. Sa machine de propagande est particulièrement efficace avec des officines qui produisent des cassettes vidéo en arabe, en anglais et en français destinées à sensibiliser la population des pays musulmans d'Afrique mais aussi les jeunes Français des banlieues à la sortie des mosquées le vendredi. Le thème de ces cassettes, principalement constituées d'entretiens-fleuves avec des « docteurs de la charia », est évidemment le prosélytisme islamique mais aussi la mobilisation contre l'impérialisme américain, et occidental plus largement. Le projet d'Usama Ben Laden de fédérer progressivement l'ensemble des organisations musulmanes militantes est devenu une réalité qui se mesure à la perméabilité de ces différentes structures islamistes qui sont en réalité toutes en contact les unes avec les autres. En abandonnant l'Afghanistan, après le retrait de l'Armée rouge, les moudjahidin sont rentrés chez eux, en Algérie, au Yémen ou en Égypte et ils continuent le combat dans leur propre pays. Le nom de Ben Laden est connu jusque dans les camps de la plaine de la Bekaa où de jeunes combattants du Hezbollah libanais ont été vus brandissant la photo du Saoudien. Usama Ben Laden pourrait même devenir un agent de liaison entre les musulmans chi'ites et les musulmans sunnites ; il serait alors détenteur d'un pouvoir unique et c'est ce dernier point qui préoccupe le plus aujourd'hui les services de renseignements occidentaux. Car Usama Ben Laden est capable de relever ce genre de défi, sa carrière en témoigne.

L'existence de cette « galaxie Ben Laden » ainsi que sa puissante logistique financière et de communication ont permis aux islamistes de la région parisienne de bénéficier de matériels de propagande anti-occidentale ; à des terroristes islamistes français d'aller chercher des subsides à Londres ; aux maquisards du GIA d'aller s'entraîner dans des camps en Afghanistan ou à des jeunes Français, beurs ou non, d'utiliser, afin d'aller combattre en Bosnie, des filières de recrutement mises en place quelques années auparavant pour des moudjahidin « afghans arabes ». En décembre 1995, à Londres, une perquisition de la police britannique dans l'appartement de l'Algérien Rachid Ramda met en évidence les liens de la « galaxie Ben Laden » avec les réseaux du GIA, grâce notamment à la découverte sur les relevés de comptes bancaires de Rachid Ramda d'un ordre de virement établi par les bureaux d'Usama Ben Laden, alors installé à Khartoum. Rachid Ramda était un des dirigeants du GIA, responsable de la publication de la revue *Al Ansar* à Londres, mais surtout impliqué dans les attentats contre le RER à Paris le 25 juillet 1995. Les enquêtes de la police française ont établi que peu avant l'attentat de la station Saint-Michel, Rachid Ramda avait fait parvenir des fonds importants à plusieurs reprises à Boualem Ben Saïd, considéré comme un des auteurs de l'attentat. Entre Usama Ben Laden, le Saoudien dissident, et l'attentat de la station Saint-Michel à Paris, quelques virements bancaires seulement...

# XI

# Les chi'ites du GIA et le Hezbollah

En novembre 1995, quelques mois après les attentats de Paris, un rapport des services de renseignements français révèle que les islamistes algériens sont parvenus depuis plusieurs mois à mettre en place un nouveau réseau de soutien à leurs activités terroristes. C'est désormais le Hezbollah libanais soutenu par l'Iran qui assure l'entraînement d'une partie des jeunes recrues maghrébines ou françaises du GIA. Cette nouvelle filière concerne particulièrement les chi'ites.

Une enquête révèle rapidement que depuis le début de l'année 1995, une centaine de jeunes Français musulmans d'origine maghrébine ont participé à des stages de formation militaire dans des camps libanais. Cette filière au départ de la France a échappé à la vigilance des services européens de lutte antiterroriste pendant près d'un an, à cause précisément du mécanisme d'exfiltration discret des apprentis terroristes. En effet, détenteurs pour la plupart de la double nationalité, les « stagiaires » transitaient par l'Algérie avec leur passeport algérien sous le prétexte d'un retour au pays pour des vacances. Parvenus à Alger, après quelques jours de farniente aux frais du Hezbollah, ils étaient embarqués pour Damas, en Syrie, sur un vol régulier d'Air Algérie ou de la Syrian Arab Airlines. Le choix de Damas comme second point de passage était justifié par le fait que les citoyens algériens n'ont pas besoin de visa en Syrie. À ce point du voyage, la piste des futurs combattants était déjà perdue. À Damas, les jeunes gens étaient tout aussi discrètement pris en charge par des combattants du Hezbollah ou des Gardiens de la révolution iraniens qui les conduisaient par petits groupes en moins de deux heures de voiture dans la plaine de la Bekaa, au Liban. Ainsi, en quelques jours seulement, de jeunes islamistes français motivés passaient-ils de leurs banlieues parisiennes ou lyonnaises à l'épicentre du terrorisme chi'ite en plein cœur du Liban. Dans ces camps de Baalbeck, Chtaura et Tanayel, les nouvelles recrues recevaient une formation accélérée : moins de trois mois pour apprendre à manier des armes d'assaut, à poser des explosifs et à fabriquer des bombes artisanales. Après un examen de passage, certains de ces jeunes « diplômés » étaient envoyés en Bosnie où ils rejoignaient la Phalange des croyants, encadrée par les « Afghans arabes ». Mais la plupart étaient renvoyés en France via Larnaca, la Turquie et l'Allemagne, cette fois avec leur passeport français. Sans visas algériens ni tampons syriens, qui pourraient trahir leur séjour dans les camps du Liban, le Hezbollah renvoyait en douceur vers la France ses futurs poseurs de bombes ou les agents dormants de son réseau européen. Certains de ces jeunes gens, complètement inconnus des services de police, sont encore aujourd'hui susceptibles d'être « activés » en cas de besoin. Et pas forcément pour la cause islamique algérienne — il ne faut pas oublier que les « manipulations » font toujours partie de la panoplie des services secrets qui traquent les terroristes... — d'où une enquête très poussée déclenchée par la DGSE.

La révélation de cette filière française du Liban démasque en réalité un processus vieux de quatre ans ; en effet depuis 1991, des membres du FIS ont l'habitude de se rendre dans les camps de la région de Baalbeck pour y recevoir une formation idéologique et militaire.

Le premier contingent de cinquante stagiaires a quitté Alger en janvier 1991. Cette toute première filière a été mise en place par la représentation diplomatique iranienne à Alger. À la fin de leur formation, certains de ces stagiaires du FIS ont d'ailleurs choisi d'aller, via la Jordanie, combattre contre les Américains dans les rangs de l'armée irakienne au moment de la guerre du Golfe. En novembre 1991, un second contingent d'Algériens est signalé dans la plaine de la Bekaa. Une cinquantaine de militants algériens proches du FIS résident en outre de façon permanente dans la banlieue de Damas, en Syrie où, en compagnie de diplomates iraniens qui fournissent des véhicules diplomatiques, ils s'occupent du transfert des stagiaires vers les camps du Liban. À l'inverse, les bases algériennes du FIS à Damas servent d'escale de retour pour les « Afghans » algériens désireux de rentrer en Algérie. Les services syriens, après s'être contentés de fournir des informations précises à la France sur ces passages, ont également entrepris d'exercer eux-mêmes un contrôle serré sur ces groupes.

L'émergence de cette filière est la preuve d'un virage dans le *modus operandi* de certains responsables du GIA. Les techniques subversives enseignées par les instructeurs du Hezbollah sont d'inspiration nettement terroriste : voitures piégées, bombes artisanales dans des lieux publics, voire commandos suicides. Ces méthodes sont radicalement différentes de celles des vétérans « afghans » du djihad formés à la guérilla. Comparées aux méthodes de combat presque « loyales » des moudjahidin, les techniques terroristes de ces nouveaux combattants islamistes sont infiniment plus vicieuses et imprévisibles. L'apparition du Hezbollah comme formateur et prestataire de services dans la nébuleuse islamique, et précisément au sein du GIA, dénote un changement significatif de la mentalité des dirigeants islamistes algériens, tout autant que de leurs objectifs.

Afin de développer cette nouvelle stratégie, trois

cadres intégristes algériens sont installés au début de l'année 1995 à Baalbeck, dans l'immeuble de l'imam Al Montazar, en face des casernes Cheikh-Abdallah. Les trois hommes, dont l'identité est tenue secrète, assurent la coordination avec le Hezbollah et supervisent la formation des jeunes recrues dans la plaine de la Bekaa. Afin de subvenir aux dépenses de leur réseau au Liban, les trois Algériens ont ouvert à Baalbeck et Beyrouth des comptes bancaires au nom d'un compatriote, Muhamad Mustapha Zakaria, qui possède de faux papiers libanais au nom d'Ali Ahmad Jabir, né en 1957 à Nabatiyeh. Cette tête de pont libanaise en plein fief Hezbollah devient la centrale de coordination entre les deux organisations terroristes.

Si la collusion du Hezbollah et de certains Algériens du GIA a une telle signification sur le plan de la stratégie des islamistes algériens c'est à cause de la nature même du Hezbollah : une organisation exceptionnelle qui tranche sur tous les autres mouvements islamistes existant dans le monde musulman. *Hezbollah* signifie « Parti de Dieu ». L'origine du mot se trouve dans un verset du Coran : *Wa inna Hezbollah houm al ghaliboun*, qui signifie « les partisans de Dieu seront vainqueurs ». Le 1er février 1979, à Téhéran, cette phrase figurait sur des centaines de banderoles pour saluer le retour triomphal de l'imam Khomeyni après ses années d'exil en France. Peu après le retour du guide de la révolution islamique en Iran, était créé le Hezbollah iranien placé sous le commandement d'un mollah, Hadi Ghaffari, promu hodjatoeslam pour l'occasion. Les responsables iraniens souhaitaient à cette époque voir proliférer des mouvements Hezbollah dans tous les pays musulmans chi'ites pour les mettre au service de la révolution islamique. Mais pour des raisons culturelles et historiques, c'est au Liban seulement que l'idée connaît un véritable succès. Au printemps 1984, Téhéran ordonne aux intégristes islamistes libanais de créer leur propre Hezbollah. Très vite, celui-ci s'impose par la violence de ses actions terroristes destinées à vider Beyrouth et le Liban de tous les « Satans » : les non-musulmans et particulièrement les chrétiens. Alors que les attentats précédents visaient en général seulement des intérêts étrangers [1], le Hezbollah généralise la propagation de la terreur et fait aussi trembler la population libanaise. En quelques mois, les stratèges du Hezbollah mettent au point la technique de l'enlèvement. Et à partir de 1985, le Hezbollah multiplie les prises d'otages de journalistes, de diplomates ou de religieux pour attirer l'attention des médias européens. Ses commandos conduisent également plusieurs séries d'actions suicides contre des positions israéliennes dans le Sud-Liban.

Parallèlement, le Hezbollah, généreusement financé par Téhéran, met en place une politique sociale élaborée et clientéliste dans les territoires qu'il contrôle, principalement la région de Baalbeck. Avec les subsides iraniens, le Hezbollah construit massivement, avec un budget qui dépasse les vingt-cinq millions de dollars par an, des écoles, des hôpitaux et des stades. Tout est gratuit pour la population chi'ite. Jusqu'aux pharmacies, aux boulangeries et aux centres commerciaux, subventionnés par le Hezbollah, qui vendent les marchandises à prix coûtant ; quand même, les produits de première nécessité ne sont pas tout simplement gratuits... La politique sociale de l'organisation et la force de persuasion de ses prédicateurs lui valent évidemment des dizaines de milliers d'adhésions. Les croyants les plus enthousiastes peuvent bénéficier d'une formation religieuse dans une des quatre écoles coraniques du Liban. Après qua-

1. Attentats du 18 avril 1983 contre l'ambassade américaine à Beyrouth (16 tués et 120 blessés) ; contre le commandement des marines américains le 23 octobre 1983 (239 tués) ; contre le commandement des soldats français de la force multinationale le 23 octobre 1983 (74 tués).

tre ans de formation, les jeunes oulémas sont envoyés en Iran où ils approfondiront leurs études pendant quinze ans. La plus à la mode de ces écoles se trouve dans la banlieue sud de Beyrouth ; placée sous la protection du cheikh Fadlallah lui-même, elle est dirigée par le neveu du maître du Hezbollah. Mais la plus importante est dirigée par un Iranien, Mohamed Ismaïl Khalik, un partisan de l'imam Montaziri. Cette école coranique est spécialisée dans la formation religieuse et politique mais aussi dans les arts martiaux et l'entraînement militaire.

Les activités du Hezbollah sont largement relayées par plusieurs organes de presse comme les revues, *El Sabil, Al Bilad* installée à Beyrouth ou encore *El Ahed*, « Le Serment », ou *Noor al Islam*, « La Lumière de l'Islam ». Le Hezbollah contrôle également plusieurs radios comme La Voix des pauvres, *El Salam*, La Voix de la lumière, La Voix de la foi... Sans parler d'une station de télévision, *El Manar*, installée à Beyrouth, non loin de l'aéroport !

La puissance militaire du Hezbollah croît simultanément de façon impressionnante. Chaque année, le mouvement islamiste pro-iranien fait défiler dans sa citadelle de Baalbeck une milice de plus en plus importante : cinq milles hommes en juin 1985, plus de dix mille en avril 1990, quatorze mille en 1992 et plus de vingt mille en 1994. Lors de ces défilés, à la fois pour doper le moral de ses propres partisans et pour impressionner les autres factions libanaises, le Hezbollah exhibe sans vergogne son armement : des mortiers, des obusiers autotractés, des missiles antiaériens SAM 7 et des blindés lourds. Pour les plus jeunes recrues, le Hezbollah a ouvert une école d'entraînement militaire dans le village de Kabrikha au Liban sud.

Véritable État dans l'État — dans un État libanais où d'innombrables clans se déchirent —, le Hezbollah, grâce à une formidable discipline, résiste au cours des années à toutes les dissidences ou implosions et devient un parti de masse puissant et organisé. Cette solidité et cette cohésion ont donné au Hezbollah un énorme pouvoir fédérateur et, peu à peu, des dizaines d'autres organisations islamistes se raccrochent à lui, qui les finance et les absorbe. Chacune de ces entités, qui a prêté serment d'allégeance au Hezbollah, garde en partie sa spécificité et on peut classer ces différents mouvements en quatre grandes catégories : les organisations de la branche politique dirigée par le cheikh Hussein Fadlallah ; la composante spirituelle ; la branche sociale et la branche activiste, ou service action. C'est cette dernière qui contrôle les camps d'entraînement des combattants ou des sympathisants du GIA et a pour mission d'exporter un jour le djihad en Europe. L'Iran ne lésine pas sur les moyens et ce dernier département international est doté de ressources importantes ; plusieurs experts arabes parlent de plus de cent millions de dollars par an qui sont consacrés à des achats d'armes ou de complicités ainsi qu'aux frais de voyages des réseaux en Europe.

Au moins une vingtaine d'organisations activistes subversives revendiquent leur appartenance au Hezbollah ; elles ont souvent des représentations dans d'autres pays arabes, en Arabie Saoudite, au Koweït ou en Irak, mais, pour les services de renseignements occidentaux, toutes ces organisations de façade sont des leurres destinés à dissimuler le réseau tentaculaire du Djihad islamique de Hussein Moussaoui et de l'Organisation de la justice révolutionnaire d'Imad Mughnyeh.

Mughnyeh est un des personnages les plus mystérieux du terrorisme arabe. Pour certains, il serait né au Liban, pour d'autres en Galilée ; cette incapacité, pourtant peu ordinaire, des spécialistes du terrorisme à cerner son état civil est la preuve que la clandestinité n'a pas de secret pour ce maître terroriste. Marié à la sœur d'un terroriste actuellement emprisonné au Koweït, il aurait cinq enfants et serait entré dans les réseaux de l'ombre dès 1983 à partir du « camp » palestinien de Bir El Abed, au sud de Beyrouth. Depuis, il n'a plus jamais fait surface mais s'est illustré dans plusieurs attentats suicides qu'il a organisé contre les forces françaises au Liban et contre un avion de la TWA en juin 1985. Mughnyeh, initialement contrôlé par Damas, aurait ensuite été « employé » par le Département 210 installé à Téhéran et spécialisé dans la gestion des prises d'otages. C'est lui qui aurait supervisé pendant des mois les lieux de détention des otages français du Liban et c'est son groupe qui, toujours à Beyrouth, aurait organisé les enlèvements du pasteur Terry Waite et de l'ancien chef de station de la CIA, William Buckley. Son aversion à l'égard de l'Occident n'est pas une légende.

Ces deux groupes, celui de Mughnyeh et de Moussaoui, ouvertement spécialisés dans le terrorisme, manipulent une galaxie de groupuscules extrémistes comme l'Étendard de l'Islam ; le Mouvement indépendant pour la libération des personnes enlevées (Hezbollah palestinien) ; l'Organisation de la justice divine ou enfin le groupuscule le plus connu en France : le CSPPA, Comité de solidarité avec les prisonniers politiques arabes détenus en Europe qui a revendiqué les attentats en France de décembre 1985 et ensuite février, mars et septembre 1986. Ce dernier réseau français, qui portait le nom de code « Opération Fourmilière », était dirigé par un Tunisien, Fouad Ali Saleh, qui recevait ses ordres du Liban par l'intermédiaire de son officier traitant : Abdel Hadi Hamadei. Le CSPPA a été démantelé par la DST en 1987.

Un recensement des effectifs permet de penser qu'environ quinze mille personnes, sunnites et chi'ites confondus, sont prises en charge par le Hezbollah qui les indemnise. Le noyau central représente environ sept mille personnes dont cinq mille sont salariées à temps plein par le département financier de l'organisation. Le salaire d'un milicien du Hezbollah s'élève de cent vingt-cinq à cent soixante-quinze dollars par mois en fonction de sa charge de famille ; les dirigeants reçoivent entre trois cents et six cents dollars, ce qui, convertis en livres libanaises, représente un salaire plus que décent. Le budget social du Hezbollah, pour les familles de martyrs, pour les bourses d'études et les pèlerinages se monte à plus de dix millions de dollars par an. Ces fonds proviennent pour la plus grande partie d'Iran mais aussi de la diaspora chi'ite dans le monde. Le Hezbollah est également parvenu à autofinancer une partie de ses activités en pratiquent le racket auprès des boutiquiers, restaurateurs ou entrepreneurs de sa zone d'influence dont les biens sont plastiqués s'ils refusent d'acquitter cet impôt révolutionnaire. Enfin, dernière ressource et pas la moindre, le trafic de la drogue produite dans la Bekaa. Les recettes de cette activité ne cessent d'augmenter depuis 1986.

La structure pyramidale du Hezbollah et son autofinancement relatif laissent une grande marge de manœuvre aux différents niveaux opérationnels pour peu qu'ils s'inscrivent globalement dans la stratégie du djihad contre l'Occident. Mais l'autonomie du Hezbollah libanais n'est au fond que très apparente. Inféodés à l'Iran pour des raisons spirituelles et encore largement financières, les intégristes musulmans libanais reçoivent leurs directives de Téhéran qui a mis en place un dispositif de contrôle particulièrement efficace pour surveiller sa « création » et l'orthodoxie de ses initiatives.

Toutes les activités secrètes iraniennes sont centralisées au sein du Conseil suprême des affaires de renseignement, placé sous la responsabilité d'Ali Fallahian, le ministre du service de renseignements, la toute-puissante Vavak, qui a, en grande partie, hérité des fichiers et des méthodes de son tristement célèbre prédécesseur, la Savak du chah d'Iran. Cette centralisation extrême qui réunit au sein d'un même service les espions des

Pasdarans, ceux de l'armée et du bureau du Guide suprême a été inspirée par un conseiller russe Evgueni Primakov. Plus de vingt mille fonctionnaires assurent les différentes missions des douze départements de la Vavak, de la sécurité intérieure au service de renseignements populaire qui infiltre les mosquées et les bazars. Le Hamas, le Hezbollah et ses excroissances du Djihad islamique ou du GIA sont soumis aux ordres de leur propre direction : le Bureau des mouvements révolutionnaires, dirigé par Muwahidi Kermani qui assure depuis Téhéran le financement, l'assistance logistique et la coordination des différents groupes islamistes.

Régulièrement, des rencontres organisées entre des officiers iraniens et les représentants des mouvements terroristes islamistes permettent de recentrer la politique générale de la galaxie de la terreur. En février 1997, un conseil secret dans la banlieue sud de Beyrouth a réuni le secrétaire général du Hezbollah, Sayyid Hassan Nasrallah ; un haut responsable militaire iranien, Abou Youssef ; Jihad Jibril, le fils du célèbre terroriste Ahmed Jibril, et le responsable du FPLP-Commandement général pour le Liban sud. Cette réunion avait pour but de formaliser l'ouverture de nouveaux camps d'entraînement dans la vallée de la Bekaa. Ces établissements militaires qui devaient être implantés dans les localités de Deir el-Ghazal, Quousya et Raiit, étaient principalement destinés à la formation de nouveaux combattants, dont une vingtaine du GIA, affectés aux maquis algériens et aux attentats en Europe. Le plus préoccupant est que la formation « technique » a été déléguée au cours de cette réunion aux équipes de techniciens d'Ahmed Jibril, un des terroristes les plus expérimentés de la galaxie islamiste.

Ahmed Jibril, le leader du Front populaire de Libération de la Palestine-Commandement général, est né en 1935 à Ramallah, en Palestine. En 1948, la famille Jibril quitte la Palestine pour s'installer en Syrie où le jeune homme devient officier du génie dans l'armée syrienne. C'est là qu'il aurait acquis ses compétences dans le domaine des explosifs. Ahmed Jibril affirme avoir monté son premier commando en 1959, ce qui lui vaudra d'être condamné à trois ans de prison. En 1967, Jibril entre au FPLP de Georges Habache, lui-même dissident de l'OLP de Yasser Arafat. En 1968, lassé de la politique des organisations palestiniennes, Ahmed Jibril décide de se consacrer à la seule lutte armée et fonde son groupuscule : le FPLP-CG. La composante essentielle de cette organisation dissidente est que Ahmed Jibril mettra à contribution ses compétences d'officier pour développer une véritable capacité militaire conventionnelle au service des attentats terroristes. Très vite, avec environ cinq cents membres actifs, le FPLP-CG devient une armée de la terreur équipée en matériel de guerre par les Soviétiques qui lui livrent des pièces d'artillerie lourde, des lance-missiles et même des planeurs motorisés. C'est cette même armée privée qui assure aujourd'hui la formation de certains cadres algériens. Entre les camps du Hezbollah iranien où les stagiaires ont été formés aux méthodes du terrorisme artisanal urbain et ceux du FPLP-CG où ils ont reçu un enseignement militaire conventionnel de haut niveau, on imagine aisément quelles sont les compétences redoutables de ces nouveaux combattants de l'ombre.

Pour l'ancien directeur de la DST, Yves Bonnet, qui est aussi l'un des plus ardents défenseurs du gouvernement algérien contre les islamistes, l'Iran a contrôlé certains groupes du GIA. Dans son livre *La Trahison des ayatollahs*[1], il explique : « Le GIA et le FIS sont soutenus financièrement et matériellement par Téhéran. Nombre de leurs éléments sont d'ailleurs formés dans des casernes de la banlieue de cette capitale. L'Iran consa-

1. *La Trahison des ayatollahs*, Éditions Jean Picollec.

cre des sommes importantes à soutenir des mouvements de déstabilisation, le plus souvent islamistes... Par définition, les déplacements des leaders islamistes sont clandestins. Il est cependant assuré que leurs relations avec les responsables iraniens sont constantes... Il est en tout état de cause incontestable que l'Iran est aujourd'hui le seul pays qui soutienne activement les attentats commis au Proche-Orient, et notamment en Palestine, soit en Égypte, soit en Algérie, soit enfin en France. » De leur côté, les officiels iraniens que nous avons interrogés démentent formellement et assurent que le gouvernement iranien a cherché et cherche toujours à calmer les islamistes algériens. La volonté de Téhéran est de se servir du GIA pour créer les bases d'un Hezbollah maghrébin qui permettrait aux dirigeants iraniens d'avoir enfin un contrôle sur les musulmans intégristes sunnites d'Afrique du Nord. La révolution islamique et le djihad prendraient alors un nouveau virage mais la tâche des Iraniens est quelquefois difficile au point qu'il leur faut souvent créer des noyaux chi'ites là où le vivier sunnite n'est pas assez activiste. Cette propagande religieuse passe par l'organisation de stages de formation religieuse à Qom en Iran ou au Liban. En 1990, la victoire du FIS aux élections municipales avait déjà poussé les Iraniens à envoyer un diplomate à Alger pour s'occuper des relations avec le parti islamiste algérien. Kassem Naamani, qui était conseiller auprès de l'ambassade d'Iran à Beyrouth, passera un peu moins de deux ans à Alger avant que ses activités ne soient démasquées et qu'il soit expulsé en compagnie de six autres diplomates iraniens au mois de novembre 1992. Selon un rapport confidentiel du SGDN, groupe Minorités, du 12 juillet 1993, pendant la guerre du Golfe la représentation diplomatique à Alger entretenait des relations avec des membres du FIS, dont Zebda Benassouz, rédacteur en chef du quotidien *Al Mounquid*. En même temps, le FIS entamait une collaboration avec le Hezbollah libanais qui se traduisit par l'envoi, dès janvier 1991, d'une cinquantaine de membres du FIS dans des camps d'entraînement au Liban. Certains membres du FIS, volontaires pour combattre aux côtés de l'Irak, auraient, à leur départ de Jordanie, rejoint le Hezbollah au Liban, tandis que d'autres se rendaient en Afghanistan, et en novembre 1991, la présence de ressortissants algériens dans la plaine de la Bekaa était à nouveau remarquée. Peu après, à la fin de l'année 1992, un camp d'entraînement établi à Tabriz en Iran aurait pris le relais. Le FIS algérien n'était pas la seule organisation islamiste à bénéficier de l'aide du Hezbollah puisque à la même époque le mouvement tunisien En Nahda profitait des offres de service ou de protocoles de coopération avec d'autres organisations terroristes amies comme le FPLP-CG. Parallèlement à cette politique d'assistance technique aux mouvements sunnites maghrébins, l'Iran s'est décidé à structurer les groupes chi'ites maghrébins présents au Liban et en Syrie. À partir de 1993, l'Algérie était une priorité pour le Hezbollah et des contacts avaient été noués avec Abdelkader Chebouti, l'émir du MIA, le Mouvement islamique armé. Ainsi par la création de noyaux d'extrémistes maghrébins convertis au chi'isme, l'Iran se dote d'un outil supplémentaire de subversion placé sous son contrôle direct et qui préfigure l'existence du Hezbollah maghrébin. Mais la volonté des Iraniens d'instaurer une coopération avec un groupe comme le MIA à l'idéologie confuse mais violente atteste du besoin crucial de Téhéran de faire appel sur le terrain à des courroies de transmission sunnites dans un premier temps.

Selon les tenants de cette thèse, c'est surtout à travers ses services secrets que l'Iran est parvenu à récupérer progressivement la direction des mouvements islamistes sunnites comme le FIS ou le parti tunisien En Nahda. Avec la création en avril 1991 d'une unité ultra-secrète, la Force Qods, qui porte le nom arabe de Jérusalem, les

Iraniens se dotent d'une unité terroriste d'élite qui utilise un camp principal de formation en Iran et plusieurs annexes au Soudan. Ces camps soudanais se trouvaient alors sous le contrôle de l'ambassadeur d'Iran au Soudan Majid Kamal. Selon les autorités soudanaises, l'implantation de ces camps clandestins, situés dans des régions difficiles d'accès proches de la mer Rouge, avait été rendue possible par la politique d'immigration du Soudan alors extrêmement souple, autorisant n'importe quel ressortissant d'un pays arabe à entrer dans le pays sans visa. Cette position administrative sera revue en 1995 par le gouvernement du Soudan soucieux de se débarrasser des mouvements subversifs étrangers [1]. L'instauration d'un système de visa obligatoire et un meilleur contrôle soudanais du flux des étrangers conduisent la Force Qods à replier discrètement ses camps soudanais dans d'autres pays d'accueil. Cette contrainte présente cependant pour l'Iran un inconvénient majeur ; le Soudan était alors, dans les plans de Téhéran, destiné à devenir la base avancée de la pénétration islamique chi'ite en Ouganda, en Tanzanie, au Tchad et au Kenya. C'est un coup d'arrêt.

L'unité de la Force Qods, avec ses six directions géographiques dont une, basée en Turquie, affectée à l'Europe et aux États-Unis, va rapidement prendre le pas sur toutes les autres organisations existantes. En 1995, une note du ministère français de la Défense attire l'attention sur la création au sein de cette même Force Qods en Iran d'un groupe destiné à récupérer progressivement la direction du Hamas palestinien, du FIS algérien et des islamistes tunisiens. La Force Qods se charge dans un premier temps, entre juin 1989 et mai 1991, d'élimi-

1. Le gouvernement du président Al Béchir avait notamment coopéré avec la France pour capturer le terroriste vénézuélien Carlos réfugié à Khartoum.

ner près de cinquante opposants au régime des mollahs ; comme l'assassinat de Chapour Bakhtiar en août 1991 à Paris. Cette première mission accomplie, avec ce nouveau relais situé à mi-chemin entre les corps des Pasdarans et la Vavak, l'Iran a pu ramener sous sa bannière une grande partie des « Afghans arabes », y compris des Algériens. Certains sont formés, comme le révèle l'ancien patron de la DST, Yves Bonnet, dans les casernes Imam-Ali, situées au nord de Téhéran, ou au camp Bahonar sur les bords du fleuve Karadj ; d'autres dans les camps de la Bekaa. C'est le cas notamment de Djamel Zitouni, un des émirs de la région de Birkhadem, au sud-ouest d'Alger, considéré comme un des chefs militaires les plus redoutables du GIA et qui a été entraîné au Liban avec ses partisans. À l'occasion de ces stages, Zitouni et son groupe sont devenus des experts de la voiture piégée et du TNT. On attribue notamment à Djamel Zitouni deux attentats qui font appel à des méthodes classiques du Hezbollah : l'explosion de trois automobiles au centre d'Alger en octobre 1994 et un autre attentat contre la cité Aïn-Allah, la résidence des Français, le 3 août de la même année. Mais le groupe de Zitouni n'avait pas atteint son objectif : l'introduction d'un véhicule Nissan Patrol chargé d'une caisse métallique contenant cinquante kilos de TNT qui auraient dû être allumés par un mécanisme d'horlogerie. Au-delà des méthodes terroristes, Zitouni a également appris avec le Hezbollah à exploiter l'impact des attentats comme en atteste l'extrait de lettre qui suit : « Au nom du GIA et du combat contre les croisés, je te demande d'étudier à travers les journaux parus en 1996 au moment des actions lancées par nos frères du Hezbollah la façon dont les médias français ont réagi à cette époque. » Cette instruction provient d'une lettre manuscrite écrite en arabe et signée Abou Amine, le nom de guerre de Djamel Zitouni, alors émir du GIA en Algérie an mars 1996. Ces documents ont été découverts par le contre-espionnage britannique au domicile londonien d'Abou Fares, *alias* Rachid Ramda, dont on sait maintenant que l'une de ses missions consistait à financer depuis la Grande-Bretagne le réseau terroriste algérien chargé de commettre des attentats en France en 1995. Ce courrier a été posté depuis Alger peu après le premier attentat perpétré le 25 juillet dans le RER à la station Saint-Michel. L'objectif de cette instruction adressée à Abou Fares était de mesurer l'impact des attentats réalisés par le Hezbollah pro-iranien (treize morts et deux cents cinquante blessés entre le 7 décembre 1985 et le 17 septembre 1986) afin d'évaluer la porté d'une campagne de terrorisme similaire en France. De façon plus cynique, on peut dire que le GIA se cherchait un modèle et qu'il pensait en avoir trouvé un avec le Hezbollah.

En février 1996, à l'occasion des festivités marquant le dix-septième anniversaire de la révolution islamique, les mollahs iraniens invitent à Téhéran les organisations islamiques sympathisantes pour y tenir un conclave secret qui doit décider entre autres de l'avenir de la coopération entre le Hezbollah et les mouvements islamistes d'Afrique du Nord. À l'ordre du jour : l'intégration des cadres afghans dans la direction du Hezbollah et le rapatriement vers les camps du Liban des quelque quatre mille moudjahidin stationnés en Bosnie mais condamnés à quitter le pays dans le cadre des accords de Dayton. Quelques mois plus tard, le 7 avril 1996, le Hezbollah et ses « sponsors » iraniens prennent la décision d'intensifier l'entraînement de plusieurs groupes de partisans du GIA.

En ayant noué des relations étroites avec un allié aussi difficile à comprendre dans une logique occidentale que le Hezbollah, parce qu'il est à la fois une organisation religieuse, politique et militaire, certains islamistes algériens ont cherché un modèle dont on peut redouter aujourd'hui qu'il ne les inspire pour tenter d'implanter en Afrique du Nord, et pour commencer en Algérie, un avatar du Hezbollah qui pourrait dans leur esprit devenir, à son tour, comme au Liban, un État dans l'État, quasiment incontrôlable. Malgré la méfiance à l'égard des islamistes sunnites algériens, un groupe de religieux à Téhéran est particulièrement chargé de suivre l'évolution de la situation en Algérie.

# XII

# La toile d'araignée islamiste en Europe

La menace terroriste islamiste est une réalité à Londres depuis l'attentat à la voiture piégée contre l'ambassade d'Israël en juillet 1994 ; mais si la Grande-Bretagne se distingue sur la scène internationale, c'est moins par son statut de théâtre d'opérations terroriste que de base arrière pour les islamistes radicaux en Europe. Si Londres est en effet devenu un sanctuaire confortable pour les islamiste algériens, c'est en grande partie à cause de l'indifférence manifeste des autorités britanniques face à la structuration sur le sol anglais de courants musulmans extrémistes. Cette attitude résulte de toute évidence, en dehors de plusieurs paramètres économiques, juridiques et sociaux spécifiques à la Grande-Bretagne, d'une volonté délibérée de ne pas servir de cible au terrorisme islamique. L'exemple du réseau londonien du GIA illustre l'importance de Londres dans la galaxie islamiste radicale européenne.

À la suite de l'arrestation de Rachid Ramda, *alias* Abou Fares, à Londres le 4 novembre 1995, en raison de son implication dans le financement des attentats perpétrés par le GIA en France, les autorités britanniques auraient reçu des menaces les mettant en garde contre l'extradition du militant du GIA vers la France. La princesse Diana avait été menacée et une lettre explicite était même parvenue à la reine en mai 1997. Rachid

Ramda est en effet un gros poisson du GIA. Condamné à mort par contumace en Algérie pour l'attentat de l'aéroport d'Alger en 1992, ce militant islamiste est né le 20 septembre 1969 à Eloga. L'homme est connu sous trois pseudonymes, Tchouch, Illes et Abdallah. Il a la réputation d'être un des intellectuels du GIA et il écrit effectivement des articles, qui sont en réalité des messages codés, dans la revue de propagande *Al Ansar* sous la signature d'Abou Darshaki. Dans le numéro 102 de la revue notamment, il s'en prenait aux ministres français de l'Intérieur Charles Pasqua et Jean-Louis Debré et saluait les opérations courageuses des combattants islamiques qui avaient organisé les attentats de Marrakech en août 1994. À propos de l'affaire de l'Airbus d'Air France piraté le 24 décembre 1994, Abou Fares écrivait que, « après ce petit avertissement, la France devait s'attendre à en avoir d'autres ».

Au sujet de l'affaire Ramda, à la fin de l'année 1997, le nouveau leader politique du GIA à Londres, Moustapha Kamel, dit Abou Hamza Al Masri, a fait comprendre clairement que son mouvement pourrait être amené à sanctionner par des actions violentes les décisions des autorités britanniques et notamment les actions de police contre les milieux islamiques. Aucun attentat meurtrier du type de ceux qui ont frappé le RER parisien n'ayant eu lieu à Londres, on peut en partie comprendre la position plus que souple de Londres à l'égard du GIA. Même si la Grande-Bretagne ne compte que deux millions de musulmans, la capitale anglaise est ainsi devenue la première base de repli des islamistes radicaux en Europe, en partie également parce qu'ils y obtiennent facilement l'asile politique et parce que la liberté de faire de la propagande par voie de presse y est totale.

En dehors de l'Algérie, c'est à Londres qu'ont émergé ou se sont exprimées dans les dernières années les figures les plus engagées du GIA. En l'absence de toute surveillance policière des lieux de culte, les mosquées — qui n'ont même pas été recensées — restent un lieu privilégié de rassemblement et d'organisation pour les groupuscules radicaux. C'est précisément dans ces lieux de prière, comme la mosquée de Regent's Park ou de Sheperd's Bush, que les prêches les plus enflammés sont tenus en faveur du djihad. Les islamistes basés à Londres y opèrent, comme ailleurs en Europe, un véritable recrutement destiné à alimenter les réseaux de soutien du GIA.

La mosquée de Sheperd's Bush est assez exemplaire. Elle est en réalité sous l'influence absolue du GIA par l'intermédiaire de l'imam Moustapha Kamal, dit Abou Hamza. Cet islamiste, ingénieur d'origine égyptienne, est arrivé au Royaume-Uni en 1979. Il est devenu britannique en 1984. Mais son parcours parallèle est encore plus intéressant : vétéran de la guerre d'Afghanistan où il a combattu dans les années quatre-vingt, et dont il est revenu infirme, Abou Hamza a également été instructeur en maniement des explosifs au camp de Zenica en Bosnie. À Londres, Abou Hamza est devenu le premier relais propagandiste de l'action politique du GIA.

Le leader fondamentaliste algérien utilise pour diffuser les thèses du GIA un arsenal de publications et de sites Internet remis à jour en permanence. Ces périodiques, souvent de simples lettres rudimentaires réalisées sur ordinateur et dupliquées à bas prix, ou envoyées par télécopie, sont les principaux véhicules de la pensée islamiste extrémiste à travers l'Europe. Ces publications sont devenues célèbres au lendemain des attentats de Paris ; comme le numéro 107 ironisant sur « l'explosion violente qui a secoué la capitale des croisés : Paris » ou encore le numéro 108 après l'attentat de l'avenue de Friedland. Ces feuilles de propagande usent largement d'un vocabulaire guerrier allégorique. L'autre relais non négligeable de la propagande issue de Londres est évidemment Internet. Par définition domiciliée partout et nulle part, l'origine de l'information est incontrôlable, particulièrement lorsqu'elle tombe sous le coup de la loi. Et c'est aux États-Unis que le GIA se trouve un relais informatique en la personne de Kiffah Jayyousi, un militant islamiste de San Diego en Californie qui a fait basculer sur le réseau informatique mondial tous les communiqués du GIA. Son bulletin électronique intitulé *Islam Report* suit avec une grande précision l'actualité algérienne mais aussi les combats en Tchétchénie et les mesures d'isolement appliquées à certains islamistes impliqués dans l'attentat du World Trade Centre. Par le truchement de nombreux serveurs, *Islam Report* finit par avoir une audience exceptionnelle tant aux États-Unis que dans tous les pays équipés de points de connexion Internet, dépassant de loin l'importance du groupe qui relaie l'information, à savoir une petite organisation américaine dénommée l'American Islamic Group.

Après l'arrestation en novembre 1995 de Rachid Ramda, Abou Hamza est devenu le responsable de la diffusion des revues *Al Ansar* et *Al Jama'a.* Ces deux périodiques fustigent régulièrement l'Occident et tirent à boulets rouges sur la France contre laquelle ils appellent au djihad. Dans le numéro 12 d'*Al Jama'a*, plusieurs articles peuvent être considérés comme des menaces directes à l'encontre de la France et plusieurs actions violentes perpétrées dans l'hexagone au cours de l'été 1995 y sont revendiquées. D'autres documents publiés à Londres sous la responsabilité d'Abou Hamza légitiment l'assassinat d'enfants ou le viol de femmes par le GIA et, curieusement, ces déclarations publiques, qui sont de véritables appels au meurtre, n'ont jamais valu à Abou Hamza d'être inquiété. Ce chantre de la violence intégriste, grand ordonnateur des réseaux opérationnels du GIA en Europe, jouit depuis son sanctuaire anglais d'une capacité de nuisance inégalée. Dans ses communiqués ou les nombreuses interviews qu'il se complaît à accorder, cet idéologue du GIA justifie les actions violentes menées contre la France ou en Algérie. Le 1er mai 1997, dans un entretien avec un journaliste du quotidien arabe *Al Hayat*, Abou Hamza a notamment expliqué que l'élimination, en juillet 1995, de l'imam Saharaoui était légitime, de même l'« exécution » de civils qui s'attaquent au GIA ou encore celle des épouses impies. À propos de l'assassinat des sept moines chrétiens de Tibéhirine en mai 1996, Abou Hamza le justifie également à cause de leur prosélytisme. Il déclare sans ambages : « L'islam dit "celui qui s'enferme chez lui est en sécurité". À propos des moines, l'islam n'interdit pas l'assassinat de ceux qui quittent leur monastère pour forcer les gens à changer de religion. L'islam n'interdit pas l'assassinat des moines qui exploitent la misère et les conditions difficiles des gens pour les influencer. Mais l'islam interdit l'assassinat des ermites qui s'enferment dans leurs ermitages, coupés du monde, pour adorer Dieu à leur manière. »

Justifiés aussi les attentats de 1995 contre la France ; tout autant que le choix des cibles, tels des lieux publics ou des stations de métro. Dans un autre entretien accordé le 16 juin 1997 à l'envoyé spécial de la revue *Al Wasat*, Abou Hamza révèle, au lendemain de la vague d'arrestations du 22 mai, que si le tribunal condamne ces islamistes, son organisation les défendra comme elle l'a fait pour Rachid Ramda, *alias* Abou Fares. Ce dernier, dont la France a demandé l'extradition, a pu rester en Grande-Bretagne grâce à la pression de ses « frères ». Dans cette même interview, Abou Hamza rappelle que le GIA « lutte pour instaurer un État islamique en Algérie fondé sur la charia ». Pour l'idéologue égyptien, le GIA est la seule organisation qualifiée et même le seul « étendard de l'unification islamique en Algérie qui a su faire face aux incrédules et aux impies et que le GIA est le seul à pouvoir recruter des combattants dans des endroits inaccessibles aux impies ».

Pour la plupart des analystes des services européens,

la détermination d'Abou Hamza est d'autant plus forte qu'il sait que les islamistes ont échoué en Bosnie et en Tchétchénie où ils ne sont pas parvenus à instaurer de républiques islamiques. L'Algérie est aujourd'hui leur dernière chance de voir aboutir un projet de république islamiste ; voilà pourquoi le GIA ne lésinera pas sur les moyens.

Les enquêtes de police dans d'autres pays d'Europe démontrent que les groupes du GIA à Londres font office de plaques tournantes pour les militants, y compris ceux venus d'Algérie qui ne peuvent plus trouver en France, en Belgique ou en Allemagne un asile assez sûr compte tenu de la chasse impitoyable qui y est menée contre les extrémistes proches du FIS ou du GIA. Le suivi des noyaux du GIA à Londres, mais aussi à Manchester, a démontré la forte présence d'« Afghans » dans les rangs des militants extrémistes. Ces « Afghans », poussés par les autorités pakistanaises à quitter leurs camps de la frontière pakistano-afghane, sont pour la plupart anglophones et la Grande-Bretagne constitue pour eux un havre tout désigné.

Outre la mise en lumière de ce regroupement « afghan », des contacts entre les différentes mouvances islamiques inquiètent les services de renseignements. Ainsi les chefs du GIA à Londres courtisent-ils ouvertement des militants islamistes tunisiens, marocains, égyptiens ou libanais en vue de renforcer leur réseau panislamiste. Le dynamisme de l'activisme intégriste musulman en Grande-Bretagne facilite ces relations. En août 1995, un meeting organisé par un minuscule parti marginal, le Parti de la libération islamique, a réuni à Wembley plus de huit mille sympathisants ! Parmi les groupes islamistes très actifs dans la capitale britannique, on compte aussi l'organisation Al-Muhajiroun dont le responsable, cheikh Omar Bakri Muhamad, « veut faire flotter le drapeau de l'islam sur le 10 Downing Street et l'Élysée ». Ce dernier est très lié avec Omar Abdul Rhaman, accusé d'être l'instigateur de l'attentat contre le World Trade Centre à New York ; il serait également très proche du Saoudien Usama Ben Laden.

En novembre 1997, la coopération des services européens de renseignements a finalement permis d'identifier les nouvelles figures du radicalisme islamique à Londres ; ces individus et leurs sous-réseaux font désormais l'objet d'une surveillance étroite de la part des services britanniques. Ainsi, Brahim Chaourar, né à Alger le 24 juillet 1965, est considéré comme le contact privilégié d'Ali Touchent, *alias* Tarek, recherché pour ses responsabilités dans la campagne d'attentats de l'été 1995. Depuis Londres, Chaourar a joué un rôle important dans la mise en place des réseaux du GIA en France, assisté par deux autres Algériens, Salah Sellam et Abdelhak Khezihi. Ce dernier est activement surveillé à cause de ses contacts fréquents avec les maquis afghans qu'il n'a quittés qu'en 1993. Il est soupçonné d'être devenu, toujours depuis Londres, le coordinateur des réseaux du GIA en Belgique où il a travaillé avec le cheikh Abdallah Nasr, incarcéré depuis le 1er mars 1995, mais aussi en Allemagne et en Italie.

Une autre figure légendaire du mouvement islamiste radical opère également en grande partie depuis Londres : Kamar Eddine Kherbane, né le 14 novembre 1956 à Alger. Il est considéré, après un long passage en Afghanistan dans les rangs des moudjahidin, comme le responsable de l'Armée islamique du salut en Europe. Il n'appartient peut-être pas de façon formelle au GIA mais il jouit d'une aura exceptionnelle dans la communauté des « Afghans » algériens. Il dirige depuis Londres, avec Slimane Maherzi, un autre « Afghan », également appelé Abou Djamil, le groupe des El Baqoun ala al Ahd, les Fidèles du serment, qui soutiennent les maquisards de l'AIS en Algérie.

En janvier 1998, selon des sources arabes, Londres aurait hébergé au moins cinq cents activistes durs du

GIA et de l'AIS. Pour assurer le financement de leurs activités à Londres et même tout simplement leur séjour, les extrémistes islamistes ont créé une association caritative, El Mountada, qui sert de canal de blanchiment aux fonds alimentant les réseaux.

Plus personne n'ignore à quel point Londres est devenu la capitale européenne du GIA. C'est d'ailleurs dans l'appartement d'Abou Hamza que les militants rédigent le bulletin du GIA, *Al Jama'a*, qui a annoncé, en septembre 1995, l'autoproclamation du nouvel émir du GIA, Antar Zouabri, à la mort de Djamel Zitouni. Dans ce même numéro de *Al Jama'a*, distribué devant les mosquées de Londres, le nouvel émir Zouabri a déclaré la guerre à ceux qui ne combattraient pas à ses côtés et appelé à leur extermination. Même depuis Londres, le message a été parfaitement entendu dans les maquis algériens. Quelques semaines plus tard, le premier massacre a lieu à Sidi Lekbir ; trente-deux personnes égorgées. De nombreuses autres publications d'appel au djihad sont soutenues à Londres par le GIA ou l'AIS comme *Ettabsira*, *Erribat*, *Essabil* ou *Al Qadiya*. Ces périodiques servent le plus souvent de supports aux communiqués des différents mouvements extrémistes.

La complaisance de Londres — certains hommes politiques français ont même parlé de laxisme — dans une Europe soumise à la pression intolérable des attentats a fini par provoquer des réactions politiques. L'opinion européenne en est arrivée à réaliser avec une certaine surprise que Londres abritait depuis plusieurs années bon nombre d'Algériens, anciens députés du FIS, des leaders islamistes tunisiens dont Rachid Ghannouchi, des activistes du GIA, des opposants à la monarchie saoudienne et de très nombreux Égyptiens du Djihad islamique, une organisation responsable de la mort du président Sadate. C'est justement le président égyptien Hosni Moubarak qui, le premier, a donnée un coup de pied dans la fourmilière des réseaux islamistes londoniens, en fustigeant le gouvernement anglais au lendemain des attentats de Louxor qui ont fait soixante-huit victimes.

Aux accusations du président égyptien qui considère que les terroristes égyptiens ont pu librement fomenter leur coup depuis l'Angleterre, les autorités britanniques répondent par la promesse d'une réforme de leur législation en matière de lutte contre le terrorisme. Cette refonte de la loi devrait permettre d'engager des poursuites contre des personnes ayant participé à des attentats terroristes à l'étranger et également de mieux contrôler les collectes et transferts de fonds organisés par les extrémistes à partir du Royaume-Uni. En septembre 1997, par exemple, les fonds d'un compte bancaire lié au Hamas palestinien ont été gelés. Fait discret mais extrêmement significatif de la relative disgrâce qui frappe désormais les intégristes islamistes réfugiés à Londres, la BBC accorde moins de temps de parole aux opposants.

Le 22 mai 1997, les premiers résultats de ce réel effort de collaboration conduisent à l'arrestation par le MI 5 et l'unité antiterroriste de Scotland Yard de sept islamistes proches du GIA. Quatre d'entre eux sont relâchés sous caution mais les trois autres, Sofiane Kebilene et Mohamed Riad Souidi, tous deux algériens, et Farid Boukmiche, un Tunisien, sont maintenus en détention. Les perquisitions à leurs domiciles permettent de saisir le butin habituel de ce genre d'affaire : des faux papiers français et italiens, des manuels de fabrication de bombes artisanales et la formule d'un gaz toxique, le sarin. Ces perquisitions mettent également en évidence que le noyau d'activistes a des contacts en France par l'intermédiaire d'un de ses militants, un Français converti à l'islam, surnommé Abdelmoumen. Les enquêteurs redoutent que les terroristes ne se soient préparés à récidiver dans le métro parisien mais en utilisant cette fois du gaz sarin, comme l'avaient fait les terroristes de la secte Aum à Tokyo en mars 1995. Cet attentat d'un nouveau genre avait coûté la vie à douze personnes et avait fait plus de mille blessés graves. L'enquête londonienne démontre que les terroristes du GIA venaient de prendre contact avec un fournisseur anglais de produits chimiques. Le recours à une arme chimique de destruction massive — même si l'attentat a pu être déjoué — est la marque d'une escalade très préoccupante dans les méthodes terroristes du GIA.

Lors d'une réunion de l'Unité de coordination de la lutte antiterroriste (UCLAT) en juin 1997, les responsables de la DGSE ont mis en garde le gouvernement contre la capacité du GIA à perpétrer des actions terroristes contre des intérêts occidentaux présents en Algérie, installations portuaires ou aéroportuaires. Et cela avec le soutien des réseaux londoniens. Selon ce rapport, le GIA dispose de l'armement lourd nécessaire à des tirs sur des appareils en phase d'approche ou de décollage sur l'aéroport d'Alger, sans parler de possibles détournements d'avions desservant la France. Ces conclusions sont confirmées peu après par la découverte à Londres, dans un appartement occupé par des militants islamistes, de brochures d'horaires de la compagnie Air France.

Mais, surprise, en octobre 1997, l'idéologue du GIA en exil, Abou Hamza, fait une volte et se démarque du GIA. Officiellement, l'intégriste récuse l'accusation d'apostasie lancée par le GIA à l'encontre du peuple algérien qui s'est désolidarisé de son action. En réalité, les experts de la lutte antiterroriste y voient la marque de la pression politique franco-britannique contre les groupuscules islamistes extrémistes de Londres. En outre, dans les derniers jours du mois de septembre 1997, Abou Hamza est entendu par Scotland Yard sur commission rogatoire du juge Jean-Louis Bruguière : les enquêteurs français tentent d'établir des liens entre Abou Hamza et les attentats de Paris, deux ans plus tôt.

Avec le désengagement officiel de Hamza, le GIA perd un de ses principaux soutiens internationaux, une situation qui le fragilise d'autant plus que l'on annonce alors la mort de son nouveau leader, Antar Zouabri, qui aurait été abattu quelques semaines auparavant à Chréa. Cette dernière nouvelle sera finalement démentie, mais associée à la mauvaise publicité de l'affaire des moines trappistes assassinés qui a divisé le mouvement islamiste, le GIA sort de cette période affaibli ; ce qui ne peut malheureusement, selon les experts, que le pousser à faire à nouveau parler de lui...

Et précisément, le rôle prépondérant de Londres comme cerveau de cette galaxie islamiste informelle ne doit pas faire oublier que le reste de l'Europe constitue pour les islamistes, non pas une base arrière, mais un champ de bataille. Le 17 février 1995, un rapport secret rédigé à l'intention de la présidence de l'Union européenne par le groupe de travail Terrorisme révèle à quel point l'Europe dans son ensemble est menacée par les organisations islamistes extrémistes. Ce groupe d'experts habitués à analyser le comportement de groupes terroristes conventionnels tels l'ETA ou l'IRA admet que la menace islamiste fondamentaliste est radicalement différente : « Dans le contexte islamique la structure se limite à quelques porte-parole et relais médiatiques tandis que certaines mosquées, des mouvements voire des associations caritatives sont utilisés comme façade religieuse par les groupes terroristes. Ainsi en l'absence de stratégie proprement politique, la politique s'identifie à la religion et l'activisme se conçoit comme un devoir religieux... »

En 1996, Scotland Yard s'inquiète de liens entre les islamistes algériens basés à Londres et des émissaires de l'IRA. Ces derniers sont, comme d'habitude, à la recherche d'armes et d'explosifs et pensent que le réseau islamiste implanté en Grande-Bretagne et disposant de ramifications en Bosnie et en Europe de l'Est, peut les aider. Selon le journal *Al Watan Al Arabi* du 13 décembre 1996, cette coopération mutuelle aurait permis de conclure plusieurs marchés d'armées entre les deux organisations. Les islamistes auraient fourni à l'IRA des armes antichars, des pistolets et des pistolets-mitrailleurs ainsi que de l'explosif Semtex avec des détonateurs fabriqués en Europe de l'Est. Selon le journal, les islamistes s'efforcent en échange de bénéficier de l'expérience en matière terroriste d'organisations européennes comme l'IRA, l'ETA, Iparretarak ou le FLNC...

Cette synthèse est d'une certaine manière un constat d'impuissance. Au vu des conclusions des experts, le danger serait partout et les terroristes potentiels, évoluant au sein d'organisations paravents, seraient quasiment imprenables. Le groupe Terrorisme de l'Assemblée européenne dispose néanmoins de certaines informations sensibles rassemblées par ses agents de liaison, qui lui permettent de dresser la carte de l'islamisme en Europe. Pays par pays, la nébuleuse fondamentaliste apparaît de mieux en mieux structurée. Et ce « tour de l'Europe du renseignement » auquel nous avons eu accès ne peut qu'inquiéter.

Au Danemark, le groupe de travail constate que le pays accueille quatre-vingt mille musulmans dont la plupart sont des réfugiés ou d'anciens réfugiés. Le seul cas concret d'activité criminelle des intégristes au Danemark concerne des membres de l'organisation Jama'a Islamiya au sein de laquelle militent essentiellement des Égyptiens, des Pakistanais et quelques Soudanais. Un personnage est tout particulièrement surveillé par les services, Fouad Mohamed Talat, un membre influent de la Jama'a qui voyage souvent en Australie et au Royaume-Uni afin de rencontrer d'autres dirigeants.

La Belgique affiche une communauté musulmane beaucoup plus importante avec plus de trois cent mille personnes, dont douze mille Algériens. L'essentiel de l'islam radical est représenté en Belgique par l'association des Frères musulmans. Le FIS, le GIA et le mouvement tunisien En Nhada sont numériquement peu représentés mais qualitativement plutôt bien implantés. Si les mosquées jouent un rôle de diffusion idéologique, l'ambassade et les autorités iraniennes ont une activité délibérée visant à radicaliser certains éléments des communautés maghrébines, même sunnites. Le réseau islamiste le plus connu en Belgique est celui d'Ahmed Zaoui, soupçonné d'avoir caché l'insaisissable Tarek. Après l'interpellation, sur un tuyau français, par la police belge, le 1er mars 1994, du cheikh Ahmed Zaoui, un des leaders du FIS à l'étranger, Anouar Haddam exprime des menaces à peine voilées à l'encontre du gouvernement belge, confirmant ainsi que le coup de filet belge a sérieusement ébranlé le réseau du GIA en Europe. L'anéantissement du réseau du GIA le 6 mars 1995 en Belgique constitue pour les polices chargées de la lutte antiterroriste en Europe une avancée importante. C'est la première fois qu'un réseau aussi structuré est démantelé. La liste des armes et des documents saisis lors des perquisitions à Schaerbeek est impressionnante et significative : dans plusieurs sacs, les policiers découvrent des silencieux, des jumelles de visée de marque Tasco, des fusils à pompe, trois grenades offensives, des chargeurs et des pages de journaux avec les horaires du cinéma Vendôme, notamment ceux du film *La Liste de Schindler*... Le document de la police belge, qui comprend trois pages, fait également état de boîtes de cartouches Remington, de chevrotines pour Herstal calibre 12, de quinze silencieux, d'un fusil-mitrailleur AK 47 et de matériel de communication.

Cependant, le 3 novembre 1997, après avoir purgé une partie de la peine de quatre ans à laquelle il a été condamné, le cheikh Zaoui s'installe en Suisse avec sa femme, ses trois enfants, son... télécopieur et son site

Internet pour continuer son combat. Entré illégalement sur le territoire helvétique, Ahmed Zaoui est assigné à résidence à Sion, à quelques pas de la frontière, sur les bords du lac Léman. L'Algérie l'a condamné à mort par contumace et ni le Soudan ni la Jordanie ne sont disposés à le recevoir. Et puisque la Belgique ne veut plus l'accueillir, la Suisse ne pourra expulser son hôte encombrant que si un autre pays accepte de lui offrir un asile ou... demande son extradition. En avril 1998, le gouvernement suisse qui a réalisé que Zaoui peut affecter ses relations avec d'autres États, limite ses activités en saisissant son télécopieur et en lui interdisant l'accès à l'Internet et au courrier électronique.

En Suède, ce sont surtout les Iraniens, sous couvert du Hezbollah, qui tiennent le haut du pavé, mais au cours de l'automne 1994, les services de sécurité ont vu apparaître d'importants foyers du FIS, du GIA et de En Nhada. La proximité immédiate du Danemark où réside Talat pose un problème sérieux aux autorités suédoises qui ont pu déjouer plusieurs actions violentes depuis 1994. Sans être une plaque tournante, la Suède reste très sérieusement surveillée par les services de coopération antiterroriste européens, tout particulièrement après que la présence d'Abdelkrim Deneche a été établie à Stockholm. Deneche, ancien responsable de la revue *Al Ansar*, a un temps été l'animateur et le coordinateur des réseaux terroristes du nord de l'Europe et il est fortement soupçonné d'avoir été impliqué dans les attentats de Paris.

Pour le groupe Terrorisme, l'Allemagne est un des pays les plus préoccupants, pas seulement parce qu'elle héberge deux million deux cent mille musulmans mais parce qu'elle est un carrefour où les Maghrébins et les Turcs de l'AMGT, Milli Görüs et de la faction Kaplan, développent depuis plusieurs années des réseaux de solidarité et d'influence afin de pouvoir mettre en commun les bases et les moyens logistiques importants dont disposent les groupes turcs implantés depuis longtemps en Allemagne. Le représentant de l'Allemagne a souligné, lors des séances de travail, que la communauté islamiste d'Allemagne est très difficile à surveiller en raison de son extrême prudence. On trouve en effet en Allemagne des groupes du Hamas, du Hezbollah et de nombreux activistes proches du FIS ou du GIA installés principalement à Cologne et Aix-la-Chapelle qui se concentrent sur de l'action politique visible. Mais il apparaît que l'Allemagne, sous couvert de quelques actions de propagande, est avant tout une base logistique et opérationnelle, notamment pour l'approvisionnement en armes destinées aux maquis du GIA en Algérie.

Le 21 janvier 1997, une opération du BKA allemand, coordonnée avec une action de la police française dans l'est de la France, conduit au démantèlement du réseau Ouadah. Dix-sept personnes sont interpellées à Francfort, Wiesbaden et Offenbach. Le réseau allemand Ouadah jouait un rôle capital dans le maillage européen à cause de ses liens avec Ali Touchent, *alias* Tarek, présumé responsable de l'attentat au métro Port-Royal. L'enquête démontre que le groupe Ouadah a été en relation étroite avec les militants français de Chasse-sur-Rhône, interpellés dans l'enquête sur Khaled Kelkal. Mais le gang Ouadah était aussi lié aux émirs durs du GIA en Algérie. En juillet 1996, une perquisition au domicile de Djamel, l'un des frères Ouadah, a permis de tomber sur une mine de documents... notamment la photocopie de la fameuse missive portée à l'ambassade de France à Alger en avril 1996 par un émissaire de Djamel Zitouni, revendiquant l'enlèvement, un mois plus tôt, des sept moines trappistes assassinés. On a retrouvé chez Djamel Ouadah une copie du récépissé donné par l'ambassade à l'émissaire du GIA, certifiant avoir reçu de Zitouni une lettre et une cassette vidéo, ainsi qu'une liste portant les noms des sept moines et leurs signatures. À la lumière de cette opération outre-Rhin, pour les experts européens du groupe Terrorisme, l'internationalisation des réseaux ne fait plus aucun doute.

Les Pays-Bas présentent un risque identique avec une communauté de quatre cent mille musulmans dont une vague d'immigration récente venue d'Afrique du Nord, du Moyen-Orient et de l'ex-Yougoslavie qui se montre des plus actives et qui pose de sérieux problèmes en matière de sécurité.

Le groupe de travail de l'Assemblée européenne observe une situation semblable en Italie avec une communauté récente de quelque trois cent mille personnes. Le FIS y est bien implanté ainsi que le GIA, principalement à Milan, Naples, Pérouse et Rome et leurs liens ont été démontrés par des perquisitions notamment à Pérouse en mai 1994. La personnalité la plus connue des réseaux italiens est Djamel Lounici, *alias* Zoubir. Cet activiste, cadre du FIS, passe, bien qu'il s'en défende pour un des pivots du GIA en Europe. Lounici est soupçonné d'achat d'armement, de matériel de communication et de médicaments acheminés en Algérie, via le Maroc. Arrêté à plusieurs reprises, il a été incarcéré en mai 1995 pour association de malfaiteurs, trafic d'armes et de faux papiers. Pour le juge Jean-Louis Bruguière, Djamel Lounici est devenu le chef du réseau opérationnel du GIA en Europe, approvisionnant les maquis algériens en armes pour le compte de Rabah Kébir, un des chefs du FIS à l'étranger, et son adjoint Abassi Oussama, le fils du leader du FIS Abassi Madani, toujours en résidence surveillée à Alger. Financier du réseau italien et titulaire d'un vrai permis de séjour, Lounici, recherché par les services de police de quatre pays, vivait discrètement mais sans se cacher au sud de

Milan, dans une rue bourgeoise de Porto Morone. Suite à un mandat d'arrêt d'Interpol, Lounici est arrêté le 1er novembre 1994 pour donner suite à une plainte des autorités marocaines qui pensaient avoir établi sa responsabilité dans une livraison d'armes à Oujda, à la frontière algérienne. Dans une Mercedes 240 en provenance d'Allemagne, les enquêteurs avaient découvert treize pistolets-mitrailleurs Scorpio et Uzi, trente-cinq chargeurs et douze lunettes de vision nocturne. Le convoyeur, condamné par la suite à vingt ans de prison, avait avoué que Lounici était le chef du réseau. Par cette arrestation, l'Italie avait souhaité faire savoir au FIS et au GIA que les intégristes ne devaient plus s'en prendre à des Italiens. En effet, quelques mois plus tôt, en juillet, sept marins italiens avaient été égorgés par un commando du GIA à bord de leur cargo, le *Lucina*, dans le port de Jijel-Djendjen.

Djamel Lounici est cependant relâché le 10 décembre, la justice marocaine n'ayant pu apporter la preuve de ses accusations. Rentré chez lui, il a repris ses activités, établissant de nombreux contacts en Grande-Bretagne, en Arabie Saoudite, en Suède et au Qatar. Pour ses différents interlocuteurs, Lounici change souvent d'identité, devenant tour à tour Salah Moustapha, Bengacem Labyed ou Ouhaddouh Jamal. Il se spécialise dans le rachat de matériel militaire de l'Armée rouge, disponible au poids en Allemagne. Les demandes sont faites par téléphone portable ou par télécopie. Lounici se déplace ensuite pour contrôler la marchandise et la transaction est finalisée par un virement bancaire en Suisse depuis un compte domicilié à l'UBS, l'Union des banques suisses de Lausanne, portant le numéro 3359071J, ou au CCP de Shwytz, près de Zurich, compte numéro 80-17483. Ces comptes sont le plus souvent approvisionnés par des virements saoudiens et qataris.

Avant d'être en Italie, Djamel Lounici s'était établi en

Allemagne après avoir quitté l'Algérie lors de l'annulation des élections en janvier 1992. En Allemagne, Lounici avait fait venir de nombreux petits délinquants de son quartier natal d'Alger, et avait installé un véritable réseau de contre-espionnage pour démasquer les officiers de la Sécurité militaire qui tentaient d'infiltrer son organisation. Après plusieurs interpellations sur le territoire allemand pour des affaires de faux papiers ou de transport de matériel de communication radio, il finit par s'installer en Italie. En dépit de tous ces éléments concrets, Lounici affirme : « Je n'ai à aucun moment acheté des armes ni financé le GIA ou le FIS... Je n'ai jamais fait mon service militaire et je ne sais pas me servir d'un pistolet... Je ne cache pas mon appartenance au Front [le FIS] depuis le début. La police italienne a d'ailleurs reconnu ces faits lors de l'enquête. Les policiers m'ont dit que j'avais été mis sous surveillance pendant les deux années qui ont précédé mon arrestation. Ils ont posé des micros partout, dans ma voiture, à mon domicile... Ils n'ont jamais pu m'accuser de quoi que ce soit. Peut-être que l'Italie, deuxième partenaire économique de l'Algérie, dont les importations de gaz algérien couvrent quarante pour cent de ses besoins, a tenté d'agir aux dépens de l'intérêt du peuple algérien. Aussi m'ont-ils mis en prison aux côtés de membres de la mafia et de grands criminels. »

De fait, la dernière arrestation de Djamel Lounici en Italie n'a pas pour autant démantelé le réseau italien des islamistes. Le 5 décembre 1995, un rapport de l'antenne de l'UCLAT à Rome, révèle que les islamistes ont pris le contrôle de la communauté la plus activiste par l'intermédiaire d'un institut culturel islamique à Milan. Le rapport précise que les activités de prosélytisme dominent au sein de cet institut dirigé par un Égyptien, Anouar Al Saied Chaabane, et que des fonds venant de banques koweïtiennes ou saoudiennes transitent par une banque de Lugano, l'UBS, ce que ne justifient pas les activités de l'institut, si diversifiées soient-elles, y compris dans le contrôle lucratif des boucheries islamiques *hallal* par le biais d'une coopérative, Il Paradiso, contrôlée également par Chaabane.

Le poste de l'UCLAT à Rome parvient à établir que l'institut de Milan a des contacts réguliers avec des islamistes de la Jama'a Islamiya égyptienne qui lui adressent leurs communiqués revendiquant des attentats en Égypte. De plus, des écoutes téléphoniques effectuées sur un des numéros de l'institut ont fait apparaître qu'un personnage inconnu du centre islamique était en relation régulière avec le cheikh Omar Abderrahmane de la mosquée de Brooklyn avant que ce dernier ne soit arrêté dans le cadre de l'attentat contre les tours jumelles du World Trade Centre. Le rapport révèle également que le centre islamique héberge souvent des militants du FIS et que Djamel Lounici est en contact étroit avec la direction.

Une enquête approfondie montre que Anouar Chaabane est aussi en relations régulières avec Gulbuddine Hekmatyar et que l'institut emploie de nombreux « Afghans » à diverses tâches. La surveillance de l'institut a permis d'établir l'existence de liens avec d'autres structures militantes en Europe, au Danemark, en Autriche et en Grande-Bretagne. Ce centre est donc soupçonné d'avoir recruté et entraîné des volontaires destinés au combat en Bosnie. Ces thèses ont été corroborées par l'arrestation d'un groupe de la Jama'a au Danemark en possession d'armes et d'explosifs et qui était en relation avec l'institut islamique de Milan.

Le réseau italien a tissé des liens serrés avec la Suisse, à la fois à cause de la proximité mais aussi pour d'évidentes raisons bancaires. Le pivot des réseaux islamistes en Suisse était à cette époque Mourad Dhina, un physicien atomiste de trente-sept ans, employé au CERN, le Centre européen de recherche nucléaire, jusqu'en 1994. Une perquisition de la police judiciaire française à son domicile de Saint-Genis-Pouilly dans l'Ain, alors qu'il se trouvait au Soudan, a permis de trouver de nombreux documents compromettants. À son retour de Khartoum, Dhina s'est réfugié en Suisse où il a bénéficié d'une relative impunité avant de disparaître. L'arrestation de Djamel Lounici n'a pas permis de le localiser. Dans un entretien accordé au quotidien *France-Soir*, le 18 septembre 1995, le chercheur se déclarait solidaire du GIA et de ses actions, y compris des attentats terroristes parce que « le GIA est une armée qui se bat contre une armée, en France et en Algérie ». Tout en regrettant que des enfants puissent en être victimes, Moura Dhina ajoutait « qu'il n'y a pas de guerre propre » et qu'il était blessé par le fait que « l'on trouve anormal qu'un citoyen français soit blessé à la suite d'un attentat et que l'on trouve normal les massacres perpétrés par l'État en Algérie ».

Depuis longtemps la Confédération helvétique est ouverte aux organisations islamiques. Le centre islamique de Genève, par exemple, a été créé en 1961 à l'initiative du docteur Saïd Ramadan, gendre de Hassan al Banna, fondateur de la confrérie des Frères musulmans. Avec le centre de Munich, celui de Genève est resté pendant plus de trente ans la seule tribune des Frères en Europe.

Fin décembre 1994, à la tête d'une importante délégation, le chef de la Sécurité militaire algérienne, le général Mohamed Mediene, s'est rendu en Suisse pour informer les autorités de Berne des activités d'un centaine d'intégriste algériens qui auraient constitué des filières d'acquisition d'armes en Europe centrale, à Sofia, Bratislava et Prague, à destination des maquis algériens.

L'Espagne constitue aussi un carrefour stratégique pour les Algériens. Avec Marseille, la péninsule Ibérique est devenue la seconde porte d'entrée du continent européen pour la drogue, les produits de contrefaçon et les marchandises de contrebande grâce auxquels les islamistes parviennent à financer leurs activités par le biais d'un impôt de type « révolutionnaire ». C'est à Valence, Barcelone ou Gibraltar que sont installées bon nombre de sociétés commerciales du GIA et du FIS. C'est également à Valence et Barcelone que des marins se sont vu offrir de fortes sommes d'argent pour le convoyage d'armes en direction des côtes algériennes. Une collaboration entre la DST et les services de sécurité espagnols a permis de neutraliser un important réseau du GIA le 14 mars 1995 avec l'arrestation à Barcelone d'un de ses représentants opérationnels pour l'Europe, Ahmed Ghebrit.

Ce tour d'Europe des réseaux islamistes donne la mesure de la nébuleuse. Et encore ne considère-t-il aucun des anciens pays de l'Est où les islamistes radicaux sont implantés mais où il est encore très difficile d'avoir des renseignements précis et fiables. Si la connaissance de ces réseaux européens est essentielle aujourd'hui, c'est à cause du trafic d'armes et de matériels qui constitue la priorité de la coordination antiterroriste européenne.

La Belgique et l'Allemagne sont les plaques tournantes de ces approvisionnements. En 1995, année clé sur le plan du terrorisme islamique algérien, le BKA a interpellé sur le territoire allemand des ressortissants de pays du Maghreb qui convoyaient plusieurs dizaines de postes radio-émetteurs. Peu après, l'interpellation d'un certain Steffen Wendler, dont la spécialité consiste à remilitariser des fusils d'assaut AK 47 et qui reconnaît avoir rapporté vingt-six armes de ce type de Hongrie, permet de démonter un réseau de trafiquants impliquant un Algérien, Naser Eddine Hemaz, frère de Saïd Hemaz interpellé au Maroc en mai 1994. Le démantèlement de ce réseau fait apparaître des liens avec un réseau français découvert à Villeneuve-Saint-Georges le 8 novembre 1994 qui, lui aussi, approvisionnait les maquis du GIA en fusils AK 47.

Le rôle de la France en matière de livraisons d'armes aux maquisards islamistes algériens n'a d'ailleurs jamais été négligeable, plus comme place de transit ou de recel que comme centre d'approvisionnement. Dès le mois d'août 1993, sous la direction d'un ancien parlementaire du FIS, Anouar Haddam, depuis réfugié et détenu aux États-Unis où il résidait illégalement, des équipes de convoyeurs ont fait transiter des équipements de radio, d'informatique et de visée à amplification lumineuse vers des groupes islamistes. Cette filière, animée ensuite depuis la Suisse par Dhina Mourad, est longtemps restée opérationnelle et ses membres se fournissaient surtout en Europe de l'Est, en République tchèque, en Hongrie, en Slovaquie, au Danemark, en Suède et en Belgique. Le matériel était dissimulé dans des véhicules convoyés par d'anciens détenus de droit commun qui assuraient le passage vers l'Algérie sur des ferry-boats. Plusieurs interpellations effectuées peu avant l'élection présidentielle en Algérie ont démontré la vitalité de ces réseaux.

Le 23 mars 1994, une opération de police à Lille et Persan-Beaumont conduite dans les milieux maghrébins permet de saisir une grande quantité de faux papiers algériens, un fusil Galil israélien et des munitions.

Le 30 mars 1994, un « trabendiste » algérien installé à Marseille et sympathisant du FIS est contrôlé alors qu'il transportait du matériel sophistiqué de vision nocturne.

Fin mars 1994, les services de police algériens interpellent Malik Kheroubi, établi en France, à bord d'une voiture chargée en Allemagne de fusils à pompe et de munitions.

Le 12 avril 1994, une autre voiture contenant des armes en provenance de Belgique est arrêtée.

Le 6 mai 1994, Abdelhakim Boutrif, un Algérien né en 1959, membre du Tabligh, est arrêté en France alors qu'il transporte des armes vers l'Algérie via l'Espagne ; il devait effectuer sa livraison à Ceuta et les armes étaient destinées à l'Algérie. Résidant à Savigny-le-Temple, Boutrif est un islamiste convaincu. L'exploitation de ses carnets d'adresses révèle qu'il est en contact avec des militants de premier plan du FIS et du mouvement tunisien En Nahda.

Le 19 mai, les services marocains interceptent à Meknès six fondamentalistes marocains détenteurs d'armes destinées au FIS ; ce réseau a été mis en place depuis l'Italie.

Le 24 juillet 1994, six individus d'origine nord-africaine sont interpellés à Perpignan en possession d'armes et de munitions.

Le 5 août 1994, un militant du nom de Abderrahmane Chenine, connu comme un membre de la frange radicale du FIS, est interpellé au moment où il tente de récupérer dans un compartiment de consigne un sac contenant deux chargeurs de pistolet-mitrailleur Uzi, des cartouches de fusil Remington et deux silencieux. Les perquisitions effectuées au cours de l'enquête permettent de trouver d'autres armes.

Le 11 novembre 1994, la brigade des douanes de Strasbourg arrête dans le train de Munich un Tunisien, Adnan Barhoumi, qui transporte dans ses bagages un fusil AK 47 avec deux baïonnettes...

La liste serait interminable, mais elle démontre que, s'inspirant de la méthode des trafiquants de drogue, les responsables des réseaux armés islamistes préfèrent avoir recours à un grand nombre de « fourmis » qui transportent chacune une ou deux pièces d'armement plutôt qu'à des livraisons massives difficiles à dissimuler et qui constituent une grosse perte en cas de saisie. Cette conclusion recoupe les consignes données dans plusieurs banlieues parisiennes à de jeunes beurs leur recommandant de s'équiper individuellement, y compris avec du matériel de chasse en vente libre, de fusils à pompe également en vente libre mais que des modifications transforment en armes prohibées ou encore de pistolets à grenaille et 8 mm modifiés. L'origine et la nature des matériels envoyés en Algérie démontrent d'ailleurs à quel point les maquis souffrent d'une pénurie chronique en armement moderne et particulièrement en pièces détachées et en munitions !

Les « fourmis » du GIA bénéficient d'un certain soutien logistique. En 1996, un réseau de trafiquants établi à Nanterre est démantelé par la police française dans un foyer Sonacotra. Le 14 juillet 1995 les enquêteurs découvrent dans la chambre d'un locataire parti en vacances un stock de munitions, d'armes et de faux papiers. Cette affaire confirme une pratique courante dans certains foyers consistant à utiliser les chambres des résidents absents pour y entreposer du matériel sensible. Concernant la fabrication de faux documents administratifs, les policiers découvrent que le foyer est la plaque tournante d'un réseau d'ampleur internationale dirigé par Salem Nassah, un militant islamiste connu des RG, né le 24 novembre 1960 à Menzel-Bourguiba en Tunisie. Nassah a une couverture en or... il est professeur au lycée Lakanal de Sceaux, dans les Hauts-de-Seine.

La filière Nassah fonctionnait comme une horloge. Les demandeurs de faux papiers passaient commande en téléphonant au foyer Sonacotra et demandaient la chambre de Salem Nassah qui faisait office de bureau dans la journée. Les clients devaient s'acquitter d'une commission à la suite de quoi leurs faux documents leur étaient envoyés. Les fonds transitaient le plus visiblement du monde sur le compte bancaire de Nassah au Crédit lyonnais. Ces faux papiers servaient principalement aux candidats à l'immigration clandestine ou à des terroristes en mission de convoyage et étaient le plus souvent réalisés à partir de cartes d'identité provenant du lot NX25021, émis par l'Imprimerie nationale et dont cinq cents exemplaires vierges avaient été dérobés à la préfecture de Bobigny en Seine-Saint-Denis quelques mois auparavant.

Une autre activité du réseau Nassah s'appliquait au maquillage de véhicules volés, également très utilisés par les « fourmis ». Le gang des islamistes du foyer Sonacotra disposait de complicités dans une société commerciale de Clichy, installée rue de Paris, qui produisait les faux documents de mise en circulation des véhicules exportés. Une activité semblable à celle de la société qui prenait en charge les véhicules du réseau Chalabi démantelé en 1995. Cette société de Clichy, avec un chiffre d'affaires de vingt-deux millions de francs en 1995, pouvait en théorie absorber de façon discrète un certain nombre d'opérations d'exportation douteuses. Sans la souricière tendue au foyer Sonacotra, ce réseau aurait pu opérer longtemps encore.

L'enquête révèle alors que le réseau Nassah a des points de chute nombreux en Algérie, à Annaba précisément, mais aussi en Allemagne à Francfort, au Danemark, en Suisse et en Italie où le groupe Nassah s'est engagé à livrer une grosse commande de passeports qui a été passée par téléphone et dont la fabrication a été interrompue par le démantèlement du réseau.

Les réseaux intégristes islamistes dans les capitales européennes ont aussi des liens avec des trafiquants d'armes appartenant à la mafia sicilienne ou russe. Un important réseau européen de contrebande d'armes à destination du GIA, animé par des membres de la mafia polonaise et russe, opérait sur un axe Gdansk-Hambourg-Bruxelles-Anvers ; ce gang était spécialisé dans le vol de voitures et la revente d'armes provenant des stocks stratégiques démilitarisés de l'ex-Allemagne de l'Est. En novembre 1997, une collaboration entre l'UCLAT et la police italienne aboutit à la surveillance d'un ressortissant italien proche de la mafia sicilienne soupçonné d'être l'un des maillons de la chaîne des pourvoyeurs d'armes du GIA. Les armes étaient embarquées dans la région d'Agrigente sur des navires de pêche et emmenées vers l'Algérie à travers la Libye. Une partie de ces armes provenait de Roumanie et de Bulgarie. Les réseaux de vente d'armes qui associent les mafias et les terroristes ne se gênent pas pour tourner à leur avantage la disparition des frontières européennes !

# XIII

# La guerre civile en Algérie

En 1991, les premiers « Afghans » algériens commencent à rentrer discrètement en Algérie où ils sont accueillis et pris en charge par une organisation secrète, le MIA, le Mouvement islamique armé. En novembre de la même année, un accrochage au poste frontière algéro-tunisien de Guemmar, quelques semaines avant les élections législatives, attire l'attention des autorités sur Tayeb Al Afghani soupçonné de diriger ce Mouvement islamique armé et fait prendre conscience que des cellules combattantes d'« Afghans » se sont implantées dans le pays au cours des derniers mois.

Tayeb Al Afghani, lui aussi un de ces « Afghans » algériens, est arrêté et condamné à mort. Il était le bras droit d'une des figures historiques de la légion des moudjahidin au Pakistan, Mohammed Shawki al Istambuli, le frère de l'officier qui a assassiné le président Anouar el-Sadate. Décapité mais pas pour autant anéanti, le Mouvement islamique armé va continuer à accueillir les « Afghans » en Algérie et sert en quelque sorte de premier vivier de recrutement et de modèle au futur GIA.

Cette organisation islamiste de maquisards n'est pas une création des « Afghans » ; au contraire, le MIA est un mouvement historique en Algérie, on pourrait dire, pour plagier une autre organisation, le « canal historique » du terrorisme algérien... Le MIA est né au début des années quatre-vingt à l'initiative de Moustapha Bouyali, un ancien prédicateur arrêté en 1982 et relâché en 1983. À sa libération, Bouyali entre dans la clandestinité en créant le Mouvement islamique armé. Cette petite organisation très active oblige les services de la sûreté algérienne à rester sur leurs gardes jusqu'à la mort de Bouyali en 1987. Une des opérations les plus importantes du MIA a été l'attaque meurtrière de l'école de police de Soumaa, en août 1986, avec la complicité d'un des policiers de la caserne et la prise par les terroristes d'un gros stock d'armement.

Les partisans du Mouvement islamique armé se forgent au fil des années l'image de combattants romanesques quelquefois surnommés les « Robins de Bois de l'Atlas ». Si les bouyalistes tiennent pendant plusieurs années les forces de l'ordre sur des charbons ardents, ce sont surtout les apparitions surprises de l'émir Bouyali, en perpétuelle cavale, qui marquent les esprits et exaspèrent les services de sécurité algériens. Ainsi, voit-on l'émir volant apparaître régulièrement et narguer la police à la prière du vendredi, dans une mosquée d'Alger ou dans un village. L'aventure prend fin le 3 février 1987 ; la gendarmerie algérienne parvient à éliminer Moustapha Bouyali et quelques-uns de ses partisans en leur tendant une embuscade nocturne à Bougara. C'est la fin d'une légende. Les bouyalistes tentent de faire face à la mort de leur chef, mais le MIA ne sera plus que l'ombre de lui-même... jusqu'au retour des « Afghans » qui donnent une nouvelle jeunesse au maquis.

À la disparition de Bouyali, une grande partie de ses partisans se sont réfugiés en Afghanistan. Parmi eux, Abdelkader Benouis qui reviendra finalement en Algérie pour y devenir prédicateur dans une mosquée d'Alger. Benouis, également un des fondateurs du FIS, garde, jusqu'à sa fuite en France au début de l'année 1992, le contrôle du MIA. Il a été condamné à mort *in absentia* en Algérie en mai 1993 avec Rabah Kébir, le porte-parole du FIS en Allemagne et Usama et Iqbal Madani, les deux fils du leader du FIS, Abassi Madani.

Ainsi, alors que le FIS vient d'apparaître sur la scène politique algérienne, ce modeste maquis du MIA moribond devient l'avant-garde de la légion des « Afghans » rentrés en Algérie. En 1992, le nouveau régime algérien aura affaire aux nouveaux terroristes du MIA. Cette confrontation s'intensifie après l'assassinat du président Mohamed Boudiaf et l'attentat de août 1992 contre l'aéroport Houari-Boumediene. Les actions violentes changent progressivement de cibles ; d'abord les organes de la Sécurité algérienne ou les institutions officielles, puis dans un deuxième temps, la population civile sans discernement, enfin les terroristes s'en prennent aux intellectuels, journalistes et écrivains en priorité, car ils représentent, à leurs yeux, une menace idéologique.

Mais, le MIA, maquis historique, est vite dépassé dans l'escalade de la violence par de nombreuses autres organisations subversives. La plus connue en Europe, particulièrement en France, est le GIA — en réalité « les » Groupes islamiques armés —, fondé en décembre 1992 par des militants « survivants » du MIA et un groupe d'« Afghans » extrémistes. La ligne politique du GIA est radicalement antigouvernementale, anti-occidentale et violemment opposée aux intellectuels en général. Le GIA revendique l'instauration d'un État islamique sur la base d'une fatwa édictée par un de ses fondateurs, cheikh Abdel Haq al Ayadia. L'émir imprécateur y condamne sans appel les leaders de l'Algérie « qui sont tous sans exception des infidèles ». Tombent également sous le coup de la même fatwa les ministres, les officiers, les fonctionnaires algériens et quiconque en général ne s'est pas « mis en travers du chemin de ces infidèles ». Cette fatwa a pour conséquence une vague d'assassinats déguisés en sentences religieuses. Selon les services de renseignements, quelques années après la fondation du mouvement, en 1996, les effectifs du GIA auraient représenté environ vingt à vingt-cinq mille « combattants » et sympathisants, mais ce nombre ne reflète pas à l'époque l'ampleur du réseau soutenant le GIA, par sympathie ou sous l'empire de la terreur et de l'intimidation. En effet, de nombreux villageois sont amenés à fournir une aide ponctuelle aux maquisards pour cacher des armes ou des militants en fuite.

La montée en puissance du GIA s'est faite en quelques mois seulement. En avril 1992, c'est une réunion secrète dans les montagnes algériennes qui a posé les bases du réseau. Les maquis doivent être répartis sur l'ensemble du territoire algérien, de préférence dans la chaîne de l'Atlas ou dans les régions frontalières du Maroc, de la Tunisie et du désert du Sahara. Les Groupes armés islamiques créent un comité national où les émirs se distribuent les responsabilités ; ainsi, El Mansouri Al Miliani devient le chef du djihad au niveau national et Abdelkader Benouis responsable du bureau politique et de la propagande. Lors de cette réunion clandestine, le terrain est organisé en trois régions militaires, le Centre, l'Orient et l'Ouest, chacune respectivement sous les ordres de trois émirs, Hocine Abderrahim, Derradji Belabdi et Ahmed Belgherroum, eux-mêmes contrôlant d'autres chefs militaires subalternes qui ne se connaissent pas entre eux. Selon les informations disponibles, d'autres émirs sont chargés de superviser différents groupes armés dans d'autres régions, parmi eux : Abdullah Qalek, Abdel Haq Ayadia, Djafar Al Afghani et Djamel Zitouni, connu pour être un des plus sanguinaires de ces chefs de guerre. Le cloisonnement est absolu et chaque émir ne connaît que son groupuscule et les caches de matériel qui lui sont associées. Les bases de la terreur sont posées en Algérie.

Le 29 juin 1992, une nouvelle étape dans l'escalade de la violence radicalise le conflit interne entre forces de l'ordre et terroristes ; le président Mohamed Boudiaf, du Haut-Comité d'État, est assassiné lors d'une réunion publique à Annaba, sur la côte est d'Alger, presque à la frontière tunisienne. L'assassin, Lambarek Boumaarafi, immédiatement arrêté par la police, ne donne pas le nom de ses commanditaires mais reconnaît appartenir à la « mouvance islamique » et s'être inspiré des sermons de plusieurs imams connus dont certains s'expriment librement à la télévision. Il se serait procuré la grenade F1 de marque française avec laquelle il a assassiné le président, lors du cambriolage d'un appartement à Alger.

Au lendemain de cet attentat, l'Algérie est assise sur une caisse de dynamite qui ne va pas tarder à exploser. La guerre civile des clans islamistes opposés au pouvoir, mais qui ne vont pas tarder à s'entre-déchirer, coûte la vie à plus de quarante mille personnes en moins de cinq ans. L'émergence de cette multitude de factions islamiques en Algérie, et leurs luttes intestines, est la conséquence directe d'une baisse de crédibilité du Front islamique du salut et du vide politique qui en est résulté. En perdant progressivement sa base populaire au profit du GIA, le FIS a cessé d'être représentatif des aspirations des Algériens musulmans. Si, jusqu'en 1995, la légitimité du FIS a largement reposé sur la volonté américaine de voir ce parti prendre part au jeu démocratique, cette attitude a cessé d'être d'actualité et le FIS est devenu un appareil politique atrophié, en proie à des rivalités internes comme celle entre Rabah Kébir et Anouar Haddam. S'engouffrant dans ce vide, ce sont donc les Groupes islamiques armés qui ont occupé l'espace. En quelques mois, les islamistes extrémistes ont étendu leur emprise, pas à la manière d'un parti politique, mais comme un réseau tentaculaire de « fous de Dieu » faisant régner la terreur au nom d'une perversion de l'islam. Dans ce contexte, l'élection présidentielle du 16 novembre 1995 qui a porté Liamine Zeroual au pouvoir, a constitué un enjeu majeur pour les extrémistes qui tenaient coûte que coûte à saboter la reprise du processus électoral interrompu en 1992. Le terrorisme est la solution la plus simple. La période préélectorale est donc ponctuée d'attentats contre des Français ou des intérêts français afin de maintenir la pression dans la diaspora algérienne et faire perdre sa crédibilité à l'État. Peu d'informations précises filtrent d'Algérie ; les forces de sécurité répugnent à faire mention de leurs pertes ou de leurs difficultés. Le 7 juin 1995, un rapport secret de l'UCLAT révèle que les combats se poursuivent à grande échelle entre forces de l'ordre et islamistes et causent au moins deux cents morts par semaine, au point que le 1er juin les réservistes de l'armée sont rappelés sous les drapeaux. Parallèlement, le gouvernement continue d'armer les vingt-quatre mille gardes communaux qui ont été nommés pour appuyer l'armée. De leur côté, les islamistes poursuivent leurs attaques. Le harcèlement contre les journalistes continue : quarante-six d'entre eux ont été assassinés depuis 1992... À la veille de l'élection présidentielle, le GIA fait une démonstration de puissance en pratiquant des attentats à la voiture piégée jugés plus « spectaculaires » pour les médias algériens qui tendent à minimiser la dimension du conflit intérieur.

Quelques mois après l'élection et la victoire de Liamine Zeroual, les GIA passent la vitesse supérieure, essentiellement pour tenter de masquer leur échec. En effet, le bilan des terroristes n'est pas brillant, de leur point de vue... En dépit de leurs menaces et de pesantes campagnes d'intimidation, les électeurs se sont rendus aux urnes, les Groupes armées islamiques ont subi de lourdes pertes dans les affrontements avec l'armée et les dissensions internes commencent à entamer sérieusement la cohérence des islamistes. Pourtant, même si le mouvement islamiste perd de sa cohésion, la violence devient de plus en plus aveugle et la France est visée par les terroristes ; le 1er août 1996, Mgr Claverie est assassiné : c'est un véritable défi lancé à la France. L'évêque se savait menacé et il l'avait écrit dans *Lettres et messages d'Algérie*[1], un ouvrage où l'évêque d'Oran exprimait avec force son attachement à la terre algérienne : « Mon assassinat serait un gros coup. Dois-je pourtant partir en laissant d'autres sur place, au risque qu'eux-mêmes se fassent assassiner ? Derrière cette violence, le discours justificateur du terroriste ou de l'éradicateur, l'Esprit nous donne d'entendre le cri d'une humanité brisée. Une trop longue colonisation. Brisée dans ses espérances par un pouvoir qui l'a trop longtemps asservie à des idéaux qu'il bafouait. Des millions de jeunes errent aujourd'hui dans le pays sans espoir. Assoiffés de revanche plus que de justice, ils sont prêts à toutes les aventures. »

Mais la population algérienne reste la première victime ; la violence atteint des proportions effarantes. En mars, un train de voyageurs est attaqué. Bilan : douze tués. Puis c'est l'enlèvement des sept moines trappistes de Medea revendiqué par le GIA le 18 avril 1996. En septembre 1996, un attentat à la voiture piégée à Boufarik fait trente-huit morts. Le GIA menace simultanément de s'attaquer à tous ceux qui, en Algérie ou à l'étranger, achètent des actions de sociétés publiques que le gouvernement envisage de privatiser.

En octobre 1997, les rapports de l'UCLAT font état d'une aggravation inquiétante : les GIA, qui utilisent dans le pire des cas des mortiers artisanaux pour lancer de petits obus sur l'armée algérienne, commencent à disposer d'armements lourds. Dans la première semaine d'octobre 1997, près d'une centaine de civils sont décapités, égorgés ou mutilés. À Harrouba, près d'Oran, la deuxième ville d'Algérie, quatorze personnes sont égorgées par un groupe armé. La même semaine, treize personnes d'une même famille sont égorgées dans le douar

1. *Lettres et messages d'Algérie*, Éditions Khartala, 1996, 215 p.

de Draa-Qtmar, près de Medea, à quatre-vingts kilomètres au sud d'Alger et seize écoliers et leurs chauffeurs sont assassinés dans une embuscade près de Bouinan, une localité proche de Blida. Pour septembre 1997 seulement, le bilan de la violence contre des civils massacrés à l'arme blanche atteint cinq cent cinquante personnes. Les commandos du GIA sont loin de s'en prendre seulement à des représentants des forces de l'ordre ou à des intellectuels. Le 2 septembre 1997, une fiche mémoire du groupe Minorités du SGDN évalue le nombre des victimes civiles à plus de sept cents depuis juillet 1997. Le dernier massacre de Raïs, à l'est d'Alger, attribué au GIA, dépasse en horreur les précédentes tueries : une centaine de morts selon les chiffres officiels, plus de trois cents selon les témoins. Cette même fiche de renseignement fait état d'un nouveau groupe terroriste dont l'existence a été révélée par des témoins oculaires dans la région de Blida et Tablet. Cette secte, qui porterait le nom de « Mécontents de Dieu », ne tue que les mardis et jeudis. Selon les survivants, ses militants se rasent complètement les cils et les sourcils, ainsi que la tête à l'exception d'une seule mèche de cheveux à laquelle est attaché un nœud rouge. Ils se coupent également un doigt de la main droite en signe d'allégeance et, au moment de l'attaque, imitent les loups en se lançant contre les civils à la recherche des plus jeunes.

Le communiqué numéro 49 du GIA diffusé le 15 octobre 1996 atteste d'une volonté des terroristes islamistes d'imposer la loi islamique par la force et la terreur. Dans ce texte, Antar Zouabri déclare que son groupe est prêt à tuer tout Algérien qui se refusera à faire la prière ou à payer le *zakat*, une dîme. Il interdit également aux femmes de sortir de leurs maisons sans les vêtements islamiques « légaux ». Zouabri affirme aussi que les Algériens n'ont plus le droit de faire appel aux tribunaux civils... le GIA devenant la seule instance qualifiée pour juger et statuer conformément à la loi. Pour « trancher » devrait-on sans doute lire entre les lignes. Il interdit de faire appel à des avocats. Dans des communiqués précédents, Antar Zouabri a déjà interdit l'usage du tabac, la mixité entre hommes et femmes. Le texte conclut ainsi à propos des femmes : « Pas de travail, pas d'études... celle qui écoute cet appel aura la grâce et la bénédiction mais celle qui refuse, il sera légal de la tuer. »

En octobre 1977, le communiqué numéro 51 du GIA signé par Antar Zouabri lui-même et diffusé en annexe de la revue *Al Ansar*, dénonce la trêve annoncée par l'AIS, précise que le GIA revendique tous les massacres de civils en Algérie et promet de continuer sur la lancée. Le communiqué prône la guerre non seulement contre le tyran mais aussi les « partisans des tyrans dans les villages et les déserts ». Par ces innombrables massacres, le GIA poursuit trois objectifs : maintenir la pression sur la population afin de pouvoir survivre en pillant et rançonnant, répondre à la politique du gouvernement qualifiée de répressive et tyrannique en instaurant la terreur et enfin médiatiser son combat. Mais ces tueries sont aussi la conséquence d'une lutte d'influence territoriale entre les différentes factions islamiques. En effet, les massacres ont très souvent lieu dans des régions où le FIS a fait un bon score aux élections législatives de 1991 : un vote d'électeurs mécontents et insatisfaits par la politique du FIS, mais pas pour autant des islamistes.

En 1998, le paysage des factions islamistes algériennes est devenu très différent ; les GIA se sont considérablement développés et, selon des renseignements collectés en avril 1998 par nos informateurs en Algérie, ces groupes armés sont au nombre de neuf, opérant dans des régions différentes et sous la tutelle d'émirs différents. Les groupes relativement autonomes sont cependant placés sous l'autorité de l'émir « national », Antar Zouabri, chef suprême des GIA, chef du *Majliss Achoura*, un conseil composé des neufs émirs régionaux. Zouabri, réfugié dans un maquis de la région d'Aïn Oussera, s'est accordé le droit de tracer la ligne politique et militaire des Groupes islamiques armés mais, compte tenu de la guerre d'influence qui fait rage dans les rangs des extrémistes, ses directives ne sont pas toujours scrupuleusement suivies, ce qui est quelquefois pire que ses instructions déjà d'une rare cruauté. Cette guerre des clans a été particulièrement aggravée par la trêve annoncée par l'AIS, la branche armée du FIS, en octobre 1997, qui a radicalisé davantage encore une partie des militants « fissistes » les plus durs.

Si les effectifs des forces islamiques en présence sont assez difficiles à cerner à cause de leur mobilité tout autant que de leur capacité à se fondre dans la population, la « carte des émirs » peut assez facilement être dressée. On peut distinguer des groupes mieux structurés que d'autres comme Al Bakoun Ala Al Ahed, les « Fidèles du serment », qui concentrent leurs opérations criminelles dans la ville d'Alger et jusqu'à Medea. Dirigés par l'émir Slimane Maherzi, *alias* Abdel Rahmane Abou Djamil — un militant qui est passé par les camps d'Afghanistan et de Bosnie —, les moudjahidin du « Serment » ont la réputation d'être particulièrement organisés.

Un autre groupe qui a revendiqué plusieurs massacres dans la revue *Al Rabat* publiée à Londres peut être considéré comme un des plus sanguinaires des maquis algériens, ce qui lui valu son nom de Katibat Al A'Ahwal, la « Phalange des horreurs ». Ce groupuscule est dirigé par l'émir Hassan Flitah, également connu sous le nom d'Abou Khaled. Il se partage la palme du groupe islamique le plus féroce avec celui de l'émir Ali Ben Hadjar qui se limite à la wilaya de Medea et Blida. Le groupe de Moustapha Kartali concentre, quant à lui, ses actions dans les montagnes de la région de Larbaa, Tablat et Lakhdariya. Enfin, le plus jeune des émirs du GIA, Hussein Flichat, contrôle plusieurs centaines de moudjahidin répartis en petits groupes d'une quarantaine de militants. Ce commando, dit « Groupe de la Casbah », agit principalement dans les quartiers d'Alger. Les hommes de Flichat couvrent les quartiers d'El Biar, Bouzareah, Fraivalent et des Deux-Horloges. Les autres quartiers d'Alger et des environs sont contrôlés par les groupes de Belcour, Birkhadem, Hassan Hattab et enfin le groupe d'Antar Zouabri lui-même. Le GIA a aussi établi des bases importantes dans la région de Hodna, considérée comme la porte du désert. Cette région a une importance stratégique pour les commandos du GIA qui peuvent ainsi circuler de l'est à l'ouest du pays sans être obligés de passer par le Sahel. C'est une région rurale riche où les terroristes peuvent se cacher et s'approvisionner à bon compte en rançonnant la population terrorisée. La faction qui fait la loi dans cette région s'appelle la Katibat El Khilafat sous les ordres de l'émir Bouelem Qassmaoui, *alias* Abu Al Walid. Cette région, qui abrite la centrale nucléaire d'Aïn Oussera, est propice à la clandestinité ; les premiers maquis bouyalistes y avaient d'ailleurs établi leurs fiefs dans les années quatre-vingt. C'est aussi dans cette province qu'est né l'émir Abdellakh Layada, une des figures tristement historiques du GIA.

Si la « carte des émirs » du GIA est susceptible de changer en fonction des opérations des forces de sécurité, il reste cependant quelques grands foyers pratiquement imprenables et incontrôlables sous la tutelle de l'émir Flichat pour la région d'Alger centre et sa banlieue ; de l'émir Maati Bachir pour la région de Batna, et de trois autres émirs qui contrôlent l'est, l'ouest et le Sahara. À l'ouest de Saïda, un des maquis les plus meurtriers est celui de l'impitoyable émir Kada Benchicha, dit le « boiteux ». Avec quelque deux cents hommes bien entraînés, ce groupe est un des rares à pouvoir affronter l'armée sur le terrain et ne se limite pas à des actions de terrorisme aveugle.

Sur le plan opérationnel, afin de limiter l'impact des

opérations de l'armée algérienne, les GIA ont également une structure de renseignements dirigée par le chef des GIA, Antar Zouabri en personne, et une section des femmes dirigée par Zohra, la sœur d'Antar Zouabri. Cette dernière phalange a pour mission de motiver les femmes et les filles des terroristes pour créer des conditions favorables à la vie dans la clandestinité et à la collecte de renseignements permettant de déjouer les plans des unités de lutte antiterroriste.

Parallèlement et en dépit de la trêve, l'AIS continue elle aussi ses activités, mais plus discrètement. Elle est désormais dirigée par l'émir Madani Merzaq, *alias* Mandarina, un ancien de la Légion verte de Kadhafi, qui a installé son quartier général dans la wilaya de Jijel, en Kabylie, dans l'est du pays, entre Sétif et Constantine. Un des derniers bastion de l'AIS se trouverait également dans la plaine de la Mitidja qui est surtout le bastion des GIA à la périphérie d'Alger. Ce groupe, dit de Boufarik, dirigé par Mohamed Kazouit, contrôle les villes de Boufarik, Mazafran Zeralda et Douaouda. Le groupe de Lakhdariya garde aussi un certain contrôle sur la région est du pays en semant la terreur dans les localités de Beni Amrae, Kadiria et Aïn Bassam. L'AIS aurait un temps compté quelque trois mille combattants mais la signature de la trêve, en novembre 1997, a écrémé les effectifs et conduit à la défection de deux groupes importants de militants : celui de l'émir Hassan Abdelkrim, *alias* Abou Bakr, qui s'est retiré de l'AIS avec deux cent trente personnes après s'être lui-même évadé d'une prison de la wilaya de Batna, et le groupe de l'émir Mohamed Abou Kamel, *alias* Abou Salma, un ancien officier de sapeur-pompier de la wilaya de Sétif qui a fait défection avec cent quatre-vingts combattants. Débarrassée de son aile dure, l'AIS fait aujourd'hui figure d'organisation fantôme, à l'image du FIS, et ne semble pas présenter, selon les services de renseignements algériens, un risque réel pour la sécurité de l'État. Quant au MIA originel, il rassemble encore quelques nostalgiques de l'époque bouyaliste qui ne seraient pas plus d'une trentaine encadrés par l'émir Abdelkader Chebouti qui se fait appeler le « Commandant ».

Le *modus operandi* de ces groupes est toujours le même ; ils n'opèrent qu'au sein de petites zones du territoire algérien. La plupart prétendent viser en priorité des cibles militaires ou, à défaut, les membres des familles de militaires, mais la réalité est tout autre... Les extrémistes ne pratiquent aucune discrimination et les différents groupes de la population algérienne sont égaux devant l'horreur du terrorisme. Du côté des civils, les cibles de choix sont toujours les journalistes, les intellectuels et les fonctionnaires, régulièrement accusés de véhiculer des messages antireligieux. Mais depuis 1996, les GIA ont ajouté une nouvelle série de victimes à leur campagne de déstabilisation du régime : leurs commandos s'en prennent de plus en plus souvent aux communautés rurales isolées ; ils y assassinent sans grands risques des femmes et des bébés avec des armes automatiques ou des sabres. En avril 1997, plus de quatre cents personnes ont trouvé la mort dans ce type d'attaques et la plaine de la Mitidja est devenue la vallée de tous les dangers. Non seulement la population doit y subir les affrontements entre forces de l'ordre et extrémistes mais elle doit aussi endurer les ravages d'une autre forme de guerre civile qui oppose le GIA à d'autres factions islamistes extrémistes comme l'AIS. Lors de la prise d'un des QG du GIA à Oued Allel, plusieurs documents manuscrits découverts par les forces de sécurité ont montré comment les émirs du GIA justifient, à grand renfort de fatwas, les crimes les plus abjects. Ces fatwas se réfèrent à d'obscurs « théologiens » et cautionnent les assassinats de femmes et d'enfants comme l'enlèvement de jeunes filles. Dans une lettre manuscrite portant l'en-tête du GIA et signée par l'émir de la région d'Alger Abou Abdallah Aïssa, le cheikh explique en neuf points comment se comporter avec les captives : seul l'émir peut les « offrir » et « seul celui qui en a reçu une a le droit de la battre et d'en faire ce qu'il veut dans la limite de la charia ». Ces femmes sont bien entendu destinées à satisfaire les appétits sexuels des terroristes, mais ces viols légalisés sont rigoureusement réglementés par les émirs ; ainsi l'auteur des fatwas explique-t-il à ses hommes : « Si tu prends la mère, tu n'as pas le droit de prendre la fille, et si un autre l'a déjà prise, tu patienteras jusqu'à ce qu'elle ait ses règles. Si tu as ton fils avec toi, tu ne dois pas prendre la même femme que lui et si elles ont des sœurs, il ne faut pas les offrir au même. » Ce sursaut de morale paraît normal aux terroristes du GIA.

À cette guerre civile déjà abominable s'ajoutent le crime organisé et les ravages de la délinquance juvénile. Autour des neuf groupes structurés du GIA, les enquêtes des services de police algériens ont mis en évidence l'existence de plusieurs centaines de bandes armées de haches et de couteaux qui se livrent au pillage et rackettent la population. Ces groupes composés de jeunes chômeurs illettrés sont apparemment autonomes mais sont en réalité utilisés comme nervis par les émirs du GIA. Certaines bandes de la région de Blida font quelquefois appel à des enfants de treize ou quinze ans qui ordonnent des décapitations ! Ces adolescents et ces enfants sont conditionnés par des imams intégristes qui prônent un terrorisme aveugle pour faire la preuve de l'impuissance des autorités. Comme d'autres « fous d'Allah », ces jeunes gens, qui ont perdu tout repère, voient dans ce djihad les portes du paradis. Ils enchaînent ainsi leur avenir à des fatwas proférées par les dociles imams des mosquées de Boufarik, de Baraki ou de Sidi Moussa que le GIA a l'habitude d'utiliser comme rampes de lancement pour ses mots d'ordre.

Quelques-uns des membres les plus coriaces de ces bandes armées peuvent bénéficier d'un semblant de formation de la part des terroristes du GIA. Des témoins repentis ont rapporté avoir été enfermés plusieurs jours durant dans des cavernes de la montagne pour s'y préparer au sacrifice suprême, celui de leur vie, lors d'un attentat suicide, attaché sur leur siège, au volant d'une voiture piégée. Dans ces grottes, les candidats passent des journées entières sans boire ni manger. Ils s'automutilent pour forger leur caractère et prouver leur dévouement. D'autres, destinés à perpétrer des massacres, apprennent à décapiter un animal avec un couteau de boucherie après l'avoir capturé à mains nues. Cette formation à la torture a été longtemps dispensée par un « expert » du GIA, Kamel Khaldi, dit Mourad Rive Gauche, parce qu'il a vécu en France.

Concernant l'acharnement des GIA et de leurs supplétifs contre ces populations civiles rurales, la lecture de la carte des massacres a conduit plusieurs experts des services de sécurité algériens à formuler une hypothèse controversée. Cette carte des violences politiques dans la plaine de la Mitidja recouperait assez précisément la carte de certains grands domaines agricoles, propriété de l'État, mais qui doivent être démembrés afin d'être finalement revendus à des propriétaire privés au détriment des paysans qui les exploitent depuis 1963. Ces deux millions d'hectares de riches terres agricoles situées à proximité des grandes villes ou pas très loin de la mer attirent la convoitise des promoteurs immobiliers. Mais, à leur grand regret, les occupants sont protégés par la loi agraire algérienne qui accorde aux métayers qui ont reçu leur parcelle en 1963 le droit de l'exploiter par périodes de trente ans renouvelables et de céder ce droit à leurs enfants s'ils continuent d'exploiter la terre... De là à affirmer que les GIA sont des groupes de mercenaires chargés de chasser ces paysans en faisant régner la terreur sous couvert de révolution islamiste il n'y a qu'un pas que certains Algériens ont franchi en rappelant comment, dès 1991, le Premier ministre Mouloud Hamrouche avait fait publier une liste de cent cinquante privilégiés qui s'étaient partagé en douce, à coups de bakchichs et d'enveloppes, quelques kilomètres de littoral pour y édifier leurs résidences secondaires. Pour certains, la guerre civile qui ravage la Mitidja pourrait aussi être une sordide affaire d'immobilier sur fond d'islamisme extrémiste fomentée par quelques requins de la finance qui chercheraient à blanchir de l'argent plus ou moins bien gagné pendant les années de guerre civile.

Si la spéculation se profile derrière les massacres de l'Algérois, le GIA pourrait être, comme l'ont révélé certains militaires algériens, une juteuse entreprise de banditisme organisé. Selon les révélations des forces armées, l'émir Antar Zouabri serait à la tête d'une fortune évaluée à quatorze millions de francs français en devises prélevés sur la communauté algérienne rackettée ou pillée dans la Mitidja, sans même parler des dix milliards de centimes accumulés en dinars. Sur ce trésor de guerre, Antar Zouabri a sans vergogne prélevé deux milliards de dinars pour ses besoins personnels. Un document confidentiel du ministère de l'Intérieur à Paris, daté de juillet 1997, révèle aussi que l'émir, décidément plus soldat de fortune que militant islamique, a également reçu deux kilos d'or. Présenté comme un des hommes les plus riches d'Algérie, le mystérieux Zouabri, dont la mort a été annoncée deux fois déjà, serait en réalité un prospère chef de gang qui percevrait à titre personnel soixante pour cent du butin. Après le massacre de Raïs en août 1997, Antar Zouabri aurait reçu, selon le journal *Al Watan*, près de « soixante-dix-neuf millions de centimes, trois bagues, une chaîne et un louis d'or prélevés sur les deux cent cinquante-six victimes ». Ces informations sur les finances du GIA collectées à la suite du démantèlement d'une de ses bases dans le village d'Oued Allel en octobre 1997, ont également permis de constater que le GIA tient une comptabilité scrupuleuse et que tous les messages rédigés en arabe, à la main, entre le cheikh Zouabri et les émirs régionaux, sont archivés et revêtus du cachet du GIA. Dans ces courriers, les émirs réclament des explosifs ou des fonds pour mener leurs actions terroristes. Une lettre du 9 juillet 1997, signée par le capitaine Oussama, chef de la Katibat Echouada, la Phalange des martyrs, atteste d'une remise de deux cent quarante millions de dinars aux caisses du GIA. Une autre lettre du chef terroriste Abou Abdallah Aïssa, émir d'Alger, fait état de la remise à « son émir national » de « cent soixante bracelets en or, quatre-vingt-seize louis d'or, douze gourmettes, cent quatre-vingt-quatre boucles d'oreilles, soixante-dix-neuf bagues et une quantité de bijoux en argent ». Selon ces livres de comptes, Aïssa est également à cette date en possession de cent cinquante mille francs en devises et de plus de cinq cents millions de centimes en dinars et cela pour la seule période de mai à septembre 1997 ! Un autre reçu émanant de la section GIA de Benidja atteste du dépôt à l'émir Zouabri de soixante-dix mille francs français, six cent dix-sept mille dinars, soixante-sept louis d'or, deux gourmettes et... sept cuillères en argent.

Enfin, une autre thèse exposée dans un rapport du groupe Minorités du SGDN souligne que la permanence de cette violence pourrait servir les intérêts des clans militaires liés au pouvoir. En effet, seul un minimum de terrorisme leur permet de justifier le contrôle du pays par l'armée et de continuer ainsi l'exploitation de réseaux mafieux à l'abri de toute répression policière. Pour d'autres, le cynisme des autorités irait encore plus loin. Informé des intentions des groupes armées et conscient des rancœurs accumulées au sein des villages touchés par les massacres, le pouvoir aurait adopté la tactique de laisser les terroristes punir eux-mêmes, et à sa place, ceux qui en 1991 avaient choisi, dans la Mitidja, de voter massivement pour le FIS et plus tard de soutenir le GIA.

Face à cette armée terroriste de l'ombre, sans grande cohésion mais suffisamment fanatique pour causer des attentats meurtriers et imprévisibles, les forces de sécurité algériennes constituent, sur le plan du renseignement, un front complexe composé de sept directions : la DRS, direction du Renseignement et de la Sécurité, la DCSA, direction centrale Sécurité de l'armée, la DCCE, direction centrale du Contre-Espionnage, la DCSE, direction centrale Services extérieurs, la DCDREC, direction centrale Documentation Relations extérieures et Coopération, la DGSN, direction générale de la Sûreté nationale et la direction générale de la Sûreté d'Alger. Ces nombreuses unités sont complétées par deux groupes d'action, les Unités spéciales et le Groupe d'intervention spécial. Comme on le voit à la lecture de ces sigles nombreux, à l'instar de la « carte des émirs », la compréhension du dispositif de sécurité algérien nécessite aussi une « carte des factions militaires » et de la nomenklatura algérienne. Entre les militaires de l'ALN, l'Armée de libération nationale, regroupés au sein de l'Organisation des moudjahidin présidée par Ali Kafi, le dernier président du HCE avant l'élection de Liamine Zeroual, les militaires de la période qui a suivi l'indépendance associés à la fois au FLN et à la toute-puissante Sécurité militaire et enfin les militaires de carrière qui sont devenus généraux avec les années, les divergences sont souvent fondamentales. À ces différences de perception psychologique de la situation algérienne, s'ajoutent des clivages régionaux entre l'ouest et l'est du pays et surtout le clivage kabyle que l'on retrouve autant dans l'armée que dans la société civile. Exacerbé par ces deux réalités ethniques, le conflit oppose aujourd'hui au sein des forces armées les « éradicateurs », des officiers assez jeunes peu liés au FLN, aux « conciliateurs » plus vieux et proches de la SMA, la Sécurité militaire algérienne, qui pensaient pouvoir neutraliser les islamistes par des « manipulations » et des « coups tordus » dès 1989... Devant l'échec patent de l'ancienne garde, les « éradicateurs » sont désormais partisans d'une réaction frontale de type militaire et considèrent qu'il faut faire table rase de la menace intégriste tout autant que des manipulations politiques stériles des anciens officiers de la SMA. Ces derniers, au fond moins conciliateurs qu'il n'y paraît, souhaitent la même chose mais par le biais de manœuvres politiques plutôt que par la méthode du rouleau compresseur militaire. Pour plusieurs experts du renseignement, cet affrontement est un classique de l'opposition entre spécialistes du renseignement et militaires dont les objectifs ne coïncident pas toujours. Quoi qu'il en soit, de la période de Boumediene à celle de Chadli, ce sont plutôt les services de renseignements qui ont tenu le pays et les habitudes sont difficiles à changer.

Selon plusieurs responsables militaires algériens de l'entourage du chef d'état-major Mohamed Lamari, l'armée aura les plus grandes difficultés à venir à bout de la violence dans les grandes villes. Pour certains analystes européens, il n'est pas étonnant que la nébuleuse militaire algérienne soit en difficulté pour mater la rébellion islamiste si l'on considère qu'elle n'a en réalité qu'une expérience récente du combat de guérilla auquel elle est confrontée depuis 1991. En effet, outre la période de l'ALN, pendant la guerre contre la France, et la période des escarmouches frontalières avec le Maroc dans les années soixante, l'armée algérienne actuelle n'a jamais combattu sur aucun front et ce n'est qu'au début des années quatre-vingt avec les maquis de Moustapha Bouyali et principalement depuis 1991 avec les islamistes qu'elle est vraiment active dans un combat strictement intérieur. Ainsi, pour les experts occidentaux, en dépit d'un appareil politico-militaire sophistiqué et même retors, surtout celui de la Sécurité militaire, les terroristes islamistes ont affaire à une armée relativement jeune et inexpérimentée. Depuis les années quatre-vingt, l'armée algérienne a principalement été une force politique en uniforme. En faisant croire au mythe d'une force armée invincible et monolithique, les stratèges de la SM ont pu, un temps, abuser les militants extrémistes mais c'est seulement lors de la confrontation avec le GIA et à ses actions de terrorisme aveugle que les forces armées ont pris la mesure de leurs limites. En 1994, le retard est en partie comblé et les GIA commencent à afficher de lourdes pertes sous la poussée des « éradicateurs » favorables à la technique du rouleau compresseur à l'encontre des maquisards islamistes.

En mai 1998, dans les colonnes de la revue *Politique internationale*, numéro 79, un mystérieux général X, cependant identifié comme le général Lamari, et considéré comme le numéro 2 du régime, revient sur le bilan de la guerre civile qui a causé, selon lui, la mort d'au moins quarante mille personnes et souligne le risque de voir les terroristes s'infiltrer dans des villes jusqu'alors peu touchées, Alger restant relativement sous contrôle. Dans cet entretien, le général X rappelle que « l'armée, si elle est consultée sur les questions clés, ne prend pas les décisions politiques. Comme disent les Français, c'est “la Grande Muette”. Même lors des législatives de 1991, nous étions prêts à jouer la carte de la démocratie jusqu'au bout... Ce sont les gouvernants et tous les membres de l'élite politique, y compris les partis prétendument démocratiques, qui ont insisté pour que le processus électoral soit interrompu... ».

Dans ce même article, celui qui pourrait donc être le grand patron des forces armées algériennes affirme que les GIA ont été brisés dès 1994 mais que les militants seraient encore au moins deux mille, assistés par cinq à six mille individus. Selon lui, l'organisation des GIA serait très souple et les émirs communiqueraient régulièrement entre eux par téléphone satellite, bénéficiant en permanence de compétences nouvelles apportées par de jeunes beurs et des enfants de harkis devenus citoyens français.

Nommé général d'armée en novembre 1994 alors qu'il est de fait vice-ministre de la Défense, Mohammed Lamari a réorganisé, à grand renfort de nominations, les forces armées pour en faire une vraie machine militaire, impliquée quotidiennement dans les combats contre les terroristes et non dans des machinations ou des intrigues. Le clivage entre anciens et modernes est donc bien une réalité dictée plus par les faits que par la politique.

Entre la guerre civile des terroristes islamistes contre l'armée, la guerre des factions extrémistes entre elles et l'opposition des clans dans l'armée, il y a les civils... les habitants de la Mitidja ou d'Alger ou des douars de l'Atlas. Ils comptent les coups et les encaissent la plupart du temps. L'insécurité a atteint l'intolérable. Des villageois se sont regroupés en milice pour assurer eux-mêmes leur sécurité. Ces miliciens, qui se sont surnommés « patriotes », quelquefois armés en sous-main par l'armée, assurent la protection passive des villages, plus rarement des opérations actives de « nettoyage » dans les maquis. Ces milices parviennent quelquefois à prendre les terroristes islamistes sur le fait, comme ce groupe en patrouille dans le quartier de Ktiten, près de Médéa, qui a mis en fuite un commando du GIA en train de massacrer la population de la ville. Au moment où les « patriotes » interviennent, le bourreau, décrit comme « un nain » par les survivants barricadés chez eux, est en train de décapiter sa trente et unième victime à la hache et au couteau ! Le cauchemar a duré toute la nuit. Face à ces massacres continuels qui ne figurent dans les journaux que si le nombre des victimes est supérieur à dix, les « patriotes » s'organisent et s'opposent à la dictature des islamistes qui a fini dans certains villages de la Mitidja par interdire aux habitants de se rendre au café ou aux femmes de sortir sans le hijab. Repoussés dans les maquis, les commandos du GIA se concentrent sur les fermes isolées, poussant les « patriotes » à multiplier leurs effectifs. C'est l'escalade de la violence, d'autant que certains miliciens dont les familles ont été massacrées sous leurs yeux s'en prennent à leur tour aux familles connues de membres des GIA. Loin de calmer le jeu, l'émergence des « patriotes » a entraîné la Mitidja dans la spirale de la vendetta. Au fil des mois, ces unité d'autodéfense sont devenues de véritables armées privées soutenues par l'État. Aux quarante mille gardes communaux, équipés et payés par l'État, s'ajoutent près de soixante mille hommes, eux aussi armés par l'État de façon moins officielle. Ces commandos de chasse aux islamistes, composés d'anciens militaires, de terroristes repentis — y compris des « Afghans » — ou de pères de famille poussés à bout par la violence des GIA, sont lourdement équipés de fusils d'assaut, de radios et de véhicules tout terrain. Cette militarisation de la société algérienne où circulent des dizaines de milliers d'armes ne peut que radicaliser la situation de guerre civile. Pourtant, cette armée d'amateurs a été utile et a marqué des points dans ce que les habitants de l'Algérois appellent le « triangle de la mort » de la Mitidja. Des villages ont retrouvé un semblant de sérénité après que les patriotes ont repéré et détruit les casemates où le GIA cache ses armes. Le plus difficile est de maintenir sur place la population appauvrie par l'impôt révolutionnaire et les prélèvements en nature des terroristes. Les « patriotes » tentent aussi de maintenir la sécurité sur les routes où les islamistes effectuent de faux contrôles qui se terminent le plus souvent en massacres. Ainsi la nationale 4 qui relie Alger à Oran, à travers la Mitidja, est devenue une des plus meurtrières d'Algérie. Certaines routes, comme celle menant à Medea par la montagne, sont restées fermées à cause des embuscades. Peu à peu, les « patriotes » sont parvenus à restaurer un semblant de sécurité au prix d'une veille permanente et de risques insensés pour de simples civils.

Si dans un premier temps, ces groupes d'autodéfense semblent présenter une alternative au quadrillage du pays au demeurant impossible par une armée qui ne compte que soixante mille hommes pour un territoire de deux millions et demi de kilomètres carrés, la solution a toutefois dégénéré ; les bandes de « patriotes » ne sont évidemment pas la panacée... Les 13 et 14 avril 1998, un journal algérien, *Liberté*, révèle que depuis de longs mois ces milices font régner la terreur dans les villes de Rélizanne et Jdiouia avec des méthodes semblables à celles des commandos du GIA. Le journal titre sur « les nuits sombres de la ville hantée depuis cinq ans par les hommes cagoulés de El Hadj Fergane », le maire de la commune de Rélizanne, surnommé le « Shérif ». Son arrestation en avril 1998 va délier les langues des habitants de la région, mais son complice de Jdiouia prend la fuite... Les témoins déclarent à *Liberté* que « les hommes cagoulés pouvaient à n'importe quel moment faire irruption chez un citoyen pour l'embarquer... Une personne enlevée pouvait être retrouvée assassinée comme elle pouvait disparaître ». Les enquêteurs retrouvent dix-sept cadavres dans un puits de Sidi M'hamed Benaouda. Dans une autre localité, soixante-deux corps sont découverts, certains auraient été enterrés vivants... Des témoignages formels accablent le maire, particulièrement celui de la veuve d'un fonctionnaire assassiné qui aurait identifié le meurtrier de son mari.

La dénonciation de terroristes est fortement encouragée par les autorités militaires algériennes et de grosses primes sont offertes aux personnes susceptibles de fournir des informations conduisant à l'arrestation de militants du GIA. La liste des têtes mises à prix à la fin de l'année 1997 comporte quatre sections : la première concerne les cinq chefs de groupes armés pour lesquels la récompenses est fixée à quarante-cinq millions de dinars, une véritable fortune, soit quatre millions cinq cent mille francs ! La deuxième section comporte dix noms de seconds couteaux du GIA, tous proches des émirs et dont la tête est mise à prix trois millions de dinars, trois cent mille francs. Suivent enfin deux groupes de quarante-six terroristes à deux millions de dinars, deux cent mille francs, et un million de dinars, cent mille francs. Le premier nom sur la liste à quarante-cinq millions est Akkal Moustapha Rachid, connu sous le nom de guerre de Gharib. Suivent ensuite Benaicha Ahmed, dit Hamou, chef de l'AIS dans la région ouest, Benmokhtar Mokhtar, Abou El Haitam et enfin le chef suprême, Antar Zouabri. La seconde liste comprend plusieurs terroristes dont certains ont notamment participé à l'enlèvement des moines trappistes de Medea. Affichées sur les murs d'Alger et dans les grandes villes, ces listes auraient permis l'arrestation ou la liquidation de plusieurs militants du GIA. Ainsi, en mai 1997, quatre responsables islamistes ont été tués à Sidi-bel-Abbès, Alger, Constantine et Blida. En cet automne 1998, en dépit d'une forte pression de l'armée algérienne, le pays continue à s'enfoncer dans l'horreur. Chaque jour apporte son lot de nouveaux martyrs, femmes éventrées, enfants égorgés, vieillards tués. Vu de France, rien ne semble devoir arrêter les assassins. Cette guerre qui paraît sans fin est-elle due, comme le disent de nombreux commentateurs, à la division qui règne dans l'armée entre les « éradicateurs » et les « conciliateurs » ? Cette division doit pourtant être relativisée même s'il arrive que les points de vue divergent, comme ce fut le cas avant l'élection présidentielle de 1995, certains militaires étant favorables à une candidature civile, d'autres à celle de Liamine Zeroual. Mais des consensus sont aussi apparus sur la meilleure façon de combattre le terrorisme et d'assurer la sécurité. L'armée mène un combat très difficile et ses forces demeurent insuffisantes pour contrôler et protéger d'une manière efficace une population qui a presque triplé depuis l'indépendance, avec vingt-huit millions d'habitants aujourd'hui, qui se concentrent de plus en plus sur les grands centres urbains. La capitale, Alger, compte près de trois millions et demi d'habitants et les groupes du GIA peuvent trouver refuge dans la plupart des quartiers du Grand Alger et dans les nombreuses localités environnantes de la Mitidja.

Pour certains militaires français, l'armée algérienne est victime aussi d'un handicap, celui de sa formation à l'école soviétique. Ses difficultés à maintenir la sécurité seraient dues à une inadaptation aux méthodes de combat des islamistes. Formée par des conseillers soviétiques dont les méthodes étaient nées de l'affrontement Est-Ouest, équipée en matériel russe d'un autre âge qui a été commandé par des cadres formés dans les académies militaires soviétiques d'une autre époque pour mener des batailles qui n'existent plus, l'armée algérienne est en réalité confrontée aux mêmes problèmes que l'Armée rouge en Afghanistan il y a plus de dix ans ou que l'armée russe plus récemment en Tchétchénie. Les lourds déploiements spectaculaires d'engins blindés, ou les bombardements d'artillerie sont souvent peu adaptés au terrorisme urbain bien implanté sur le terrain. C'est ce que les islamistes ont compris avec leurs conseillers « afghans ». Le centralisme bureaucratique à la soviétique paralyse aussi les opérations de l'armée à cause de la nécessité de recevoir l'accord de tous les échelons de la hiérarchie ; cela explique parfois l'absence de réaction de certains militaires lors de massacres qui se sont déroulés parfois à trente mètres de leurs casernes. En réalité, près d'un an après le début de la trêve acceptée par l'Armée islamique du salut, le gouvernement algérien ne sait toujours pas comment utiliser les éléments des branches armées du FIS ; l'intégration dans les forces armées étant exclue bien qu'elle soit réclamée, associée à une amnistie générale pour les chefs de l'AIS. C'est à cette condition seulement qu'ils disent être en mesure de déposer les armes.

Le GIA, de son côté, change également de tactique ; ainsi deux puissantes charges ont été déposées dans le gazoduc Transmed à Machra, près de Tiaret, dans l'ouest du pays, en février 1998. Le terrorisme qui sévit en Algérie n'est comparable à aucun autre ; la plupart des organisations, que ce soit en Europe ou au Moyen-Orient, se sont toujours attaquées à des cibles précises — magistrats, policiers ou hommes politiques — alors qu'en Algérie c'est contre leurs propres compatriotes que les groupes armée multiplient les massacres au quotidien. Dès lors, il devient difficile de protéger l'ensemble de la population du pays, et la caisse de résonance à l'extérieur n'en est que plus forte. Cette spécificité du terrorisme islamique en Algérie, les atrocités commises par les groupes armés ont conduit les États-Unis à réviser leur politique, même si Washington demeure favorable à un accord avec les islamistes modérés. Aussi bien au Département d'État qu'au Pentagone, on admet aujourd'hui que les Groupes islamistes armés n'ont aucune chance de l'emporter et que l'armée a marqué de nombreux points depuis le début de l'année 1998. La Maison Blanche et le Département d'État ont même envisagé la possibilité de fournir à l'armée algérienne, à partir de l'été 1998, des renseignements acquis grâce à la mise en orbite géostationnaire de satellites espions positionnés au-dessus de l'Algérie. Depuis 1993, l'armée algérienne loue les services de deux satellites américains pour la couverture de la zone de production d'hydrocarbures du pays, notamment les champs d'Hassi-Messaoud et le terminal maritime pétrolier d'Arzew.

En six ans d'une violence presque inégalée, cette nouvelle guerre d'Algérie affiche un bilan dramatique. Un bilan financier qui approche les cinq milliards de dollars, quatre ou cinq fois plus que le budget annuel de certains États d'Afrique, mais surtout un tragique bilan humain. En mars 1998, quatre bilans différents se disputaient la palme de l'horreur. Selon le Premier ministre Ahmed Ouyahia, les pertes s'élèveraient à vingt-six mille cinq cent trente-six victimes, civils et militaires confondus. Pour l'opposition algérienne, y compris le FIS, le bilan serait de cent vingt mille morts en six ans. Selon les services de renseignements occidentaux, le chiffre serait de quatre-vingt mille personnes et pour les Américains, selon un rapport de l'administration Clinton publié le 29 janvier 1998, on dénombrerait soixante-dix mille morts, chiffre évalué en partie sur la base du nombre d'armes en circulation tant chez les militaires que chez les miliciens. Ce dernier bilan serait approuvé en secret par un des généraux les plus influents d'Algérie. La guerre interne des factions opposant le GIA à l'AIS aurait, quant à elle, causé la mort d'au moins cinq mille islamistes.

# XIV

## La contagion ?

Ce jour sombre de janvier 1995, lorsque le juge marocain du tribunal de Fès prononce gravement la sentence, il n'ignore pas que son jugement est une première. Il ne vient pas seulement de condamner à mort des islamistes français coupables d'attentat, il vient de condamner le prosélytisme intégriste dans les banlieues françaises et d'instruire le procès des jeunes beurs français attirés par le chant des sirènes des « fous de Dieu ».

Le 24 août 1994, vers 10 h 30, Stéphane Aït Idir, un jeune Français d'origine algérienne de vingt-deux ans, Redouanne Hammadi, un Français d'origine marocaine, vingt-trois ans, et Taref Falha, tous les trois masqués, s'engouffrent dans l'hôtel Atlas Asni à Marrakech en tirant au plafond. Ils s'emparent de la caisse et mitraillent les touristes dans le hall de l'hôtel. Bilan : deux morts, des touristes espagnols, et un blessé. Rien ne laisse penser à un attentat mais plutôt à un hold-up.

Deux jours plus tard, à Fès, un autre commando est arrêté alors qu'il se prépare à attaquer un groupe de policiers. Les membres du commando interpellés, finissent, à la suite d'un interrogatoire que l'on dit « musclé », par dénoncer leurs complices. Le soir même, Stéphane Aït Idir est appréhendé à la gare de Fès, Redouanne Hammadi dans un bus en route pour Oujda ; Tarek Falha, qui l'accompagnait, échappe de justesse aux policiers. La semaine suivante, le 7 septembre, le dernier larron, Marzoug Hamel, est arrêté à Casablanca. Lorsque la police frappe à sa porte, il a déjà renoncé au djihad et a pris conscience qu'il est dans une nasse.

Sans être, loin de là, un des chefs du groupe, Marzoug Hamel est l'archétype du militant islamiste recruté dans les banlieues. Né à Oran, le jeune homme passe la plus grande partie de sa vie en France. Il fréquente une école de Barbès, à Paris, avant de rencontrer, non loin de la mosquée de la rue Myrha où officie l'imam Sahraoui, un prédicateur itinérant qui prétend s'appeler Nasser. Nasser, en réalité Abdelkrim Afkir, est vendeur de rue à l'occasion, ancien « Afghan », qui légitimera par la suite l'attentat de Marrakech par une fatwa. Le jeune imam présente rapidement Marzoug à des émirs marocains, tous membres du MJIM, le Mouvement de la jeunesse islamique marocaine. Marzoug vient de mettre le doigt dans l'engrenage. Pour le juge Jean-Louis Bruguière, le jeune Français est ce jour-là tombé entre les mains de sous-traitants du GIA. Peu après, Nasser présente à Marzoug les autres membres de son futur commando, des enfants de La Courneuve livrés à eux-mêmes : Redouanne Hammadi, un chômeur, et Stéphane Aït Idir, un prédélinquant. Au début de l'année 1989, après un court stage de formation dans une ferme ardéchoise où les jeunes gens font de la marche et du tir à la cible, Marzoug est envoyé dans un camp à trente kilomètres de Peshawar. C'est le grand saut. Redouanne et Stéphane le suivront au Pakistan quelques mois plus tard. Devenu un dur et un « fou de Dieu », Marzoug alterne formation militaire — jusqu'à Sarajevo où il aura son baptême du feu — et les affaires de droit commun pour financer l'organisation avant de se voir offrir une véritable mission, et pas n'importe laquelle : déstabiliser le Maroc !

Le 1er septembre 1994, la direction centrale de la police judiciaire fait le point de la situation et les craintes du juge Bruguière sont en partie confirmées. À la suite de plusieurs commissions rogatoires et de vingt-sept interpellations en France, la police découvre chez les commanditaires français et marocains du commando de Marrakech des preuves de leurs liens avec le GIA. Chez l'un d'entre eux, Abdelilah Zyad, les enquêteurs trouvent des documents en français et en arabe émanant du FIS et du GIA. D'autres perquisitions permettent de saisir des factures d'armurerie, des timbres humides de l'ANPE, des notices relatives à l'organisation de la DCRG et de la DST françaises, des manuels de confection d'explosifs, des revues islamistes interdites et même un timbre humide du FIS...

Le procès des terroristes de Marrakech qui se déroule bien loin des cités dortoirs de la région parisienne fait découvrir de façon dramatique à l'opinion le destin tragique d'une bande de gamins livrés à eux-mêmes qui vont découvrir le Coran, fréquenter la mosquée de La Courneuve, s'entraîner dans des salles de sport sous influence islamiste et finir par tomber dans un réseau activiste. Le point culminant du parcours de ces jeunes gens, c'est évidemment le séjour dans les camps du Pakistan et de l'Afghanistan où ils rejoignent le corps prestigieux des « Afghans ». Ils deviennent des terroristes. Le commando des jeunes islamistes devait s'en prendre à des touristes sur une plage de Tanger ; un autre s'attaquer à une synagogue de Casablanca ; un troisième à des policiers de Fès et un quatrième devait mitrailler un bus devant l'hôtel Atlas Asni de Marrakech. Un seul des quatre groupes est allé au bout de son forfait.

Aux côtés des accusés d'origine française, sont impliqués onze Marocains, accusés de complicité dans une entreprise de terrorisme destinée à déstabiliser l'État. Le Maroc, qui a su éviter la spirale islamiste, semble à son tour atteint par le terrorisme. La nouvelle est assez surprenante pour que, dans un premier temps au moins, les autorités marocaines dénient toute implication islamiste dans ce qui est présenté comme une affaire de droit commun. Mais la réalité est autre. Comme le reste du Maghreb, le Maroc a subi un début de contagion islamiste et l'affaire de Marrakech est un avertissement qui doit être pris au sérieux, ce que fait le ministre de l'Intérieur marocain, Driss Basri. Un rapport français conclut après l'attentat sur le risque de contagion dans le Maghreb : « En tout état de cause, le démantèlement de ce réseau amène à penser que si la structuration, par nationalité, des organisations maghrébines reste de mise, les clivages s'estompent au bénéfice d'une convergence de stratégie commune. Considérant que l'instauration d'une république islamique en Algérie aurait des répercussions dans tout le Maghreb, les militants marocains ont compris qu'il fallait œuvrer pour une déstabilisation des autorités marocaines. Les actions violentes qu'ils ont entreprises devaient sans doute permettre de réhabiliter l'islamisme marocain, tout en convergeant avec les objectifs du GIA, qui prône l'extension de la révolution islamique au Maghreb. »

En mars 1998, un rapport confidentiel d'un service de renseignements du Maghreb fait le point sur la situation des islamistes marocains et révèle que plusieurs réunions se sont déroulées depuis le début de l'année dans le haut Atlas et plus précisément à Ouarzazate et dans la région d'Ifrane. Les rencontres clandestines ont permis à des islamistes turcs appartenant à la Jamaat Annour al Diniia de rencontrer des islamistes tunisiens du mouvement En Nahda de Rachid Ghannouchi. Le plus préoccupant est que cette réunion s'est déroulée sous le patronage de représentants iraniens du Hezbollah... À la suite de ces réunions, les services marocains ont fait quelques descentes dans des milieux activistes dans ces deux régions et ont distribué quelques avertissements sans pour autant procéder à des arrestations.

En revanche, sur le plan politique, les autorités du royaume ont réagi en dépêchant à Boursa, en Turquie, un islamiste marocain, le docteur Al Khatib, pour demander aux dirigeants de la Jamaat Annour de mettre fin à « ce petit jeu catégoriquement interdit sur la scène marocaine ». Simultanément, une délégation de trois officiels est envoyée à Téhéran pour faire également un peu de ménage du côté des mollahs du Hezbollah. D'autant que, selon des informations de la DST française, les Marocains ont été avertis qu'un groupe d'Iraniens et de fondamentalistes chi'ites venus de Côte-d'Ivoire a entrepris au Maroc des actions humanitaires et de prosélytisme sous couvert du ramadan. Porteurs de passeports libanais, ces curieux « missionnaires » sont officiellement venus faire des affaires.

La méthode chérifienne a le mérite d'être directe. Le Maroc, qui souhaite préserver ses relations avec les autres nations du monde musulman, prend ainsi les devants et tente de prévenir la crise en faisant connaître son intransigeance en la matière. Cela explique sans doute que le 25 mars 1998, une délégation saoudienne est à Rabat avec, dans ses bagages, un dossier concernant des activistes afghans saoudiens ayant réussi à s'infiltrer dans plusieurs pays du Maghreb. La même délégation a aussi à cœur d'informer les services marocains de l'identité de plusieurs hommes d'affaires saoudiens basés en Thaïlande, à Singapour et aux Philippines, qui ont entrepris de faire la navette entre leur pays de résidence et le Maroc ; certains d'entre eux sont fortement soupçonnés d'entretenir des relations suivies avec Usama Ben Laden.

Le résultat est que le Maroc est maintenu sous haute surveillance et que les islamistes n'ont pas réussi à faire leur trou dans ce pays qui ne cesse de tourner ses regards vers l'Europe, tout en ménageant son appartenance au Maghreb. La poussée radicale n'est pas totalement inconnue au Maroc, mais les derniers événements significatifs remontent à 1988. Le 20 janvier, plusieurs groupes d'étudiants avaient organisé, au départ de Fès, un manifestation de soutien aux Palestiniens des territoires occupés. En s'amplifiant, le mouvement avait fini par gagner Meknès et d'autres villes avant de déraper sous l'impulsion de groupuscules extrémistes. La manifestation fut réprimée mais, en dépit de son ampleur, peu de slogans s'en prenaient à la monarchie ou exprimaient des revendications politiques intérieures. Les étudiants ne se laissèrent, en fait, pas détourner de l'objectif de leur manifestation, au grand dam des islamistes.

Quoi qu'il en soit, c'est maintenant avec une main de fer dans un gant de velours que le pouvoir prend en charge ses islamistes, préférant aller jusqu'à les accréditer pour mieux les... neutraliser. On parle avec une gentille ironie des « islamistes du roi »... Une situation d'autant plus confortable qu'aucun groupe fondamentaliste comme les Frères musulmans n'a jamais pu s'implanter au Maroc. Les seuls foyers susceptibles de manifester un engouement discret pour les thèses fondamentalistes sont les campus universitaires où l'on voit de plus en plus de jeunes filles voilées et où le mouvement Réforme et Renouveau d'Abdelilah Benkirane devient représentatif. Mais ne faut-il pas le compter au nombre des « islamistes du roi » ?

Plus que par une répression policière ou une habile manipulation des forces en présence, l'inefficacité des islamistes marocains s'explique par l'absence de vide religieux au Maroc. La monarchie alaouite est à la fois une autorité religieuse et une autorité politique. L'islam est donc l'élément déterminant de la légitimité du pouvoir. Le Maroc est au demeurant le seul pays du monde arabo-musulman à perpétuer le système du califat institutionnalisé par la Constitution dans les années soixante : le roi est le « commandeur des croyants » et ses décisions ou ses interventions publiques ne sont pas seulement celles d'un chef d'État. Hassan II veille à toujours associer à ses décisions une dimension spirituelle soulignée par des citations du Coran. Cette situation n'étant contestée que par une très faible minorité et la monarchie occupant méthodiquement l'espace, les islamistes ne trouvent pas beaucoup de marge de manœuvre pour leur action politique face à un monarque qui veille consciencieusement à ne pas se laisser déborder sur le flanc religieux et qui dispose d'une audience internationale. En 1980, sous la poussée du roi, les oulémas du Maroc décrètent par la voie d'une fatwa que l'action de l'imam Khomeyni est contraire à la fois islamique. Sans présumer de la légitimité du décret sur le plan théologique, cette prise de position évitait de laisser le champ libre aux prédicateurs chi'ites... Le 18 janvier 1998, dans un communiqué, les islamistes marocains vont encore plus loin en se démarquant des violences commises par le GIA, en les condamnant catégoriquement et en appelant les autorités algériennes à protéger les biens et les vies des innocents.

Ainsi, pas de débat de société sur un sujet qui est ailleurs devenu brûlant. Cette fusion entre pouvoir et religion n'est pas non plus étrangère aux partis politiques marocains, comme l'Istiqlal, la plus vieille formation du pays, qui fonde aussi sa politique sur des bases religieuses. Loin d'être isolé, le monarque est soutenu à tous les niveaux, populaire, religieux et politique. L'islam marocain existe donc bel et bien, et l'islamisme radical n'est pas perçu comme une menace même si, en mai 1998, les conclusions d'une enquête menée dans certains milieux extrémistes en Belgique ont révélé l'existence d'un Groupe islamique combattant, le GICM, également appelé GIA marocain. Une opération de police, le 5 mars 1998, a permis de saisir dans deux appartements du quartier d'Ixelles à Bruxelles, un lot de documents et des produits chimiques suspects. Une partie de la littérature confisquée devait être distribuée dans la communauté musulmane de Belgique et de

France. Les tracts appelaient tout simplement à l'insurrection et adressaient des avertissements sérieux aux Marocains travaillant pour la police ou les forces de sécurité. Les religieux n'étaient pas épargnés non plus et c'est plutôt à leur conscience que le GIA marocain faisait appel en leur demandant comment ils pouvaient regarder « impassibles, les injustices se commettre ». Les enquêtes ont permis d'établir que ce groupe d'une centaine de personnes au plus n'a aucune base réelle au Maroc et que ses représentants mènent leur propagande depuis l'Europe. Ce GIA marocain serait principalement composé d'extrémistes en exil mais aussi d'« Afghans » en perdition, de trafiquants et de militants d'autres organisations fondamentalistes radicales, comme le Hamas ou les Frères musulmans. Le GIA marocain apparaît donc comme une petite organisation de professionnels aguerris plus que de militants religieux idéalistes, pour le moment sous contrôle, mais qui n'est pas en mesure d'agir au Maroc et d'y mettre le régime en danger. Si ce point est rassurant pour les Marocains, il ne l'est guère pour les services français qui craignent de voir tôt ou tard les clandestins du GIA marocain provoquer des attentats en France ou en Europe par dépit ou pour faire pression sur le roi Hassan II dont ils connaissent les relations privilégiées avec Paris.

La Tunisie, en revanche, présente plusieurs points de faiblesse favorables à la percée fondamentaliste islamique et l'influence des islamistes sur la politique intérieure est incontestable. La déposition du président Habib Bourguiba pour sénilité le 7 novembre 1987 et son remplacement par Zine Al Abidine Ben Ali, en est la preuve... Pourtant jamais un pays arabe n'a poussé la laïcisation aussi loin et toutes les composantes de l'islam jugées rétrogrades ont été balayées de la vie publique, même si l'islam en tant que religion n'a jamais été remis en cause. La Constitution de 1959 est d'ailleurs assez ambiguë, elle souligne que le chef de l'État doit être musulman mais elle ne dit pas clairement que l'islam est une religion d'État.

Cette volonté de laïcisation est allée très loin, aux limites de la provocation disent certains Tunisiens. Dans les années soixante, Bourguiba fait souffler un vent de réforme qui est une tornade. Il s'oppose au jeûne du ramadan qui affaiblit les travailleurs, au sacrifice du mouton de l'Aïd qui amenuise le cheptel et au pèlerinage à La Mecque qu'il accuse de causer une hémorragie de devises. En 1967, il légalise l'avortement alors que certains pays d'Europe commencent seulement à en parler. Ce laminage de l'islam n'a pas empêché les islamistes d'occuper le terrain avec habileté et dynamisme. Une fois encore, le vieux principe de Lavoisier est mis à l'épreuve des faits : la nature a horreur du vide. Et si les islamistes marocains ont échoué pour cause de trop-plein... les islamistes tunisiens vont pouvoir s'imposer pour cause de carence. Les réformes de Bourguiba ont sans aucun doute fait progresser la Tunisie, mais bon nombre de Tunisiens se sont aussi senti dépossédés de leur identité.

C'est sur ce malaise que des intellectuels comme Rachid Ghannouchi, qui sera finalement condamné à la prison à perpétuité en 1987 avant d'être libéré, ont fait fleurir la contestation islamiste. En 1994, l'islamisme radical a pris en Tunisie des proportions inquiétantes. Représenté essentiellement par le mouvement En Nahda, la Renaissance, dont l'idéologie est inspirée de celle des Frères musulmans, ce mouvement s'est à l'origine érigé en parti politique, le MTI, Mouvement de la tendance islamique, avant de devenir En Nahda.

Un rapport de la DGSE daté du 17 novembre 1994 rappelle que En Nahda a développé ses activités à l'étranger en trois volets : le prosélytisme, la recherche de fonds et la mise en place de réseaux logistiques. Ces derniers ont pu être installés avec une relative facilité grâce à l'aide de l'Iran dont Ghannouchi est assez proche depuis le début des années quatre-vingt. La coopération sans réserve des mollahs permet aux islamistes tunisiens de bénéficier entre autres d'une formation paramilitaire pour leurs cadres dans les camps du Hezbollah au Liban ou en Syrie. Ce même rapport précise qu'en 1994 En Nahda était en relation étroite avec des membres du FIS en exil en Belgique et en Allemagne. À cette époque, Rachid Ghannouchi rencontrait régulièrement Rabah Kébir, le président de l'instance exécutive du FIS à l'étranger. Sur le territoire tunisien, cette coopération s'est manifestée par la mise en commun de certaines ressources dans le sud du pays où les branches armées des deux mouvements s'échangent des armes et s'offrent mutuellement des bases de repli dans les régions frontalières.

La grande caractéristique de l'islamisme tunisien c'est qu'au fond il existe, mais surtout... à l'étranger depuis 1991. Une des figures de l'islamisme tunisien en exil est un ancien professeur né en 1948. Salah Karker, dirigeant officieux de En Nhada, condamné à mort par contumace en 1987 en Tunisie, est frappé d'un arrêté d'expulsion de France où il est réfugié politique depuis 1988. Assigné à résidence dans plusieurs villes de France, dont Brest et Digne, cet économiste affirme militer pour un islam de « réflexion » et refuse l'étiquette de terroriste — il a au demeurant gagné plusieurs procès contre des journaux qui le qualifiaient ainsi — et il attend que la France révise son jugement à son égard. Il en a fait la demande dès l'arrivée de Jean-Pierre Chevènement au ministère de l'Intérieur et a également saisi le député-maire de Digne, l'ancien secrétaire général de l'Élysée, Jean-Louis Bianco.

L'autre figure dominante du mouvement islamiste est bien entendu Rachid Ghannouchi, réfugié à Londres. Mais l'influence de cet islamiste intellectuel a toujours dépassé les frontières de son propre pays et il a été un des promoteurs du panislamisme maghrébin. En 1990, Ghannouchi a lui-même rédigé la plate-forme électorale du FIS pour les élections municipales. En 1990 et 1991, En Nahda a envoyé de nombreux cadres en Algérie pour aider les militants du FIS dans leur campagne électorale. Enfin, c'est toujours En Nahda et son dirigeant qui ont aidé le FIS à rencontrer des bailleurs de fonds au sein des monarchies arabes à la veille de la guerre du Golfe. L'implication des islamistes tunisiens aux côtés du FIS et du GIA est une réalité. Il faut garder à l'esprit que Rachid Ghannouchi et d'autres intégristes d'En Nahda ont pu trouver refuge en Algérie, y compris au plus fort de la crise, jusqu'en janvier 1992. Cette assistance logistique et technique s'est poursuivie par les moyens habituels, telles des associations humanitaires ou des organisations musulmanes, dont certaines en France.

Ainsi en dépit de l'exil à Londres de Rachid Ghannouchi, d'où il tente de se forger l'image d'un leader politique, l'islam radical tunisien est devenu plus actif, conduisant même à l'implosion d'En Nahda et à la création d'un Front islamique tunisien et même d'un FIST, Front islamique du salut tunisien. Pourtant, les réseaux tunisiens, décapités en 1991 mais vivaces à l'étranger, ne sont jamais parvenus à faire régner la terreur en Tunisie et, selon une note de synthèse du groupe de travail Minorités, il semble que les islamistes tunisiens aient décidé de commencer par réislamiser la société en profondeur, en intensifiant d'ici l'an 2000 leur action en direction de la jeunesse.

Le mal court aussi du côté de Tripoli... Et c'est l'influence des Frères musulmans égyptiens qui a été la première manifestation du fondamentalisme islamique dans les années quarante. Les Frères restent clandestins ou presque dans la Libye du roi Idris qui les réprime sans les transformer en martyrs. Vingt ans plus tard, le Tabligh pakistanais s'introduit discrètement. Officiellement, l'islamisme n'a pas sa place en Libye, pas plus qu'au Maroc. Kadhafi ne favorise pas l'émergence d'un mouvement fondamentaliste auquel il préfère opposer sa vision de la « troisième théorie mondiale », longuement développée dans son « Livre vert ». L'islam y tient une place prépondérante au point que le chef libyen envisagea un temps d'appliquer la charia, n'excluant ni le recours à la lapidation ni les amputations. Pour les islamistes, Kadhafi n'est pas sincère. Ils lui reprochent de ne retenir de l'islam que les composantes folkloriques et anecdotiques sans jamais s'appuyer sur les connaissances des vrais docteurs de l'islam.

Cette vision de l'islam ou du nouvel ordre, souvent qualifiée de « bizarre et extrémiste » y compris par des proches de Kadhafi, ne fait pas l'unanimité et ne s'est de toute façon pas imposée comme un substitut à l'islam. Alors que la diaspora libyenne peut librement vivre son réveil islamique, les Libyens de l'intérieur sont condamnés à la clandestinité et à subir une répression policière impitoyable. En 1986, le régime va jusqu'à exécuter neuf islamistes impliqués dans un attentat à Benghazi. C'est plutôt à l'étranger que l'islamisme libyen se développe, aux États-Unis et en Grande-Bretagne notamment avec la Jama'a Islamiya, devenue finalement un véritable mouvement d'opposition au chef de la Jamahirya.

À l'intérieur du pays, la répression féroce des années quatre-vingt a rempli les prisons. Plusieurs centaines de jeunes islamistes proches des Frères musulmans ou du Front national du salut de la Libye ont été incarcérés. La caractéristique du mouvement islamiste libyen est qu'il manque de leaders expérimentés dont la conscience politique et la maturité leur permettraient de livrer bataille de façon organisée et médiatisée. L'islamisme libyen évolue dans l'ombre et Kadhafi n'est pas disposé à lui donner droit de cité. Le seul espoir d'organisation pour les opposants islamistes libyens repose sur un éventuel retour d'« Afghans » aguerris qui pourraient donner un second souffle à l'intégrisme radical dans le pays. Le mouvement islamique libyen n'est donc pas un danger réel pour Kadhafi mais, en ayant pris l'option de le museler sans pour autant occuper l'espace religieux comme a su le faire le roi Hassan II, le chef d'État libyen a créé les conditions d'une explosion sous-jacente et, selon plusieurs services de renseignements occidentaux, le scénario algérien ne peut pas être exclu.

En 1996, le Raïs libyen a commencé à sentir les premiers effets de cette insurrection islamique après vingt-sept ans de règne sans partage. C'est précisément ce monopole sur la vie publique du pays qui motive la frange radicale des islamistes libyens. Ils se sentent proches de leurs frères du GIA. Les « Afghans » s'organisent et fleurissent les GMIL (Groupes militants islamiques libyens), le MMI (Mouvement des martyrs de l'islam) et Ansar Allah (Partisans de Dieu). Les islamistes libyens sont en relations étroites avec ceux du GIA et l'un d'entre eux, Abdallah Sadek, dit Abou Bakr al Sharif, l'émir du Groupe islamique combattant (GIC), déclare en 1995 que le GIA et sa propre organisation mènent le même combat. Quelques mois plus tard, en septembre 1996, il déclare cependant se désolidariser des actions violentes du GIA qui s'est détourné de la juste voie et des préceptes du Coran. L'objectif principal du GIC reste le renversement du colonel Kadhafi par tous les moyens. Le 10 juin 1998, un communiqué de l'opposition islamiste libyenne à Londres annonce que le colonel Kadhafi a failli être tué lors d'un attentat organisé par des islamistes, ce qui a été démenti à Tripoli. Ces islamistes libyens en exil sont en relations étroites avec les réseaux de soutien du GIA. Dans le numéro de février 1998 de leur revue *Al Fajr*, l'un de leurs dirigeants attirait l'attention de ses lecteurs sur la responsabilité de la France dans le drame algérien. Cette affaire confirme donc l'implantation de réseaux islamistes en Libye qui ont pu jusqu'à maintenant agir avec une relative discrétion. De son côté, le Raïs libyen, outre ses services de sécurité officiels, s'appuie dans sa lutte contre son opposition islamiste sur un certain nombre de tribus fidèles. Elles viennent récemment d'être intégrées au dispositif de lutte anti-intégriste.

Les premières actions de ces groupes intégristes visent les symboles du pouvoir libyen et particulièrement les forces de sécurité. Peu d'informations filtrent mais on a parlé de plusieurs dizaines de morts lors d'attentats ou d'émeutes populaires. La province montagneuse de la Cyrénaïque, entre Tobrouk et Benghazi, serait contrôlée par un maquis islamiste qu'il est arrivé à l'aviation libyenne de pilonner pour le nettoyer. Mais les moudjahidin d'Afghanistan qui se déplacent facilement dans ces montagnes du djebel Al Akhdar ont la vie dure et Kadhafi se garde de donner la moindre publicité à ces épisodes peu glorieux. De là à voir le colonel libyen appeler l'Occident au secours... Ou encore de là à souhaiter qu'il soit assez fort pour résister à la vague islamique, il y a un paradoxe qui n'est pas sans rappeler celui de l'Afghanistan qui ne s'est débarrassé du communisme soviétique qu'en instaurant l'islamisme devenu celui des Talibans. La Libye court-elle le risque de tomber elle aussi de Charybde en Scylla ?

Plus au sud, en Afrique, la doctrine du Quai d'Orsay, voulait que les « barbus » soient arrêtés par le Sahara. C'était compter sans la persévérance des prosélytes et des réseaux libanais largement implantés en Afrique centrale et occidentale, sans parler de pays comme la Tanzanie ou le Kenya où l'islam est largement présent pour des raisons historiques. Le Soudan étant un cas à part, situé à la croisée des deux Afriques, il est un carrefour naturel d'influence et il a donné aux islamistes contemporains un de leurs guides spirituels, Hassan al Tourabi, un guide aujourd'hui contesté par les plus extrémistes.

En Afrique de l'Ouest, c'est au Sénégal que l'islamisme fondamentaliste s'est manifesté de la façon la plus visible grâce à de nombreuses organisations humanitaires qui se consacrent officieusement au prosélytisme. L'IARA, Islamic African Relief Agency, et la Dawa Al Islamiya, d'origine soudanaise, ont été un temps parmi les plus influentes. Mais c'est une organisation saoudienne créée en 1986, la Al Mountada Al Islamiya, qui est devenue le poids lourd de l'influence grâce à sa manne financière qui lui permet de construire des mosquées, des écoles, de s'investir dans l'irrigation, la vie pastorale et le secours d'urgence, dépassant ainsi le simple cadre spirituel et s'attachant en conséquence beaucoup plus de sympathisants. En 1994, cette association caritative s'est orientée vers les mouvements intégristes de la région, organisant un séminaire pour les prédicateurs de Mauritanie, Gambie, Guinée, Mali, Guinée-Bissau et Sénégal... Dans un premier temps, cette fondation était dirigée à Dakar par un diplômé de l'université égyptienne Al-Azzar.

D'autres organisations islamiques se sont installées à Dakar qui constitue une bonne base arrière d'influence, mais il est intéressant de noter que ces établissements sont doués d'un grand sens pratique. À la composante spirituelle et missionnaire est toujours ajouté un programme de développement. Le vieux proverbe français ne choquerait sans doute personne à Dakar ou Ziguinchor : « On n'attrape pas les mouches avec du vinaigre... »

Dans la région, d'autres pays comme le Niger constituent des points de passage sans pour autant être de véritables bases. Limitrophe de l'Algérie, le Niger a pu abriter des militants du FIS à l'insu même des autorités ;

la région de l'Aïr et de l'Azawagh étant pratiquement impossible à contrôler à cause de la rébellion touarègue.

Le Mali, Djibouti, la Guinée ou le Tchad sont confrontés à une situation classique d'infiltration rampante par le biais d'associations de charité. Le Tchad étant probablement le pays le plus activiste de la région.

La pénétration islamiste en Afrique est visible là où on l'attend, mais les fondamentalistes musulmans réservent quelquefois des surprises aux services de renseignements. En janvier 1995, une note du correspondant du SCTIP à Libreville informe le chef de l'UCLAT qu'un diplomate iranien de Libreville est parvenu à infiltrer le... Gabon. Le diplomate finit par inviter un ressortissant gabonais, Ibrahim Bignoumba, à Téhéran, où il doit rencontrer le ministre des Affaires étrangères, Ali Velayati. Le diplomate a bien recommandé à son invité de ne pas passer par Paris, mais plutôt par Rome pour éviter d'attirer l'attention des services français ! Le secrétaire général adjoint de l'Union des musulmans du Gabon doit ensuite se rendre à Islamabad, au Pakistan, en septembre 1994. Les services gabonais révèlent à la même époque que de nombreux étudiants islamistes gabonais partent pour les universités islamiques d'Iran ou du Pakistan. Quoi qu'il en soit, le phénomène reste marginal au Gabon avec cinq pour cent de musulmans seulement, dont le président de la République Omar Bongo. Ce dernier entretient des relations personnelles excellentes avec l'ensemble du monde arabe. L'islam est au Gabon une vraie religion et non une force politique, encore moins une force intégriste radicale.

La contagion a donc inégalement touché le continent africain et le Maghreb. En 1998, un rapport de Graham Fuller, ancien de la CIA et consultant du Rand Institute[1]

1. Centre d'études et de réflexion stratégique proche du Pentagone.

américain, tente de faire quelques prévisions. Tout en rappelant que ce sont les monarchies pétrolières qui ont ouvert la boîte de Pandore de l'islamisme — sans être pour autant aujourd'hui capables de le contrôler —, il estime que seul le Maroc a réussi un équilibrage parfait, que ce soit en ouvrant le Parlement à des islamistes ou même en maintenant un « dialogue critique » avec le FIS algérien. L'analyse de Fuller, qui relève du bon sens plus que de l'espionnage de haut vol ou de la grande analyse géopolitique, ne présente d'intérêt que parce qu'elle reflète au fond la volonté des Américains de voir tôt ou tard les gouvernements du Maghreb négocier avec les islamistes pour stabiliser la région, évitant ainsi de mettre Washington en porte à faux avec les monarchies pétrolières. Face à la poussé islamique, les États-Unis aimeraient éviter d'être assis entre deux chaises... En effet, pour le moment Washington croit encore sincèrement aux vertus du dialogue en Algérie mais, en octobre 1997, Madeleine Albright, représentante du Département d'État, a pourtant présenté la position américaine à l'égard du terrorisme et annoncé que le GIA est désormais inscrit sur la liste des trente organisations ou pays considérés par les États-Unis comme des organisations terroristes en vertu du *Terrorism Act* de 1996.

Si l'Algérie devait voir un jour accéder au pouvoir des islamistes de la tendance dure, le premier risque serait celui illustré par la « théorie des dominos ». Trop de proximité, trop de caractères communs et trop de dépendance économique mutuelle pourraient entraîner les voisins de l'Algérie dans son sillage.

# *Annexes*

# *Annexe 1*

*Document de l'Unité de coordination de la lutte antiterroriste (UCLAT) (juillet 1996) faisant état de la découverte de documents concernant l'assassinat des moines français.*

UCLAT

renseignements recueillis auprès de l'Unité de Coordination de la Lutte **Anti-Terroriste à la Direction Générale de la Police Nationale** à PARIS et relatifs à la mise à jour d'une nouvelle structure islamique extrémiste implantée en Allemagne.

Il convient de rappeler que les investigations diligentées lors du démantèlement du réseau terroriste islamiste constitué autour de **Joseph JAIME**, avaient démontré une étroite imbrication avec un groupe similaire animé par **Ahmed ZAOUI** et démantelé le 1er mars 1995 en Belgique.

En effet, au cours de ses dépositions successives,

* <u>Safé BOURADA</u>
  né le 20 mai 1970 à GEUGNON (Saône-et-Loire),

a expliqué qu'il avait été accueilli en mars 1994 à BRUXELLES (Belgique) par :

* <u>Ali TOUCHENT dit "Tarek"</u>
  né le 3 mai 1967 à ALGER (Algérie)
  en fuite,

.../...

et que ses documents d'identité de ressortissant de l'Union Européenne avaient été utilisés pour contracter la location de l'appartement conspiratif du 13, rue Dubrucq à BRUXELLES (Belgique) où s'était installé le groupe d'**Ahmed ZAOUI**.

Par ailleurs :

* <u>**Djamel Nasredine BELGHOMRI**</u>
  né le 9 avril 1964 à SIDI BEL ABBES (Algérie)
  alias **Rachid Ibrahim ABDELLI**
  né le 23 décembre 1963 à ORAN (Algérie),

était contrôlé par deux fois avec les pièces d'identité de **Safé BOURADA**, le 22 septembre 1994 au Danemark et le 7 octobre 1994 en gare de BALE (Suisse) alors qu'il tentait d'entrer en Allemagne.

Les étroites relations établies entre les deux réseaux précités étaient confortées par les déclarations de **Joseph JAIME** qui reconnaissait s'être rendu en février 1995, en compagnie de **David VALLAT** à BRUXELLES, pour y rencontrer **Djamel BELGHOMRI**.

D'ailleurs, la perquisition du domicile de **Joseph JAIME** à CHASSE-SUR-RHONE (Isère) amenait la découverte d'un document sur lequel était noté le numéro d'un téléphone portable utilisé par **Djamel BELGHOMRI** et dont l'abonnement avait été souscrit sous le nom de **Safé BOURADA**.

Les principaux membres de ce réseau installé à BRUXELLES étaient :

* <u>**Djamel BELGHOMRI alias Rachid Ibrahim ABDELLI**</u>

* <u>**Ali EL MAJDA**</u>
  né le 10 octobre 1974 à UCCLE (Belgique).

* <u>**Abdelfadel EL MAJDA**</u>
  né le 7 avril 1969 à RABAT (Maroc).

* <u>**Youssef EL MAJDA**</u>
  né le 8 mai 1968 à RABAH (Maroc).

* <u>**Sahid EL MAJDA**</u>
  né le 18 mars 1963 au Maroc.

* <u>**Ben Brahim BOUDRIAH**</u>
  né le 4 novembre 1969 à AFLOU (Algérie).

* <u>**Omar OUALLAH**</u>
  né le 9 mars 1958 à EL HARRACHE (Algérie).

.../...

* **Mohamed Abdallah Nasr**
né le 11 septembre 1962 à LARBAA (Algérie),

qui étaient en possession d'une quantité importante d'armes et de munitions.

Ali TOUCHENT dit "**Tarek**" qui devait échapper à cette série d'arrestations se réfugiait en France dans la région de CHASSE-SUR-RHONE (Isère) où il reconstituait un réseau avec **Joseph JAIME** et **David VALLAT**.

Au cours de leurs investigations, les autorités belges sollicitaient dès le mois de décembre 1995 les policiers de la Division Anti-Terroriste du Bundeskriminalamt (B.K.A.) aux fins d'identifier l'abonné au numéro 0969/883552 qui avait été appelé à plusieurs reprises par **Djamel Nasredine BELGHOMRI** à partir d'un téléphone portable numéro 75271274 acquis en Belgique et souscrit au nom de **Safé BOURADA**, membre du réseau constitué autour de **Joseph JAIME**.

Le résultat de cette demande attribuait le numéro 069/883552 pour la période du 23 novembre 1994 au 13 février 1995 au nommé :

* **Jamal Eddine OUADAH**
né le 14 mars 1962 à TIARET (Algérie)
demeurant Glockengasse 38 à OFFENBACH (Allemagne).

Monsieur BRINKMANN, Premier substitut au Parquet général fédéral de KARLSRUHE (Allemagne), ouvrait le 19 mai 1996 une information judiciaire pour association de malfaiteurs en relation avec une entreprise terroriste en vertu de l'article 129a du code pénal allemand contre **Jamal Eddine OUADAH**.

Les investigations confiées à la Division Anti-Terroriste du B.K.A. établissaient que **Jamal Eddine OUADAH** était en relation étroite avec :

* **Amine LAKHDAR**
né le 25 octobre 1965 à ALGER (Algérie)
demeurant Saaruferstrasse 12
à SAARBRUCKEN (Allemagne)

* **Abdel-Aziz TAHERD**
né le 8 mai 1964 à TIARET (Algérie)
demeurant Auerswaldstrasse 6
à FRANCFORT-SUR-LE-MAIN (Allemagne)

et un certain

* **"Ibrahim"**
non identifié et localisé en Algérie.

.../...

La Division Anti-Terroriste allemande interceptait le 2 Juillet 1996 un document de onze pages rédigé en langue arabe et parvenu par télécopie sur l'appareil de **Djamel Eddine OUADAH**, en provenance d'Algérie.

Le premier examen opéré par les enquêteurs allemands établissait qu'il s'agissait de documents relatifs à l'enlèvement des sept moines français en Algérie :

- la page de garde d'un journal du "**Groupe Islamique Armé**" (G.I.A.) commentant l'attitude du gouvernement français lors de l'enlèvement des moines français,
- une lettre du "G.I.A." à l'ambassade de France à ALGER (Algérie),
- la liste des sept moines avec leurs signatures à la date du 18 avril 1996,
- la réponse de l'ambassade de France au "G.I.A.", datée du 30 avril 1996,
- les numéros de téléphone des communiqués par les autorités françaises lors des tractations avec le "G.I.A.",
- les détails relatifs à l'envoi d'émissaires du "G.I.A." à l'ambassade de France à ALGER (Algérie),
- la copie d'un journal du "G.I.A." intitulé "*Le Combat*" ("*Al Kital*"), communiqué n° 3 du 18 Juin 1996.

En raison des liens établis entre les associations de malfaiteurs constituées autour de **Joseph JAIME** en France et autour d'**Ahmed ZAOUI** en Belgique et au vu des relations mises à jour avec une nouvelle structure islamiste implantée en Allemagne autour de **Jamal Eddine OUADAH**, destinataire des documents relatifs à l'enlèvement des sept moines français en Algérie, il serait opportun qu'il soit procédé à une enquête distincte aux fins d'entamer dans un cadre juridique spécifique des investigations relatives à la mort des sept moines français en Algérie et aux fins d'obtenir des autorités allemandes copie des premiers éléments d'investigations relatifs au réseau constitué autour de **Djamal Eddine OUADAH**.

# *Annexe 2*

*Le recteur de la mosquée de Paris invite les musulmans à exprimer lors des prêches leur solidarité avec les populations de Bosnie.*

*Cette correspondance du recteur modéré Dalil Bourbakeur était destinée à empêcher les imams intégristes de prêcher la violence sur ce sujet.*

ANNEXE

I

Institut Musulman
de la Mosquée de Paris

Place du Puits de l'Ermite
75005 Paris
Téléphone 45.35.97.33

بسم الله الرحمن الرحيم

المعهد الإسلامي لمسجد باريس
الهاتف ٤٥٣٥٩٧٣٣

Pour information
8

Paris, le 28-08-1992. باريس في :

Révérend Imâm.

De toute part la communauté musulmane nous interroge sur la situation dramatique et urgente des populations de Bosnie-Herzégovine massacrées dans la personne de leurs femmes, de leurs enfants et de leurs vieillards, détruits dans une solution finale appelée purification éthnique des sinistres souvenirs qu'on croyait à jamais révolus, aussi la communauté musulmane toute entière et en particulier en France se trouve dans l'obligation de manifester sa pleine et entière solidarité à la population sœur de Bosnie-Herzégovine et exprimer matériellement, moralement et religieusement sa fervente présence à ses côtés.

La Mosquée de Paris, après plusieurs réunions et communiqués à la presse a décidé de consacrer à l'issue de la prière solennelle du Vendredi 04 septembre 1992 un du'â ; c'est à dire, une invocation à Dieu en faveur des victimes, afin qu'il preserve les populations menacées de destruction.

Nous comptons que toute la communauté musulmane s'unisse conformément aux prescriptions du Coran :
... Prétendriez-vous entrer au Paradis sans passer par des épreuves analogues à celles de vos devanciers ? Calamité, douleur les affectèrent, ils furent secoués au point que l'envoyé et ses compagnons dans la foi s'écrièrent : « A quand le secours de Dieu ? »
– Or le secours de Dieu est toujours proche... "
et de la Sunna : " Les croyants dans leur concorde, leur compassion

de ses parties est souffrante, le corps tout entier est saisi par l'insomnie et la fièvre. »

Nous comptons sur vous pour la diffusion la plus large de la dite prière et nous vous conseillons de plus de procéder à la prière de l'absent.

Veuillez agréer, Révérend Imâm, l'expression de ma fraternité en Dieu

Docteur Dalîl Abû Bakar
Recteur de l'Institut Musulman de la Mosquée de Paris.

LE RECTEUR

## *Annexe 3*

*Lettre de la Brigade des fidèles du Serment en Algérie (1995) : « Notre déclaration de guerre contre la France est légale ».*

بسم الله الرحمن الرحيم

الجيش الإسلامي للإنقاذ
كتيبة العهد (الوسط)

توضيح إلى معشر الصحافة

إن الحمد لله نحمده تعالى ونستغفره ونستعينه ونستهديه ونتوب إليه ونعوذ بالله من شرور أنفسنا ومن سيئات أعمالنا، من يهده الله فهو المهتدي ومن يضلل فلا هادي له. ونشهد أن لا إله إلا الله وحده لا شريك له وأن محمد عبده ورسوله وصفيه وحبيبه صلى الله وسلم وبارك على الخيرة من خلقك والمصطفى من عبادك.

أما بعد، فقد لاحظ المجاهدون حملة إعلامية مشبوهة لتشويه الجبهة الإسلامية للإنقاذ وإدخالها في متاهات سياسية من خلال تحريف ما جاء في افتتاحية "الفتح المبين"... فإعلان الحرب على فرنسا أمر شرعي نتمسك به على اعتبار أنها أصبحت طرفا في الحرب الدائرة في الجزائر عن طريق الدعم المالي والعسكري للنظام الطغوتي، بالإضافة إلى تواجدها العسكري (مشات الجندرمة) في الجزائر، أما مسألة نقل الحرب إلى فرنسا، فهذا أمر لم يرد إطلاقا في نشرة المجاهدين زيادة على كون البيان المنسوب إلى الجيش الإسلامي للإنقاذ (الجهة الشرقية) قامت بنشره جهات مشبوهة يتبرأ منها المجاهدون. وكان القصد من وراء ذلك هو المساس بمصالح الجبهة الإسلامية للإنقاذ في الخارج وتعطيل عملها السياسي.

الله أكبر
كتيبة

## *Annexe 4*

*Ordre de mission trouvé sur un responsable arrêté dans le cadre de l'affaire du réseau Chalabi.*

*Il s'agissait, dès 1993, de trouver en France des armes pour les maquis en Algérie.*

بسم الله الرحمن الرحيم

الجبهة الإسلامية للإنقاذ

المكتب التنفيذي الوطني المؤقت

الجزائر : 08 جمادى الثانية 1414هـ // 22. 11. 93

# تكليف بمهمة

إنّ المكتب التنفيذي الوطني المؤقت للجبهة الإسلامية للإنقاذ

يكلف : الأخ نعمون محمد

مبعوث خاص للجنة الوطنية للتنظيم والاتصال

بالمهمة التالية : استلام العتاد الموجه إلى الجبهة الإسلامية للإنقاذ والجيش الإسلامي للإنقاذ.

تاريخ بداية المهمة : 08 جمادى الثانية 1414هـ // 22 . 11 . 1993 م

تاريخ نهاية المهمة : حتى إشعار آخر

إنّ هذا التكليف قد سلم له من أجل الإدلاء عند الإقتضاء، والله ولي التوفيق.

عن المكتب التنفيذي الوطني المؤقت

مسؤول اللجنة الوطنية للإعلام

عبد الرزاق رجام

*(traduction au verso)*

*ORDRE DE MISSION*

Le bureau exécutif national provisoire du FIS charge le frère NAMOUN Mohamed, envoyé spécial du Comité national de l'organisation et des communications de la mission suivante :

Réceptionner les munitions destinées au FIS et à l'Armée islamique du Salut.

Début de mission : 22 novembre 1993.

Fin de mission : indéterminée.

Cette mission lui a été confiée pour valoir ce que de droit.

Responsable du Comité national d'information
Monsieur ABDELRAZEK RAJAM

## *Annexe 5*

*Note remise par l'ambassade de France en Algérie à l'émissaire du GIA venu porter une cassette vidéo sur l'enlèvement des moines français.*

MBASSADE DE FRANCE
EN ALGERIE

Le 30 Avril 1996

A l'attention de:
Abou Abdel Rahmane Amine
Emir du G.I.A.

Aujourd'hui, le 30 Avril 996, à midi, nous avons reçu votre messager, Abdullah, qui nous a remis votre lettre accompagnée d'une cassette.

Nous souhaitons maintenir le contact avec vous.

## *Annexe 6*

*Lettre adressée par la femme du dirigeant du FIS Abassi Madani au président du Haut Comité d'État à Alger.*

Monsieur le Président
du Haut Comité d'Etat
ALGER

Paris, le 12 novembre 1993

Monsieur le Président,

Je soussignée TAHRI Saïda, épouse de Monsieur Abassi Madani, actuellement détenu, faisant élection de domicile chez Maître Jacques Vergès, Avocat au Barreau de Paris, 20 rue de Vintimille, PARIS IXe, ai l'honneur de vous demander d'autoriser un médecin et un avocat de mon choix à lui rendre visite.

En effet une rumeur, jamais démentie officiellement, prétend qu'il a été victime d'un accident cardiaque alors qu'il n'a jamais souffert du coeur.

La même rumeur prétend qu'il serait soigné dans un hôpital militaire connu pour la réanimation des personnes gardées à vue entre deux séances de tortures.

Sa famille, ses amis, le peuple algérien ont le droit de savoir ce qu'il en est.

Tout refus de votre part vous ferait porter, ainsi qu'à votre Comité, la responsabilité de sa mort si elle devait survenir.

Je vous prie, Monsieur le Président, d'agréer mes salutations distinguées.

Mme ABBASSI

# *Annexe 7*

*Programme du FIS distribué à Barbès.*

بسم الله الرحمن الرحيم

# 6

الجبهة الإسلامية للإنقاذ

Au Nom de Dieu
le très Miséricordieux
le tout Miséricordieux

# 6

*FRONT ISLAMIQUE DU SALUT*

— **La Commune Islamique se fixe comme objectif prioritaire d'apporter les remèdes nécessaires aux problèmes les plus urgents.**

— **Commune Islamique = efficacité et sérieux dans la gestion**

« *Dieu aime celui qui accomplit son travail avec perfection* » Hadith.

— **La soulution islamique dans la gestion des collectivités locales est une solution globale plus que nécessaire pour le pays et pour les hommes.**

«*O vous qui croyez ! Répondez à Dieu et à son Prophète lorsqu'il vous appelle à ce qui vous fait vivre* » «LANFAL »

— **La Commune Islamique est la base de départ pour un Etat Islamique.**

— **La Solution Islamique ; c'est la voie du Salut.**

« *Vous étiez au bord d'un abîme de feu et il vous a sauvés* ».

« ALIMRAN ».

— البلدية الاسلامية تبدا بالاضر
تعطيه ماحضر
— البلدية الاسلامية = الجدية
في التسيير

« ان الله يحب اذا عمل احدكم عملا
ان يتقنه »

حديث شريف

— الحل الاسلامي لتسيير المجموعات
— المحلية حل شامل لازمة البلاد
والعباد

قال تعالى :

« ياايها الذين امنوا استجيبوا
الله و للرسول اذا دعاكم لمايحييكم »

« الانفال »

— البلدية الاسلامية قاعدة انطلاق
للدولة الاسلامية
— الحل الاسلامي هو سبيل الانقاذ

قال تعالى :

« وكنتم على شفا حفرة من النار
فانقذكم منها »

« آل عمران »

— الاسلام كل لايغني بعضه عن بعض

قال تعالى :

« افتؤمنون ببعض الكتاب و تكفرون
ببعض »

« البقرة »

— القرآن دستور تطبق مبادئه
على الحاكم و المحكوم

قال تعالى :

« وان احكم بينهم بماانزل الله »

« المائدة »

— البلدية الاسلامية =
العدل و الامانة

قال تعالى :

« ان الله يامركم ان تؤدوا الامانات
الى اهلها ، و اذا حكمتم بين الناس
ان تحكموا بالعدل »

« النساء 58 »

**من اجل تحقيق هذا**
**انتخب**
**الجبهة الاسلامية للانقاذ**

**— L'Islame est un « tout » indivisible.**

« *Croyez-vous Donc A une Certaine partie du Livre et restez-vous incrédules à l'égard d'une autre* »

« AL BAQARA »

**— Le Coran est une Constitution dont les principes s'appliquent aussi bien aux dirigeants qu'aux dirigés.**

« *Juge entre eux, d'après ce que Dieu a révélé* ».

« AL MAIDA »

**— La Commune Islamique = Justice et Confiance.**

« *Dieu vous ordonne de restituer les dépôts et de Juger selon la Justice, Lorsque vous Juger entre les hommes* ».

« AL NISSA »

**POUR CONCRETISER TOUT CELA**

**VOTEZ :**

***FRONT ISLAMIQUE DU SALUT***

## *Annexe 8*

*Lettre écrite par le cheikh Abdelbaki Sahraoui à Jacques Chirac pour le féliciter pour son élection.*

Cheikh Abdelbaki Sahraoui
Vice-président du FIS,
résident en France.

Monsieur le Président,

Je vous transmets au nom de mon parti et en mon nom personnel nos vives félicitations pour votre élection à la présidence de la République française. Attendue par votre peuple, elle soulève enthousiasme et espoir en ces périodes de chômage, d'exclusion et d'incertitudes. Nous vous souhaitons pleine réussite dans cette mission exaltante parce que difficile. Votre élection permet également à d'autres peuples en Afrique, en Europe orientale, en Asie centrale et au Moyen orient d'espérer une initiative forte de la France pour aider à mettre fin à la misère qui décime leurs populations et aux conflits qui déchirent ces espaces. La France et l'Algérie ont vocation à coopérer et à faire du bassin méditerranéen un lac de paix, de concorde et de sécurité. Mon pays est en train de vivre un moment dramatique de son histoire récente, provoqué par l'interruption du processus démocratique et électoral. Le parti que je représente attend de votre Présidence une politique d'équilibre et d'encouragement de toutes les parties à dialoguer pour sortir l'Algérie de la crise. La France gaullienne dont vous êtes le digne héritier, est une voix que nous voulons entendre.

Nous vous souhaitons, Monsieur le Président, bonne chance tout au long de votre septennat et bonne chance pour votre peuple.

Paris le 9 mai 1995

## *Annexe 9*

*Note sur le dispositif de lutte antiterroriste en place demandée le 20 septembre 1995 par le ministre de l'Intérieur Jean-Louis Debré à la Direction générale de la police nationale.*

## LE DISPOSITIF DE LUTTE ANTI-TERRORISTE

## DE LA DIRECTION GENERALE DE LA POLICE NATIONALE

La nécessité de coordonner l'action des différents services appelés à lutter contre le terrorisme s'est imposée. C'est dans ces conditions qu'à été créée, le 8 octobre 1984, de manière permanente et sous l'autorité directe du Directeur Général de la Police Nationale, l'Unité de Coordination de la Lutte Anti-Terroriste (U.C.L.A.T.).

En FRANCE, la répression du terrorisme n'est pas assurée par un service unique. Le principe de base dans la lutte anti-terroriste consiste en une mobilisation de tous les services susceptibles d'apporter une contribution à la prévention ainsi qu'à la répression de la violence politique, qu'ils appartiennent au Ministère de l'Intérieur ou à tout autre département ministériel. (La Gendarmerie Nationale et la Direction Générale de la Sécurité Extérieure relèvent en effet de l'autorité du Ministre de la Défense).

S'agissant de la prévention, deux Directions de la Police Nationale se partagent la recherche du renseignement :

- Les Renseignements Généraux pour tout ce qui concerne le terrorisme interne et ses prolongements éventuels sur le plan international.

- La Surveillance du Territoire pour le terrorisme international, lorsqu'il s'agit d'un terrorisme supporté par un Etat étranger ou par des groupes opérant depuis l'étranger.

D'autres services, ne dépendant pas de la Police Nationale, (Direction Générale de la Sécurité Extérieure, Direction de la Protection et Sécurité Défense...) sont également orientés sur la recherche du renseignement

L'action répressive est assurée essentiellement par la Police Judiciaire qui est saisie des enquêtes. Mais la Direction de la Surveillance du Territoire peut également traiter elle-même sur le plan judiciaire un certain nombre d'affaires nées d'investigations menées à son initiative.

Toutes les autres formations de la Police Nationale, (notamment la Police de l'Air et des Frontières et la Direction des Polices Urbaines) ainsi que la Gendarmerie Nationale contribuent de façon sensible ou peuvent contribuer, à la recherche du renseignement ainsi qu'à la prévention et à l'action répressive.

Cette organisation complexe, les difficultés de concentration des efforts ainsi que la nécessité de préserver l'unité d'action de tous les services impliqués dans cette lutte ont donc motivé la création de l'UCLAT.

Le Chef de l'U.C.L.A.T. réunit, autant que de besoin, ses correspondants dans chacun des services appelés à contribuer à cette mission. Sans se substituer aux hiérarchies en place, il a le pouvoir de coordonner, d'animer et d'orienter l'action des différents services.

Cette unité dispose de l'emploi d'une formation spécialisée, appelée "Recherche, Assistance, Intervention et Dissuasion" (R.A.I.D.) qui en toute hypothèse est mise à la disposition du service qui en fait la demande soit pour des interventions ponctuelles nécessitant une grande technicité, soit pour des missions spécifiques de surveillance et de filature sur l'étendue du territoire national.

Enfin, l'Unité de Coordination de la Lutte Anti-Terroriste gère les antennes en FRANCE des services allemands, espagnols, italiens, britanniques chargés de la lutte anti-terroriste ainsi que les détachements de policiers français dans les pays visés par des accords bilatéraux de coopération dans le domaine du terrorisme (République Fédérale d'Allemagne, Italie, Espagne, Grande-Bretagne...).

La coordination interministérielle est assurée par **le Comité Interministériel de Lutte Anti-Terroriste** (C.I.L.A.T.) qui réunit, sous la présidence effective du Ministre de l'Intérieur, des représentants de très haut niveau du Premier Ministre, du Ministre de la Justice, des Affaires Etrangères, de la Défense, des Départements et Territoires d'Outre-Mer, le Directeur Général de la Sécurité Extérieure, le Directeur Général de la Police Nationale, le Préfet de Police de Paris, les Directeurs Centraux et Chefs de Services de la Police Nationale, le Chef de l'U.C.L.A.T. ainsi que le Directeur Général de la Gendarmerie Nationale.

## *Annexe 10*

*Bulletin du GIA* Al Ansar *du 27 juillet 1995 revendiquant l'attentat du RER à Saint-Michel.*

بسم الله الرحمن الرحيم

# الأنصار

عن أبي هريرة رضي الله عنه قيل يا رسول الله ما يعدل الجهاد في سبيل الله ؟ قال لا تستطيعونه فأعادوا عليه مرتين وثلاث كل ذلك يقول لا تستطيعونه ، ثم قال : « مثل المجاهد في سبيل الله كمثل الصائم القائم القانت بآيات الله لا يفتر من صيام ولا صلاة حتى يرجع المجاهد » رواه الجماعة إلا أبو داود

نشرة أسبوعية تصدر عن أنصار الجهاد في الجزائر وفي كل مكان — الخميس 28 صفر 1416 هـ الموافق لـ 27 / 07 / 1995 — العدد 107

27/07/95

في كل الإتجاهات .. شرقا وغربا ، شمالاً وجنوباً ..

## كتائب الجماعة الإسلاميّة المسلّحة تضرب الطواغيت بقوّة .

رغبة من قيادة الجماعة الإسلاميّة المسلّحة في الحفاظ على ثمرة الجهاد ..

## نشرة « الأنصار » تعيد نشر البيان رقم 29 .

في هجمة عسكري جهادي أرعب العدو المرتد ..

## جنود الجماعة الإسلاميّة بمصر يكثّفون من عملياتهم العسكرية المركّزة ..

في عملية استشهادية بطولية نادرة ..

## « كتائب القسّام » تقتل عددا من أبناء القردة والخنازير .

تسبّب في مقتل عدد من الأشخاص وجرح عدد آخر ..

## انفجار عنيف يهزّ العاصمة الفرنسيّة الصّليبيّة باريس .

# أخبار وتعاليق

**مصر :** كنا قد ذكرنا في العدد الماضي من نشرة « الأنصار » خبراً مفاده أن مجاهدي الجماعة الإسلامية بمصر قتلوا ضابطاً رفيعاً ، لكن التفاصيل أثبتت بعد ذلك أن الهالك لم يكن الوحيد في هذه الملحمة ، بل قتل إلى جانبه أيضاً نقيباً وملازماً أولاً .

وفي عملية جديدة خلال اليومين الماضيين قامت سرية تابعة للجماعة الإسلامية بصعيد مصر بالهجوم على سيارة تابعة لشرطة الطاغوت ، فقتلوا ثلاثة من ركابها وجرحوا آخرين . وقد عاد المجاهدون إلى قواعدهم سالمين بعد تنفيذ هذه العملية الجريئة .

قام ثلاث من المجاهدين في صعيد مصر باقتحام أحد البنوك وغنام كمية كبيرة من الأموال وعادوا إلى قواعدهم سالمين غانمين .

**فلسطين :** في عملية استشهادية بطولية نادرة نفذها أحد أعضاء حركة حماس الإسلامية تم تفجير قنبلة في أحد الحافلات بأحد شوارع تل أبيب المكتظة باليهود ، وعلى إثر هذه العملية قتل 7 خنازير يهود وأصيب 33 آخرا بجراح خطيرة . وقد كان رد فعل المرتد عرفات أن وصف هذه العملية التي تبعث الأمل في النفوس بالعملية (الإرهابية) ، أما رد فعل اليهود فقد انتقدوا بشدة حكومة رابين التي لا تزال تصر على عملية السلام في الشرق الأوسط واتهموه أنه سبب في مقتل هؤلاء الستة .

**فرنسا :** هزّ انفجار عنيف وضخم باريس يوم الثلاثاء الماضي ، وقد أسفر هذا الإنفجار الذي وقع في محطة القطار بسان ميشال التي تقع في قلب باريس في إحدى أرقى المناطق في العاصمة الفرنسية حيث يكتظ السواح الفرنسيون والأجانب في هذا المكان القريب من قصر الشانزليزي ، وقد أسفر هذا الإنفجار عن مقتل 7 اشخاص وجرح أكثر من 80 آخرين 30 منهم في حالة خطيرة وتبقى قائمة القتلى مفتوحة نظرا لوقوع إصابات كثيرة . كما ذكرنا . في صفوف من كانوا يتواجدون في مكان الحادث .

**تونس :** بعد حملة اعتقالات لجماعة الإخوان في مصر والذي أصبح شيئا عاديا ومألوفا ، يأتي دور حركة النهضة التونسية التي يترأسها الزنديق راشد الغنوشي . فقد قامت أجهزة الأمن الفرنسية بتفتيش الأحياء السكنية والبيوت وانتهاك الحرمات والإعتداء على أهالي أعضاء هذه الحركة . للتذكير فإن جماعة الإخوان والنهضة تبنوا الديمقراطية كمبدأ ووسيلة للوصول إلى الحكم وأعلنوا ذلك في كثير من المناسبات المحلية والدولية ، لكن وبالرغم من هذا فلا تزال الحكومات المرتدة تتعامل معهم على أنهم (أصوليون) . أما آن لهؤلاء أن يثوبوا لرشدهم وينزعوا غطاء الذل والصغار والإستسلام ويتركوا المحافل والمنابر ليلتحقوا بإخوانهم في ساحات الوغى وميدان النزال !!

**البوسنة :** تدور معارك شرسة بين الصرب الكفار والمسلمين في منطقة جيبا وبيهاتش والتي يقاتل المسلمين بأسلحتهم الخفيفة ضد الآلاف من جنود الصرب بأسلحتهم المهداة لهم من قبل روسيا وإسرائيل واليهود العرب ، وأكدت الحكومة البوسنية أن جيبا لم تسقط كليا كما تروج الدول الغربية وأنها ما تزال تقاوم رغم حظر الأسلحة المضروب على المسلمين . أما الأمم الملحدة العميلة فبدلا من أن ترسل قواتها لرد هجومات الصرب ، فقد أرسلتها لحماية القوات الدولية الموجودة هناك .

**الجزيرة العربية :** وجه بن باز تحذيرا إلى السعوديين بعدم تنظيم رحلات إلى أوروبا وأمريكا وأكد أن وراء هذه الرحالات خطرا كبيرا على المسلمين . ونحن نسأل : وهل في سفر المسلمين إلى الكيان الصهيوني (كما جاء في فتواه بإيجاز الذهاب إلى هناك) خير ونفع للإسلام والمسلمين . ﴿ إنها لا تعمى الأبصار ولكن تعمى القلوب التي في الصدور ﴾ .

**الشيشان :** بعد توقف المفاوضات بين الروس والشيشان شهدت العاصمة غروزني إشتباكات عنيفة أدت إلى مقتل جندي روسي وجرح آخرين ، ويستمر هذا الإشتباك للأسبوع الثاني على التوالي .

**ماليزيا :** شهدت العاصمة الماليزية كوالالمبور مظاهرات كبيرة تندد بموقف الأمم الملحدة اتجاه البوسنة وتطالب بإقالة الصليبي الحاقد بطرس غالي من منصبه وتحذره استمرار معاناة المسلمين اليومية هناك .

# AL ANSAR
## Jeudi 27 juillet 1995
## n° 107

**<u>En une</u> :**

- Dans toutes les directions : A l'Est, à l'Ouest, au Nord et au Sud. Les brigades du G.I.A. frappent avec force les despotes.

- Le commandement du G.I.A. désire préserver le fruit du Jihad.

- El Ansar réédite le communiqué n° 29.

- En une escalade militaire jihadienne qui a terrorisé l'ennemi impie, les soldats de Gamaa Islamiya en Egypte multiplient les opérations militaires ciblées.

- Opération héroïque rare : "Les brigades Al Kissam" tuent un grand nombre des fils des "porcs".

- Une explosion violente secoue la capitale française croisée, Paris, et provoque plusieurs morts et plusieurs blessés.

**<u>Page 13</u> :**

<u>France</u> : Une violence explosion a secoué Paris mardi dernier. Cette explosion a eu lieu dans la station du R.E.R. Saint-Michel qui est au cœur de Paris dans l'un des quartiers les plus chics de la ville bondée de touristes français et étrangers. Cet endroit est à l'Ouest du Palais de l'Elysée. L'explosion a provoqué la mort de sept personnes et en a blessé plus de 80 autres dont 30 sont dans un état grave ce qui laisse supposer que la liste des tués reste ouverte.

## *Annexe 11*

*Note de la police de l'air et des frontières sur la présence d'« Afghans » en France.*

MINISTERE DE L'INTERIEUR
ET DE L'AMENAGEMENT DU TERRITOIRE

FL/CV P 7 40 62

DIRECTION GENERALE
DE LA POLICE NATIONALE

PARIS, le 28 MAI 1993

DIRECTION CENTRALE
DE LA POLICE TERRITORIALE

SERVICE CENTRAL DE LA POLICE
DE L'AIR ET DES FRONTIERES
DCPT/SCPAF/BRAE/N°

**N O T E  D ' A C T U A L I T E**

N° 18/93

**O B J E T** : Menace de regroupement sur le territoire français des ressortissants maghrébins, anciens combattants d'Afghanistan réfugiés actuellement au Pakistan.

L'attention du Service Central de la Police de l'air et des frontières a été appelée sur la possible arrivée en France de ressortissants maghrébins, anciens combattants d'Afghanistan et actuellement réfugiés au Pakistan.

En cas de contrôlé de passagers Algériens faisant apparaître un séjour au Pakistan ou en Afghanistan, il convient d'en aviser la D.S.T.

Roger LEJEUNE

Police de l'Air et des Frontières
Aéroport - LE BOURGET

| ARRIVEE | DEPART |
|---|---|
| N° | |
| DATES 9 6 93 | |

REPUBLIQUE FRANCAISE

-------

Liberté - Egalité - Fraternité

## *Annexe 12*

*Note d'alerte sur la menace islamiste remise par l'Unité de coordination de la lutte antiterroriste (UCLAT) au gouvernement le 25 novembre 1996, soit une semaine avant l'attentat à la station RER de Port-Royal.*

CONFIDENTIEL

CONFIDENTIEL

25 novembre 1996

# La menace islamiste

Si pour l'essentiel on peut estimer que la **menace imminente et pressante** que représentait le réseau qui a frappé notre pays est **pour l'heure écartée**, le péril terroriste de l'extrémisme islamiste demeure **très grave**.

Plusieurs facteurs en témoignent :

- **l'éclatement de la mouvance islamiste et ses dissensions internes induisent un risque de surenchère**
- **le GIA vient de réitérer ses menaces contre la FRANCE**
- **des groupes islamistes actifs sont toujours présents en Europe**
- **les enquêtes en cours font apparaitre des éléments préoccupants pour l'avenir**

**Les dissensions et les riques de surenchère**

Les bouleversements survenus au sein de la mouvance islamiste algérienne dès le début de l'année 1996 se sont accentués depuis l'assassinat le **21 mai 1996** de **sept moines français** du monastère de Tibehirine.

Cette évolution est essentiellement due aux diverses dissidences au sein du GIA qui ont abouti à la mort de son émir internationaliste **Djamel ZITOUNI** le 16 juillet 1996 et à l'éclatement du groupe en plusieurs factions comprenant des :

◊ **algérianistes** - ou djazaristes représentant le courant **nationaliste** de la mouvance islamiste -

◊ **internationalistes** - ou salafistes dont le discours est **pan-islamiste** -.

Tandis que **Hassen Abou Walid**, dissident du courant internationaliste se proclamait, dans un communiqué présenté comme émanant du Conseil consultatif du GIA, nouvel émir temporaire du GIA, les fidèles de ZITOUNI présentaient **Antar ZOUABRI**, l'un de ses anciens adjoints, comme son successeur.

Quant au courant algérianiste il a annoncé dans un communiqué signé **Moustapha KARTALI** la création du **Mouvement Islamique pour la Prédication et le Djihad** (composé de groupes ayant appartenu au GIA, au Mouvement de l'Etat Islamique et au Front Islamique du Djihad Armé) se démarquant à la fois du GIA et du FIS.

Ces dissensions se sont répercutées à l'extérieur de l'ALGERIE entraînant des réactions limitées au sein de l' **Instance Exécutive du FIS à l'Etranger** où des tensions subsistent entre les partisans de **Rabah KEBIR** et certains opposants favorables à une ligne plus radicale à l'encontre du pouvoir algérien.

La **multiplication de ces factions dissidentes** induit le risque d'une **surenchère terroriste**, chacune de ces organisations étant encline à prouver sa légitimité en montrant ses capacités opérationnelles par la réalisation d'actions spectaculaires visant **notamment les étrangers présents en ALGERIE où l'aéroport d'ALGER** qui reste une cible privilégiée des islamistes (fin octobre des engins artisanaux, dont la portée était insuffisante, ont été tirés contre l'aérogare).

**Des menaces réitérées**

Dans une déclaration publiée dans le n° 10 de septembre de la revue islamiste **« AL GAMMA'A »**, organe irrégulier du GIA (elle n'avait pas paru depuis un an), **Antar ZOUABRI** Emir autoproclamé du mouvement, **confirme la stratégie de ses prédécesseurs à l'encontre de la FRANCE « qui fournit toutes les raisons qui justifient notre combat contre sa politique »** et réaffirme vis-à-vis du « Groupe Islamique Combattant » libyen et du « Djihad » égyptien qui avaient dénoncé le GIA en juin 1996, la **ligne dure** de son organisation.

Il convient de rappeler que dans son n° 8 du mois d'août 1995, à l'époque du prédécesseur de ZOUABRI, Djamel ZITOUNI et en pleine période d'attentats contre notre pays « AL GAMMA'A » avait violemment attaqué la FRANCE dénommée **« mère de toutes les violences »**.

On ne sait toutefois de quelle latitude d'action dispose réellement ZOUABRI, sa nomination n'ayant pas été confirmée par le MAJLISS (assemblée) du GIA et plusieurs chefs locaux ayant préconisé la candidature d'un autre Emir régional Kader BENCHIHA.

**Présence en Europe de groups islamistes actifs**

Par ailleurs le territoire national lui même n'est pas à l'abri de l'action de commandos amalgamant, comme dans les affaires récentes, des terroristes venus d'Algérie et des terroristes résidant déjà en Europe, en France ou ailleurs.

- **CHAOURAR** et **AMAR ABID** intéressent également les services enquêteurs. Ils se trouvent en Grande Bretagne où ils auraient demandé l'asile. Ils ne font pas l'objet de mandats d'arrêt français.

## Interpellations et saisies d'armes

Les diverses opérations de police liées à l'enquête sur la vague d'attentats de l'été et de l'automne 1995 ont entraîné l'interpellation à ce jour de près de **600 personnes** dont plus de **140** ont été **écrouées**.

Rappelons également que dans le cadre des enquêtes liées aux activités terroristes islamistes sur le territoire national ont été saisis depuis 1993 :

- plusieurs dizaines de **fusils d'assaut**, de **fusils à pompe**, de **fusils de chasse**, de **carabines**, de **pistolets-mitrailleurs**
- plus d'une centaine d'**armes de poing**
- plusieurs milliers de **munitions**
- une vingtaine de **grenades**

## *Annexe 13*

*Note de la police de l'air et des frontières sur des islamistes algériens demandant en 1993 la nationalité française.*

MINISTERE DE L'INTERIEUR
ET DE LA SECURITE PUBLIQUE

DIRECTION GÉNÉRALE
DE LA POLICE NATIONALE

DIRECTION CENTRALE
DE LA POLICE TERRITORIALE

SERVICE CENTRAL
DE LA POLICE DE L'AIR ET DES FRONTIÈRES

DCPT/SCPAF/BASC/N° 93.00183

14 JAN. 1993

COPIE

Le Chef du Service Central de
la Police de l'Air et des Frontières

à

Monsieur le Préfet de Seine Saint Denis
pour transmission à :
Monsieur le Directeur Départemental
de la Police Nationale de Seine Saint Denis
à l'attention de :
Monsieur le Chef du Service de
la Police de l'Air et des Frontières de
l'aéroport de Roissy Charles de Gaulle

O B J E T : des islamistes algériens sollicitent la nationalité française

La situation tendue en Algérie conduit un certain nombre de militants ou sympathisants islamistes à tenter de se rendre en France.

Pour mieux assurer leur sécurité et écarter tout risque d'expulsion, certains algériens, connus pour leur militantisme en faveur du "Front Islamique du Salut" (F.I.S.) (1) ont été jusqu'à solliciter la nationalité française. Les avantages liés à l'obtention de la nationalité française justifient, à leurs yeux, l'entorse à la vigueur de leur engagement politique qu'elle suppose.

(1) Le "Front Islamique du Salut" (F.I.S.), mouvement islamiste dissout par le gouvernement algérien en Mars 1992, dispose en France d'une couverture juridique : l'association "Fraternité Algérienne en France" (F.A.F.).

Implantée principalement en région parisienne, cette association est chargée de sensibiliser la communauté algérienne en France : légitimer l'affrontement violent avec les autorités algériennes et susciter un soutien moral et financier.

REPUBLIQUE FRANÇAISE
*Liberté Égalité Fraternité*

M. Yves MARCHAND
Adjoint au Chef de Service

## *Annexe 14*

*L'un des scénarios étudié par le Pentagone sur une menace de prolifération nucléaire en Algérie après une éventuelle mainmise des islamistes.*

BACKGROUNDER: THE ALGERIAN NUCLEAR ARMS SCARE

SUMMARY: ALGERIA'S ANNOUNCEMENT AT THE INAUGURATION OF ITS NEW NUCLEAR REACTOR THAT IT INTENDS TO JOIN THE NUCLEAR NON-PROLIFERATION TREATY IS A WELCOME INDICATION THAT THE REACTOR WILL BE USED FOR PEACEFUL PURPOSES ONLY. EARLIER, ALGERIA HAD SHOWN ITS GOOD INTENTIONS BY SIGNING A SAFEGUARDS AGREEMENT WITH THE INTERNATIONAL ATOMIC ENERGY AGENCY. THESE ASSURANCES CAME AFTER MANY YEARS OF SECRECY SURROUNDING THE JOINT CHINESE-ALGERIAN PROJECT THAT, ONCE DISCOVERED, BECAME THE OBJECT OF NEGATIVE SPECULATION. THE REACTOR IS SAID TO BE INTENDED ONLY FOR RESEARCH AND TRAINING. IT IS HEAVY-WATER-MODERATED, FUELED WITH ENRICHED URANIUM, AND CAN PRODUCE AT LEAST 3 KILOGRAMS OF PLUTONIUM PER YEAR UNDER NORMAL OPERATION. ALGERIA HAS NO

CAPABILITY TO ENRICH URANIUM, IT CANNOT PRODUCE HEAVY WATER, NOR CAN IT PROCESS SPENT FUEL TO PRODUCE WEAPONS-GRADE PLUTONIUM. ALTHOUGH THE INTENTIONS OF THE CURRENT ALGERIAN GOVERNMENT APPEAR TO BE AS IT DESCRIBES THEM, THERE IS CONCERN THAT A VICTORY BY ISLAMIC FUNDAMENTALIST FORCES COULD BRING ABOUT A CHANGE OF POLICY THAT COULD CONTRIBUTE TO THE CONSTRUCTION OF AN "ISLAMIC" NUCLEAR BOMB.

CONFIDENTIAL

ALGERIA'S FOREIGN MINISTER, SALAH DEMBRI, FORMALLY ANNOUNCED ON DECEMBER 21 OF LAST YEAR THAT ALGERIA INTENDED TO ADHERE TO THE NUCLEAR NON-PROLIFERATION TREATY (NPT). THE ANNOUNCEMENT CAME AT THE INAUGURATION OF ALGERIA'S SECOND NUCLEAR REACTOR, LOCATED 125 KILOMETERS SOUTH OF ALGIERS NEAR THE TOWN OF AIN OUSSERA. ALGERIA'S ACTUAL SIGNING OF THE NPT WILL DO MUCH TO ALLAY FEARS OF NUCLEAR PROLIFERATION BASED ON A HISTORY OF INTRIGUE, EVASION, AND SENSATIONAL NEWS COVERAGE THAT HAS SURROUNDED THE NEW REACTOR FOR SEVERAL YEARS. (1)

YEARS OF DECEPTION AND DISCOVERY

THE NEW REACTOR IS A RESULT OF A JOINT PROJECT BETWEEN CHINA AND ALGERIA. ACCORDING TO THE CHINESE, THE CONTRACT WAS SIGNED IN 1983, AN IMPORTANT DATE FOR THEM BECAUSE CHINA PLEDGED IN EARLY 1984 TO MAKE FUTURE EXPORTS OF NUCLEAR TECHNOLOGY SUBJECT TO INTERNATIONAL ATOMIC ENERGY AGENCY (IAEA) SAFEGUARDS. HOWEVER, SIGNIFICANT CONSTRUCTION AT THE SITE DID NOT BEGIN UNTIL LATE 1984 AT THE EARLIEST, SUGGESTING THAT THE CHINESE VIOLATED AT LEAST THE SPIRIT OF THEIR PLEDGE. THE PLEDGE DID NOT SPECIFY WHETHER IT APPLIED TO AGREEMENTS ALREADY REACHED BUT UNDER WHICH THERE HAD YET BEEN NO SUBSTANTIAL EXPORT OF NUCLEAR TECHNOLOGY. THE CHINESE OBVIOUSLY CHOSE TO THINK THAT IT DID NOT. (2)

CHINA AND ALGERIA CHOSE TO CLOAK THEIR PROJECT IN SECRECY, AND IT WAS NOT UNTIL APRIL 1991 THAT WESTERN INTELLIGENCE SOURCES REVEALED TO THE PUBLIC THE CONCLUSIONS REACHED ON THE BASIS OF INFORMATION THAT HAD BEEN COMING IN FOR SEVERAL YEARS. THE CONCLUSIONS WERE THAT ALGERIA HAD DEVELOPED A NUCLEAR COMPLEX THAT APPEARED LARGE FOR A MERE RESEARCH REACTOR AND THAT HAD NONE OF THE POWER GRID CONNECTIONS APPROPRIATE TO A POWER GENERATION REACTOR. THEY ESTIMATED THE REACTOR THERMAL POWER AT 40 MEGAWATTS. WITH CONTINUOUS OPERATION, SUCH A REACTOR COULD PRODUCE 8 KILOGRAMS OF PLUTONIUM A YEAR, ENOUGH FOR ONE NUCLEAR BOMB. (2)

THE REVELATION WAS INITIALLY MET WITH DENIALS BY BOTH THE ALGERIANS AND CHINESE, BUT AFTER SEVERAL WEEKS OF INTENSE INTERNATIONAL PRESSURE, THEY OFFICIALLY ACKNOWLEDGED THE PROJECT AND IDENTIFIED THE REACTOR TO BE A 15 MEGAWATT, HEAVY-WATER TYPE INTENDED FOR RESEARCH AND TRAINING PURPOSES ONLY. (2)

THE TWO COUNTRIES HAD SUCCEEDED IN KEEPING THE PROJECT HIDDEN FROM PUBLIC ATTENTION FOR EIGHT YEARS. WHILE THE AIN OUSSERA REACTOR PROJECT WAS IN FULL SWING, ARGENTINA WAS ENGAGED IN WHAT IT CONSIDERED TO BE SERIOUS NEGOTIATIONS WITH ALGERIA FOR THE CONSTRUCTION OF A SIMILAR REACTOR. ARGENTINA HAD PROVIDED ALGERIA ITS ONLY OTHER REACTOR, A 1 MEGAWATT RESEARCH REACTOR THAT USES NATURAL URANIUM AS FUEL, AND CONSIDERED ITSELF TO HAVE THE INSIDE TRACK TO THE CONTRACT FOR A LARGER REACTOR. DURING THE NEGOTIATIONS, THE ALGERIANS NEVER LET ON THAT THEY WERE ALREADY IN THE PROCESS OF BUILDING THE REACTOR THEY WANTED. THE LIKELY MOTIVE FOR THE SECRECY OF THE AIN OUSSERA PROJECT IS THAT BOTH ALGERIA AND CHINA DID NOT WANT TO RUN UP AGAINST INTERNATIONAL OBJECTIONS TO THE PROJECT BEFORE IT WAS WELL ON ITS WAY TO COMPLETION. (2)

THE CONTROVERSY OVER THE PROJECT WAS GIVEN A FRESH IMPETUS IN JANUARY 1992 WITH A SENSATIONALIST ARTICLE IN A BRITISH NEWSPAPER CHARGING THAT IRAQ HAD SENT SCIENTISTS AND TECHNOLOGY TO ALGERIA TO HELP CONSTRUCT A NUCLEAR BOMB AND THAT MORE THAN 10 TONS OF URANIUM ORE HAD BEEN SMUGGLED PAST THE ALLIED COALITION MILITARY BLOCKADE INTO JORDAN AND THEN ON TO ALGERIA. (3)

ALGERIA'S NPT PLEDGE

THE ALGERIAN GOVERNMENT, THEN HEADED BY PRESIDENT CHADLI BENDJEDID, RESPONDED TO THIS CONTROVERSY WITH AN ANNOUNCEMENT, ON JANUARY 8, 1992, OF ITS INTENTION TO JOIN THE NPT. HOWEVER, CHADLI'S GOVERNMENT WAS DEPOSED IN FAVOR OF A MILITARY-BACKED

REGIME ON JANUARY 11, THROWING ITS NPT PLEDGE IN DOUBT. ON FEBRUARY 27, 1992, ALGERIA SIGNED A SINGLE-SITE SAFEGUARDS AGREEMENT WITH THE IAEA UNDER WHICH THE AIN OUSSERA COMPLEX WOULD BE SUBJECT TO INSPECTIONS AND MONITORING. TWO IAEA INSPECTORS ACTUALLY VISITED THE COMPLEX AS EARLY AS JANUARY 1992 IN AN EFFORT BY ALGERIA TO DEFUSE THE CHARGES MADE IN THE BRITISH PRESS THAT AIN OUSSERA CONTAINED A NUCLEAR-WEAPONS PROGRAM. (4, 5)

CHINA, WHICH EARLIER HAD STATED THAT THE ALGERIAN REACTOR WOULD BE PUT UNDER SAFEGUARDS, ACCEDED TO THE NPT IN MARCH 1992, HAVING SATISFIED THE REQUIREMENT THAT THE REACTOR WAS INDEED UNDER AN IAEA SAFEGUARDS AGREEMENT. WITH THE SAFEGUARDS AGREEMENT IN HAND, ALGERIA'S REITERATION AT THE END OF 1993 OF THE PREDECESSOR GOVERNMENT'S PLEDGE TO JOIN THE NPT CAME AS A NATURAL CONSEQUENCE. (6)

THE ALGERIAN REACTOR

CALLED THE "ES SALAAM," THE REACTOR AT AIN OUSSERA IS BELIEVED TO BE IDENTICAL TO A HEAVY-WATER RESEARCH REACTOR CURRENTLY IN OPERATION AT THE BEIJING INSTITUTE OF ATOMIC ENERGY. BASED ON A SOVIET HEAVY-WATER DESIGN OVER FOUR DECADES OLD, THE BEIJING REACTOR BEGAN OPERATION IN 1958 AND WAS PLAGUED WITH 20 YEARS OF OPERATING PROBLEMS UNTIL A MAJOR REFURBISHMENT IN 1978. THE BEIJING REACTOR IS STILL THE ONLY HEAVY-WATER REACTOR IN CHINA. THIS FACT HAS POSSIBLE RAMIFICATIONS FOR THE OPERATION OF THE ALGERIAN REACTOR IN THAT CHINA FOR THE FIRST TIME HAD TO MANUFACTURE THE PARTS (THE BEIJING REACTOR WAS CONSTRUCTED LARGELY WITH SOVIET PARTS), WITH ALL THAT SIGNIFIES REGARDING RADIATION AND OPERATION EXPERIMENTATION AND TESTING FOR REACTOR MATERIAL RELIABILITY. ALTHOUGH SMALL BY COMPARISON TO POWER REACTORS, THE ES SALAAM IS THE LARGEST REACTOR THE CHINESE HAVE ENDEAVORED TO BUILD OUTSIDE CHINA. (7)

ACCORDING TO AN OFFICIAL ALGERIAN PRESS RELEASE, THE ES SALAAM IS TO BE FUELED WITH URANIUM ENRICHED TO 20 PERCENT, A CAUSE OF SOME SPECULATION BECAUSE THE BEIJING REACTOR ON WHICH IT IS BELIEVED TO BE PATTERNED USES URANIUM ENRICHED TO ONLY 3 PERCENT. ALGERIA DOES NOT HAVE THE CAPABILITY TO ENRICH URANIUM TO ANY DEGREE, HOWEVER, AND IT FURTHERMORE DOES NOT HAVE THE ABILITY TO PRODUCE HEAVY WATER. CHINA PROBABLY HAS A CONTRACT TO PROVIDE THESE MATERIALS, AND THE FACT OF THEIR IMPORTATION GIVES THE INTERNATIONAL COMMUNITY A BETTER OPPORTUNITY TO MONITOR THE ALGERIAN NUCLEAR PROGRAM. (7, 8)



THE PLUTONIUM YIELD FROM A REACTOR OF THIS TYPE USING 3 PERCENT ENRICHED URANIUM AND OPERATING AT 70 PERCENT IS ABOUT 3 KILOGRAMS A YEAR, MEANING IT WOULD TAKE THREE YEARS TO ACCUMULATE ENOUGH FOR A NORMALLY DESIGNED NUCLEAR BOMB. ALGERIA HAS NO REPROCESSING CAPABILITY, HOWEVER, AND THE CHINESE DO NOT APPEAR TO HAVE SUFFICIENTLY MASTERED THE SOPHISTICATED MECHANICAL AND CHEMICAL PROCESSES REQUIRED TO SEPARATE SPENT FUEL FROM ZIRCALLOY CLADDING TO SUGGEST THAT THEY WOULD BE ABLE TO EXPORT SUCH TECHNOLOGY. WITH THESE IMPEDIMENTS TO REPROCESSING, ALGERIA WILL LIKELY STORE THE SPENT FUEL, AND THE LONGER IT IS STORED, THE MORE CONTAMINATED BY OTHER ISOTOPES IT BECOMES AND THE LESS ATTRACTIVE IT IS AS WEAPONS-GRADE MATERIAL. (7)

THE UNCERTAIN FUTURE

ASIDE FROM THE INITIAL YEARS OF SECRECY AND DECEPTION CONCERNING THE PROJECT AS A WHOLE, THERE HAVE BEEN NO SIGNS THAT THE ALGERIANS AND CHINESE HAVE BEEN DUPLICITOUS ABOUT THE PURPOSE OF THE NEW REACTOR. CHINA'S ACCESSION TO THE NPT, ALGERIA'S SAFEGUARDS AGREEMENT WITH THE IAEA IN 1992, AND ALGERIA'S PLEDGE TO JOIN THE NPT IN THE NEAR FUTURE STRONGLY INDICATE THAT THE AIN OUSSERA PROJECT IS INDEED TO BE USED ONLY FOR MEDICAL, AGRONOMIC, AND INDUSTRIAL RESEARCH. (8)

THERE IS SERIOUS CONCERN OVER THE FUTURE OF ALGERIA'S LEADERSHIP, HOWEVER. VIOLENCE BETWEEN THE ARMY-BACKED SECULAR STATE AND THE POPULIST ISLAMIC FUNDAMENTALIST MOVEMENT WAS STEPPED UP AFTER THE FIRST ROUND OF ELECTIONS IN DECEMBER 1991 AND HAS RESULTED IN OVER 3,000 DEATHS. THE ISLAMIC SALVATION FRONT (FIS), WHICH UNDER PRESIDENT CHADLI'S 1988 LIBERAL REFORM PROGRAM BECAME THE WORLD'S FIRST LEGAL ISLAMIST PARTY, SWEPT 188 OF 231 SEATS IN THE FIRST ROUND OF THOSE ELECTIONS. THAT RESULT PROMPTED THE ARMY TO TAKE OVER THE GOVERNMENT, CANCEL THE SECOND ROUND OF VOTING, AND DISSOLVE THE FIS. (9, 10)

SINCE THEN THE WAVE OF TERRORISM BY THE FUNDAMENTALISTS HAS INCREASED STEADILY, TARGETING POLICE, ARMY AND GOVERNMENT OFFICIALS, AND FOREIGNERS WHO WORK IN ALGERIA OR WHO COME AS TOURISTS. THE GOVERNMENT'S REPRESSION HAS BECOME MORE BRUTAL AS THE TERRORISM HAS INCREASED, BUT SIGNIFICANT PORTIONS OF THE COUNTRYSIDE ARE NOW HEAVILY INFLUENCED IF NOT DOMINATED BY THE FUNDAMENTALISTS. ALGERIA SUFFERS DRASTICALLY FROM EXPLOSIVE DEMOGRAPHICS, A STAGNANT ECONOMY, AND HIGH RATES OF UNEMPLOYMENT THE ENTRENCHED POLITICAL LEADERSHIP IS WIDELY REGARDED AS INCAPABLE OF EFFECTIVE SOCIAL REFORM. MANY FOREIGN EXPERTS BELIEVE THIS OVERALL CONTEXT COULD FAVOR ULTIMATE VICTORY BY THE FUNDAMENTALISTS. (9, 10)

IN SUCH AN EVENTUALITY, THE QUESTION POSES ITSELF: WHAT IS THE LIKELIHOOD OF AN ALGERIAN ISLAMIC FUNDAMENTALIST REGIME DECIDING TO DEVELOP, OR HELP TO DEVELOP, THE "ISLAMIC NUCLEAR BOMB" THAT HAS BEEN ADVOCATED FOR SO LONG BY THE RADICAL MUSLIM STATES, MOST RECENTLY BY IRAN, AS A COUNTERBALANCE TO ISRAEL'S NUCLEAR WEAPONS? IF SUCH A DECISION WERE EVER TO BE SERIOUSLY CONTEMPLATED, IAEA SAFEGUARDS THAT ARE WELL ESTABLISHED AND THOROUGH, EXPORT RESTRICTIONS ON NUCLEAR MATERIALS AND TECHNOLOGY, AND THE PRESSURE THAT CAN BE BROUGHT TO BEAR BY THE INTERNATIONAL COMMUNITY THROUGH THE NPT COULD PROVE TO BE CRITICALLY IMPORTANT.

## *Annexe 15*

*Note distribuée à l'ensemble des services français au cours d'une réunion de l'UCLAT en décembre 1996. Elle a trait à la formation de volontaires pour le djihad en camps d'entraînement.*

UCLAT

POUR INFORMATION

CONFIDENTIEL

Vendredi 27 décembre 1996

**LA FORMATION DES VOLONTAIRES POUR LE DJIHAD EN CAMPS D'ENTRAINEMENT**

L'existence de camps d'entrainement islamistes n'est pas un phénomène nouveau. Le LIBAN, la SYRIE, l'IRAN, la LIBYE ont été des précurseurs dans la formation militaire d'éléments islamistes extrémistes. Cette formation s'adressait à des hommes politisés en faveur de telle cause précise : lutte pour ou contre les Palestiniens, lutte contre les opposants au régime iranien, défense du régime du Colonel KHADAFI... Ces camps étaient financés et organisés par des Etats ou des nations en gestation (palestiniens) et s'adressaient essentiellement à leur propres ressortissants bien qu'assurant également la formation de sympathisants d'autres nationalités susceptibles de propager leur idéologie.

Le phénomène des camps islamistes a pris une nouvelle tournure lors de la guerre afghano-soviétique de 1979 à 1989. Pour chasser les soviétiques de l'AFGHANISTAN, les Musulmans afghans aidés par le PAKISTAN, lui-même actionné par les ETATS-UNIS, ainsi que par l'ARABIE SAOUDITE, ont recouru au DJIHAD, guerre sainte, et ont sollicité l'aide de leurs « frères » du monde entier pour combattre l'ennemi communiste.

Des milliers de volontaires appelés Afghans arabes sont accourus pour soutenir la lutte de libération des Afghans. Ils venaient d'ARABIE SAOUDITE, d'EGYPTE, du MAGHREB, de FRANCE... Leur formation militaire a été assurée dans des camps situés pour la plupart dans la zone frontière entre l'AFGHANISTAN et le PAKISTAN. Les Afghans arabes étaient formés tant aux techniques de combat que sur le plan religieux car ils venaient aider des co-religionnaires et il convenait que la foi ne leur fasse pas défaut. La guerre de l'AFGHANISTAN contre l'URSS aura été le premier Djihad c'est-à-dire une guerre sainte contre un ennemi impie.

Le retrait des soviétiques a concrétisé la victoire des combattants pour le Djihad lesquels se sont retrouvés en panne d'objectifs, indésirables dans leurs pays d'origine soucieux de ne pas importer chez eux des fanatiques du Djihad, et, pourvus d'un réseau de relations couvrant un grand nombre d'Etats essentiellement arabes.

Les caractéristiques du Djihad moderne sont alors apparues :

- des combattants motivés par la religion et non la politique,

- des individus en rupture de ban, leur patrie d'origine s'opposant à leur retour,

- des militaires ayant des frères d'armes de diverses nationalités.



(...)

. forme de charisme où se mèlent l'affectif et la crainte.

- *Le voyage*

. pour ceux qui veulent rejoindre un camp à la frontière pakistano-afghane, l'un des points de passage est JEDDAH d'où il est très facile d'obtenir un visa pour le PAKISTAN, si on se réclame du TABLIGH.

*

* *

La guerre qui a ravagé la BOSNIE-HERZEGOVINE d'avril 1992 aux accords de DAYTON fin 1995, a fourni l'occasion aux Afghans arabes d'investir un nouveau théâtre d'opération et d'implanter de nouveaux camps en EUROPE.

L'accès des Afghans arabes aux camps bosniaques ou croates a été largement favorisé par les organisations caritatives islamistes, ONG ou agences gouvernementales, lesquelles, sous couvert d'actions humanitaires, attisaient le conflit bosniaque et le transformaient en djihad.

Outre les ONG implantées en AFGHANISTAN et au PAKISTAN telles El Haramein, la Wamy, Muslim Aid, le Bureau des Services, IIRO, le Haut Commissariat aux Réfugiés de l'ONU accréditera une vingtaine d'organisations caritatives islamistes, parmi lesquelles certaines se distinguent par leur participation active au djihad. Ce sont : Al Kifah Refugee Center mis en place par Kamer Eddine KHERBANE, ressortissant algérien, membre de l'Instance Executive du FIS à l'Etranger, IEFE; Pace Per Tutti, ONG qui a employé Anouar CHAABAN, membre important de la Jamaa Islamiya égyptienne, mort en 1995 ; la Muwafaq, organisation qui émane de l'ONG Human Concern International et qui a employé Abderrazak ARROUM, membre du Front Islamique de TUNISIE, interpellé en 1955 en ALLEMAGNE ; Islamie Relief Agency - IsRA, agence caritative soudanaise ; Al Qaïda, ONG noyautée par des terroristes égyptiens, en relation avec des membres du GIA ; International Humanitaire Hilf Organisation, ONG dépendant de l'organisation islamiste turque, Refah Partisi et entretenant des liens avec Abdallah ANAS, membre de l'IEFE.

Ces organisations caritatives, paravents de groupes islamistes tels le FIS, la Jamaa Islamiya Egyptienne, ou, d'Etats islamistes tel l'IRAN, le SOUDAN, ont permis un recrutement plus large parmi les jeunes volontaires ; à la notion de djihad, elles apportaient la caution de « l'humanitaire » à l'engagement des jeunes si bien que de nombreux Français convertis à l'Islam ont rejoints les rangs des extrémistes islamistes combattant pour les musulmans de BOSNIE.

Les camps bosniaques de formation militaire ont eu les mêmes caractéristiques que ceux de l'AFGHANISTAN sauf qu'ils ne regroupaient que des étrangers à la BOSNIE.

L'absence de noms d'origine bosniaque dans les carnets d'adresses saisis démontre aussi que des forces musulmanes étaient exclusivement composées de combattants étrangers (Moudjahidines arabes) et qu'elles jouissaient d'une certaine autonomie par rapport à l'armée bosniaque.

Ce théâtre d'opération a constitué, de fait, un véritable creuset pour une mouvance islamiste internationale.

En outre, l'engagement des volontaires ou moudjahidines dans les combats de BOSNIE a permis à un grand nombre d'entre eux d'acquérir la nationalité bosniaque, la plupart du temps, en épousant une ressortissante bosniaque.

Les accords de DAYTON ont entrainé la fermeture de ces camps et le départ des volontaires armés vers des contrées favorables à leur action (IRAN, SOUDAN, YEMEN, PAKISTAN), ou leur retour dans leur pays d'origine (ALGERIE, ARABIE SAOUDITE, EGYPTE, FRANCE...).

*

* *

A l'heure actuelle, des camps d'entrainement islamistes sont signalés dans les Etats ou régions suivants : AFGHANISTAN, PAKISTAN, CACHEMIRE, LIBAN, IRAN, YEMEN ASIE (MALAISIE, PHILIPPINES), et en AFRIQUE NOIRE (SOUDAN, ANGOLA).

## *Annexe 16*

*Extrait du rapport d'identification du cadavre d'Ali Touchent, le responsable des attentats de Paris en 1995 : empreintes digitales et dentition (dossier de la direction générale de la Sûreté en Algérie).*

## CONCLUSION

L'ensemble des investigations techniques nous permet de dire :

- La photographie de la notice d'identification de cadavre s'apparente aux photographies d'identité figurant sur les cartes d'identité nationale, professionnelle et permis de conduire du nommé TOUCHENT Ali.

- Les empreintes digitales apposées sur les trois (03) cartes nationales d'identité sont différentes et n'appartiennent pas au nommé TOUCHENT Ali.

- Les empreintes digitales des index gauches apposées sur les notices O.I.P.C/INTERPOL et d'identification de cadavre du terroriste abattu le 23.05.1997 à l'hôtel El-Amir/Alger sont indubitablement identiques comme appartenant au nommé TOUCHENT Ali.

ضابط الشرطة
ا سطوف

ضابط الشرطة
م بوطالب

IMP. S.N. N° 199

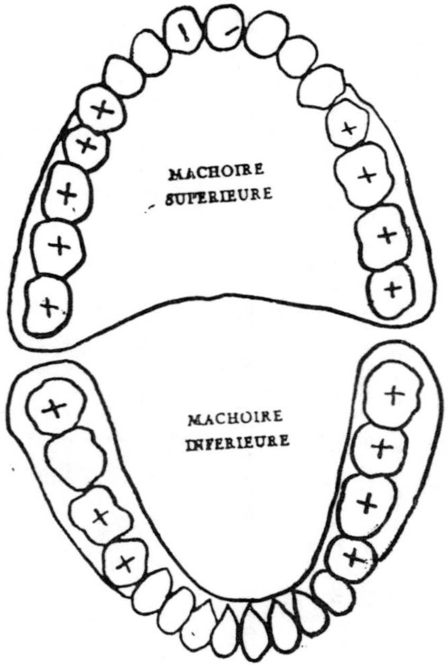


Indiquer sur le schéma les dents manquantes, mauvaises aurifiées ou plombées

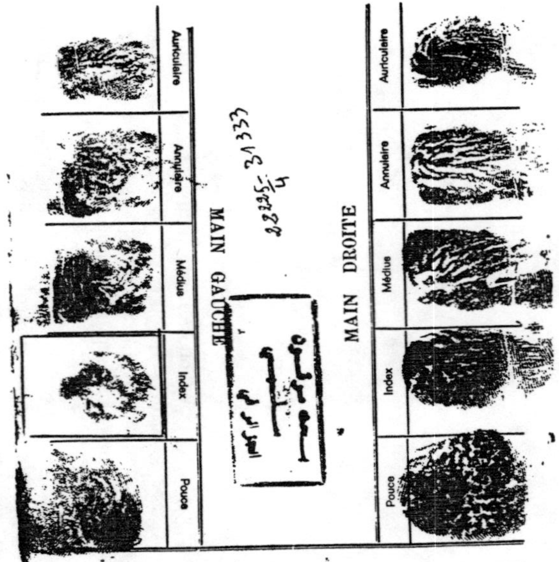


Recherches à la Station de ..........

Ce cadavre est celui du nommé ..........

né le .......... (wilaya

d .......... 1957 19 ..........), fils de

et de ..........

DERRAR

Le Chef de : ..........

## *Annexe 17*

*Le 21 octobre 1996, lors de la réunion des ministres de l'Intérieur des pays industrialisés à Paris (G7), Usama Ben Laden avait déjà été identifié comme l'un des financiers du terrorisme islamique (page 8 du document du G7).*

**G7/P8** CONFIDENTIEL

**Réunion des responsables de la lutte anti-terroriste**
**PARIS - 21 et 22 octobre 1996**

# COMPTE RENDU

Accueillant les délégations, Monsieur Claude GUEANT, Directeur Général de Police Nationale rappelle que cette réunion, voulue par les Ministres lors de leur rencontre le 30 juillet dernier à PARIS a notamment pour objet la mise en oeuvre des points 22 à 25 des conclusions relevées à cette occasion, dans le but d'améliorer les moyens de communication et d'analyse des services.

Les diverses menaces seront examinées dans un objectif opérationnel visant à mieux les cerner et à mettre en évidence les points suivants :

- améliorer notre coopération :
- bâtir en commun des programmes de renseignement et d'actions judiciaires

Deux autres sujets seront également abordés de manière approfondie :

- le financement du terrorisme afin de mieux le connaître pour agir plus efficacement contre les organismes de financement
- les réseaux opérationnels de l'islamisme sunnite dans la perspective d'un partage des taches plus efficient

## I. - Evaluation de la menace terroriste sous ses différentes formes et des ripostes adaptées à chacune, à la lumière des événements récents

Le terrorisme d'extrême-gauche et d'extrême-droite

La menace d'extrême-gauche apparaît en déclin dans la plupart des Etats-membres même s'il subsiste des foyers à surveiller en Allemagne et en Italie où des groupuscules poursuivent leurs activités contre l'OTAN et des organismes internationaux. Plus inquiétantes sont les références à un soutien au terrorisme islamiste sunnite.

En France on constate une pause des actions violentes tandis qu'émerge une nouvelle génération qui investit davantage la sphère politique tout en maintenant des liens avec ses homologues à l'étranger.

La situation est également contrastée en ce qui concerne l'extrême-droite dont les activités sont en hausse aux Etats-Unis (mouvements antigouvernementaux,

Le sujet est particulièrement complexe en ce qui concerne les organisations islamistes en raison de leurs multiplicité, de l'utilisation d'institutions caritatives, du mélange de financement privé et étatique. Un travail d'inventaire s'avère donc nécessaire dans ce domaine.

Filières de financement à caractère chiite et sunnite

Le Hezbollah dont les informations concernant les finances sont rares dispose de diverses sources de financement : aide mensuelle de la République d'Iran, impôts et dons religieux émanant des communautés chiites du Liban mais également de la diaspora, bénéfices réalisés par les sociétés et commerces contrôlés par le Parti, taxes prélevées sur les activités illégales de certains de ses membres.

Pour les sunnites et notamment les « arabes afghans » une partie du financement transite par les Organisations Non Gouvernementales, elles-mêmes alimentées par l'Arabie Séoudite. De généreux mécènes tel Oussama BIN LADEN apportent également leur contribution.

D'autres mouvement, tel le Hamas se financent via des collectes de fonds auprès des populations musulmanes effectuées par des associations de soutien à but officiellement humanitaire.

Législations nationales

La France dispose d'une loi qui étend l'incrimination du blanchiment à tous les crimes et délits et qui doit permettre de réprimer les activités délictuelles qui alimentent la logistique des réseaux terroristes.

Par ailleurs une cellule de coordination est chargée du traitement du renseignement et de l'action contre les circuits financiers clandestins.

D'autres Etats-membres se sont déjà dotés de dispositifs répressifs dans ce domaine :

- les Etats-Unis en cas de « menace extraordinaire » ont la possibilité de geler et de saisir les fonds d'organisations subversives

- l'Allemagne également a la possibilité de saisir des fonds dans le cadre de la loi sur le blanchiment d'argent

- le Royaume-Uni dont la réglementation est assez semblable à celle de la France, dispose d'une unité d'enquête judiciaire sur le financement du terrorisme mais le cadre législatif reste contraignant

L'analyse des flux financiers, de leurs origines, de leurs formes et de leurs destinations apparaît comme l'une des préoccupations majeures des délégations. Il convient donc d'accroître nos efforts en ce sens malgré les limites que nous impose la diversité des législations nationales.

Bien qu'un désir largement partagé d'harmonisation de nos législations se soit manifesté ce problème reste difficile a résoudre d'autant qu'il ne ressort pas du seul domaine policier mais concerne également d'autres départements ministériels (Finances, Justice).

Afin d'approfondir notre réflexion sur ce sujet la présidence française propose que la prochaine présidence américaine du G7/P8 entame un travail de fond dans ce domaine pour progresser dans sa résolution.

La délégation américaine approuve cette proposition.

Elle s'interroge par ailleurs sur la nécessité d'organiser lors de sa future présidence (en 1997 à Denver -Colorado-) deux réunions des responsables de la lutte anti-terroriste ainsi que le prévoyait le calendrier initial. Elle envisage d'organiser une seule réunion de ce niveau et des réunions par thèmes, s'ajoutant bien entendu aux échanges bilatéraux, au cours desquelles des sujets prioritaires pourraient être traités.

Le délégué américain indique enfin que les Etats-Unis mettent en service une banque de donnée médico-légale qui pourrait être utilisée par les Etats-membres du G7/P8. Une mission destinée a présenter ce projet aux autorités policières française se rendra en France à la fin du mois de novembre.

# Table

*La composition de cet ouvrage*
*a été réalisée par Nord Compo,*
*l'impression et le brochage ont été effectués*
*sur presse Cameron dans les ateliers de*
***Bussière Camedan Imprimeries***
*à Saint-Amand-Montrond (Cher),*
*pour le compte des Éditions Albin Michel.*

*Achevé d'imprimer en octobre 1998.*
*N° d'édition : 17667. N° d'impression : 985014/1.*
*Dépôt légal : novembre 1998.*